中国经济
文库
应用经济学精品系列

中国经济文库·应用经济学精品系列

新型城镇化发展中的金融支持效应研究

王建英◎著

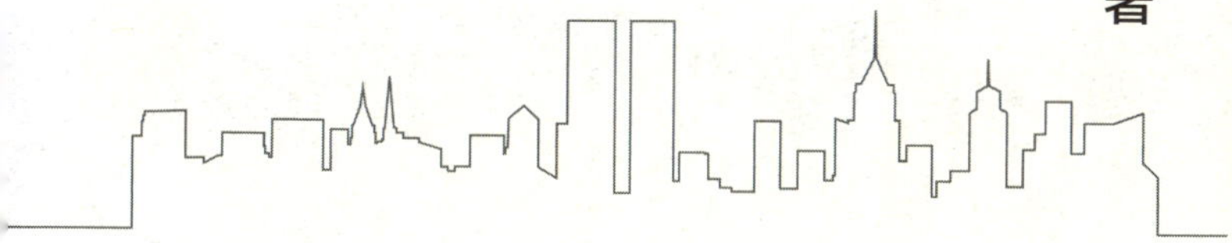

Research on Financial Support
to the New Urbanization

中国经济出版社
CHINA ECONOMIC PUBLISHING HOUSE
·北京·

图书在版编目（CIP）数据

新型城镇化发展中的金融支持效应研究/王建英著．
—北京：中国经济出版社，2019.6
ISBN 978-7-5136-5717-4

Ⅰ.①新… Ⅱ.①王… Ⅲ.①城市化—金融支持—研究—中国 Ⅳ.①F299.21

中国版本图书馆 CIP 数据核字（2019）第 109249 号

责任编辑　焦晓云
责任印制　马小宾
封面设计　任燕飞装帧设计工作室

出版发行　中国经济出版社
印 刷 者　北京柏力行彩印有限公司
经 销 者　各地新华书店
开　　本　710mm×1000mm　1/16
印　　张　13.75
字　　数　226 千字
版　　次　2019 年 6 月第 1 版
印　　次　2019 年 6 月第 1 次
定　　价　58.00 元
广告经营许可证　京西工商广字第 8179 号

中国经济出版社 **网址** www.economyph.com **社址** 北京市西城区百万庄北街 3 号 **邮编** 100037
本版图书如存在印装质量问题，请与本社发行中心联系调换（联系电话：010-68330607）

前言 PREFACE

新型城镇化是未来我国最大的增长引擎和发展红利，我国已经进入城镇化发展的关键期，如果想避免传统城镇化所出现的各种弊端，就必须以产业为依托、以就业为保障，这也成为金融支持的落脚点。我国长期依靠政府主导、大量财政投入拉动城镇化建设的模式已经不可持续，具体表现在以下两个方面：一是从资金的需求角度看，据《中小城市绿皮书》的估算，到2020年我国基础设施建设资金需求为30万~40万亿元；根据财政部的报告，到2020年我国公共财政投资需求在2015年的基础上将增加23.01个百分点。二是从财政资金的供给角度看，我国长期依靠“土地财政”支持城镇化建设的模式由于受到土地的严格保护而不可持续。2011年以后，我国公共财政和税收的增长率开始下降，2015年首次出现财政收入低于经济增速，一般公共预算收支差额突破2万亿元的情况。快速增长的公共需求与政府有限的供给能力之间的矛盾日益突出，资金短缺成为制约新型城镇化的关键因素，而巨大的资金缺口使得新型城镇化建设不得不探索新的融资模式。我国金融市场资金总量非常可观，理论上应该能够弥补政府财政资金在新型城镇化建设中的缺口，但在现实中，供需双方的资金在城镇化建设中并没有得到有效的匹配。

本书按照提出问题—分析问题—解决问题的基本思路，围绕两个研究目的，即探索金融对我国新型城镇化的支持效应和构建合理的金融支持体系，基于产业和就业的视角，采用归纳与演绎相结合、分析与综合相结合、实证与规范分析相结合的方法，首先，梳理了新型城镇化发展中金融支持效应的理论基础，对核心概念进行了界定，并从理论上论证新型城镇化发展中金融支持效应的内在机制，探索它们之间的逻辑关系，从而构建研究的总体逻辑框架。其次，通过对我国新型城镇化发展中金融支持的现状进行分析，发现目前金融支持的缺陷和不足。再次，从金融规模、金融结构和金融效率三维度对我国新型城镇化发展金融支持的总体效应、金融对高新技术产业和创业型企业的支持效应，以及两大资金来源——财政和金融对新型城镇化发展的支持效应进行实证分析。最后，提出提升我国新型城镇化发展中金融支持效应的策略。

本书的主要创新体现在以下几个方面：

第一，探索新型城镇化发展中的金融支持机制。通过对国内外相关文献进行综述，发现现有文献对新型城镇化发展中的金融支持体系、模式和路径进行研究的较多，很少有对支持效应进行研究的，从产业和就业视角展开全面研究的更为稀少。本书重新界定了新型城镇化和金融支持的概念，并认为新型城镇化发展要以产业为依托、以就业为保障；厘清了新型城镇化、产业和就业的关系，并从供给和需求角度构建了新型城镇化发展中金融支持的传导机制。

第二，构建新型城镇化质量评估体系及金融支持效应评价体系。目前对城镇化的研究，大多采用单一指标，虽然很多学者从不同领域也采用了综合指标，但“以人为本”的新型城镇化质量的高低不仅体现在经济的发展和人口的转移上，更体现在基础设施和公共服务的均等化，以及居民生活质量的城镇化上，这些是衡量一个地区新型城镇化质量的标准，因此对新型城镇化质量的评估应从这些领域采用综合指标。基于此，本书以经济城镇化、人口城镇化、基础设施均等化、公共服务均等化和生活质量城镇化为标准，从这五个角度选取衡量新型城镇化质量的指标，并采用主成分分析法提取关键指标，对我国31个省份2000—2014年共15年的新型城镇化质量进行了估算。另外，国内外学者在选取金融支持相关指标时，大多将金融规模作为衡量金融发展的单一指标，但金融发展不仅体现在金融规模上，还体现在金融结构和金融效率等因素上，因此应采用综合指标来衡量。基于此，本书分别从金融规模、金融结构、金融效率三维度构建金融支持指标体系，指标涵盖银行、股票和保险市场，并采用面板数据，对金融支持我国新型城镇化发展的总体效应、金融支持高新技术产业的效应、金融支持创业型企业的效应进行实证检验，并在金融支持高新技术产业效应的模型构建中，创新地将金融因素加入C-D函数，以更加直观地度量新型城镇化发展中金融支持的成效。

第三，从实证角度论证了金融改革的方向。通过实证分析，笔者发现我国新型城镇化质量的提高、高新技术产业产出效率的提升、创业型企业对劳动力的吸纳能力在很大程度上仍依靠金融规模的扩张，金融效率的提高一定程度上也促进了新型城镇化的发展，但金融结构失衡对上述因素影响并不显著，由此得出结论：对金融结构进行调整和改革是未来金融改革的重点。长期来看，金融效率的提升对新型城镇化质量的影响要大于政府财政支出对它的影响，而且提高金融效率是降低政府财政支出的有效途径。基于此，本书从多元化资本市场结构、政策性金融、普惠金融三方面构建了新型城镇化金融支持体系，并提出了制度方面的创新。

本书研究还有一些不足及需要以后深入探讨的地方：一是由于数据获取比较困难，而且数据统计不全，无法用更微观的数据来分析新型城镇化发展中的金融支持效应。例如，在衡量各省金融结构时，用的主要是金融机构各项存款、股票、保险市场的相关数据，没有包含债券，而随着我国资本市场的逐渐完善，债券的发行额度会越来越高，在资本市场中将占有重要地位，应将其纳入金融结构的评价指标体系中。二是本书主要关注的是城镇经济、城镇产业和就业，而对农村经济涉及很少。三是新型城镇化的建设要与城市的承载力相适应，只有这样，两者才能和谐发展并互相促进。本书重点分析了金融对新型城镇化的支持效应，但缺乏城镇人口发展与城市承载力相关的研究和衡量。

目录 CONTENTS

第1章　绪　论

1.1　研究背景和意义

1.1.1　研究背景

新型城镇化是我国经济体制转型背景下的一项重大社会变革，是未来我国最大的增长引擎和发展红利。中国的城镇化起步晚，但发展快，目前已经形成了以大城市为中心、以中小城市为主体、以小城镇为基础的城镇体系。根据美国城市地理学家诺瑟姆关于城市化进程的“S”曲线理论，当城市化率为30%~70%时，则进入加速城市化时期，据此，我国已经进入城镇化发展的黄金时期。2014年3月，我国颁布了《国家新型城镇化规划》，根据该规划，到2020年，需要城镇化的农业转移人口总量达到3亿。要解决这些转移人口的就业问题，必须以产业为依托，否则会造成传统城镇化发展中的“空城”“鬼城”“睡城”等现象。应通过产业的发展和升级来带动转移人口的就业规模并提升其就业质量，通过新产业的发展创造更多的就业机会。2015年10月，中共十八届五中全会提出“促进就业创业，坚持就业优先战略，实施更加积极的就业政策，完善创业扶持政策”的战略。我国产业和企业在解决农村劳动力向城市转移的就业问题方面发挥了基础性作用。其中，高新技术类产业通过技术创新和应用，在促进我国产业结构升级从而提升就业质量方面效果明显，其技术溢出效应在促进其他行业的就业、提升社会就业数量和质量方面效果明显；创业型企业也可以提供更多的就业机会。新型城镇化要求按照资源禀赋所决定的比较优势来提高资源的配置效率，但目前以银行为主导的金融体系存在严重的资金错配现象，导致一些产业和企业资金严重短缺。例如，中小企业的投入—产出效率高、创新能力强、发展潜力大，已成为技术与机制创新的主体，在就业人数以及产值创造上已经占据了国民经济的“半壁江山”，对新型城镇化的发展发挥着重要作用，但由于种种原因，始终无法走出融资难的困境。我国中小企业从银行获得融资很困难，这就使得越来越多的中小企业选择了民间借贷，但是这种不发达、不完善的民间市场带来了不可忽视的巨大风险，导致我国数量巨大的中小企业所能分享到的金融资源不超过20%，资金匮乏造成其生命周期只有3~6年。而煤化工、多晶硅、风电制造、平行玻璃、钢铁、水泥等行业由于投入过度，出现严重的产能过剩，使得金融资源被严重浪费。另外，我国居民储蓄率已超过50%，成为全球储蓄率最高的国家，资金的闲置意味着资金浪费，而且金融机构由于找不到合适的投资机会，使得资金空转，不能很好地服务实体经济，即使部分资金投入实体经济，也大多投到国有企业和大型企业，导致资金错配现象严重。目前，我国金融机构和企业资金冷热不均，一边是钱太多造成流动性泛滥，另一边是实体经济非常缺钱，尤其是中小企业。我国"十三五"规划中明确提出"加快金融体制改革，提高金融服务实体经济效率。创新融资方式，并对银行机构体系进行改革，积极培育资本市场，提高直接融资比重，降低企业融资成本"的思想，为我国金融机构及金融市场改革指明了方向。在这一背景下，探索金融对新型城镇化的支持效应，构建适合我国国情的金融支持体系，成为促进我国新型城镇化健康、可持续发展的重中之重。

1.1.2 研究意义

中共十八届五中全会提出"加快金融体制改革，提高金融服务实体经济效率，着力加强对中小微企业金融服务"，"十三五"规划提出"发挥财政资金撬动功能，创新融资方式，带动更多社会资本参与投资"，由此可见，加强金融对实体经济的服务，尤其是中小企业的服务，优化金融体制已成为政府亟待解决的问题。本书基于产业和就业视角，研究金融对我国新型城镇化的支持效应，具有重要的理论和现实意义。

1.1.2.1 理论意义

（1）从产业和就业视角探讨新型城镇化发展中金融支持的内在机制。笔者认为，新型城镇化如果想避免传统城镇化出现的多种弊端，必须要以产业为依托，通过产业的集聚、辐射和区位效应促进产业结构升级和优化，拉动就业，从而实现资源在不同行业的优化配置。同时，企业可通过提供更多的就业机会，吸引大量农村剩余劳动力向城市转移和聚集。人口聚集在为企业提供丰富劳动力的同时，也形成了巨大的消费市场，从而带动相关生活服务行业进一步发展，促进城市形成和发展。企业获取资金的主要渠道有三种：金融机构、资本市场和民间金融。本书通过分析这三种渠道，探索金融对新型城镇化的支持机理，并通过实证检验其作用，以发现目前金融体系的不足之处，并为探索新的支持模式提供一定的参考。

（2）估算新型城镇化的质量及金融支持的效应。本书结合新型城镇化的现状，利用主成分分析法，分省份对新型城镇化质量进行估算；同时，从金融规模、金融结构和金融效率三个维度对金融支持新型城镇化质量的效应进行实证分析，并据此判断新型城镇化发展中金融支持的不足之处，探索未来金融支持路径及改革措施，从而更加准确地对新型城镇化发展中的金融支持力度进行相对科学的评价，并使制定的措施具有一定的针对性。

（3）构建创新型的城镇化金融支持体系。通过分析我国目前城镇化投融资模式中存在的主要问题，结合实证中所得出的结论，笔者构建了以市场为主导，以政府为引导，多层次、多元化、创新型的城镇化金融支持模式，以解决新型城镇化发展中资金需求的困境。

1.1.2.2　现实意义

从实践的角度来看，本书可为我国正在进行的新型城镇化建设提供诸多启示。

（1）在产业发展方面，分析产业和行业分布特征，并利用泰尔指数对我国产业结构所处阶段进行判断，相关成果和结论可为国家发改委、省市县级发展改革管理部门提供参考。

（2）在企业融资方面，在高新技术产业的开发阶段、成长阶段和成熟阶段，从不同角度提出金融支持的途径，探索适合不同发展阶段的融资模式，同时实证检验金融对高新技术产业和创业型企业的支持效应，提出解决企业融资中所存在的体制和制度障碍的相关措施。对高新技术类产业来说，创业型企业的改革与发展经验具有较大的借鉴意义。

（3）在金融发展领域，从各类金融机构、资本市场和民间金融三个途径探索新型城镇化的融资模式，并从金融规模、金融结构和金融效率三个维度选取相关金融指标，实证检验金融对新型城镇化的支持效应，发现金融支持的不足及金融制度存在的弊端，有针对性地提出改革金融结构、提升金融效率的措施。笔者提出以政府为引导、以市场为主导的融资模式，鼓励非金融机构参与新型城镇化建设，并提出普惠金融提供资金和服务支持的观点，可为发展我国多元化资本市场提供参考。

1.2 文献综述

1.2.1 金融支持城镇化的效应

1.2.1.1 金融支持城镇化的间接效应

学者们通常认为一国城镇化发展与该国经济增长关系密切，金融通过影响经济增长进而影响城镇化的进程，因此对于城镇化发展中的金融支持效应，早期的研究多侧重于金融发展和经济增长的关系方面。最早的古典经济学派认为，这两者之间没有因果关系。20 世纪 50 年代中后期，众多经济学家开始从理论和实证两方面对这两者的关系进行研究，取得了一系列成果。例如：卢卡斯（Lucas，1988）认为，经济发展一定程度上会对金融服务产生需求，进而促进金融部门发展，因而它们之间是单向的因果关系，是经济增长带动了金融发展而非金融发展促进了经济增长。莱文和泽尔沃斯（Levine & Zervos，1998）的研究得出银行发展、股票市场的流动性与一国经济增长之间正相关性很强的结论，由此他们认为，金融发展是促进经济增长的一个重要因素。有学者认为，金融发展会通过“金融加速器”效应放大冲击，加剧经济的波动（Bernanke et al.，1996）。也有学者认为，金融发展会通过抑制经济波动进而促进经济的稳定增长（Acemoglu et al.，1997），而这种抑制效应主要是通过金融发展减少信贷市场摩擦，从而减弱“金融加速器”来实现的（Caballero et al.，2000）。还有学者认为，金融发展处于初期时，不会造成经济波动，而信贷市场的逐渐完善，会在一定程度上造成经济的波动，随着金融业的逐渐成熟，造成的波动会逐渐减弱并消失（Kunieda et al.，2011）。国内也有学者得出相似的结论。林毅夫、姜烨（2006）认为，如果金融结构与经济结构相匹配，将有利于经济增长，否则会对经济增长起到阻碍作用。[①] 王莹莹（2013）却认为，金融市场化对经济波动会产生显著的非线性平抑效应，推进金融市场化会

① 林毅夫，姜烨．经济结构、银行业结构与经济发展——基于分省面板数据的实证分析[J]．金融研究，2006（1）：7-22.

先抑制经济波动，而当越过门槛值后，则会使地方经济波动加剧。[①] 陈乐一等（2016）认为，我国金融结构的变动会对经济波动产生平抑效应，且这种效应具有一定的滞后性。

1.2.1.2　金融支持城镇化的直接效应

Andrews（1955）选取了美、英两国主要城市的相关数据，通过建立回归模型来分析经济因素（如经济发展水平和投资水平）对这两个国家城市化的作用，得出“对城市化来说，资本投入是最重要的影响因素”的结论。蒙荫莉（2003）通过实证分析，发现我国城镇化与金融发展有因果关系。贾洪文、胡殿萍（2013）对我国城镇化率以及金融机构贷款等进行了脉冲响应和格兰杰因果检验，也得出相似的结论，认为金融支持与城镇化之间存在互动机制。伍艳（2005）和郑长德（2007）认为，城镇化会对金融中介产生一定的影响，经济货币化程度是影响城镇化的重要因素，而城镇化发展水平也影响了金融中介的发展，我国金融抑制导致金融市场效率低下，从而制约了城镇化的发展。[②] 黄勇、谢朝华（2008）采用VAR模型研究了我国银行贷款与城镇化之间的关系，发现前者对后者有重要的支持效应，但也存在金融部门对城镇化所需的资金需求兴趣在降低的事实，提出了通过建立多元化投融资体制强化金融支持效应的策略。[③] 周恩静（2013）也认为，金融支持是城镇化最重要的推动力。李清政、刘绪祚（2015）通过VAR模型分析也发现两者之间存在互动关系，金融能促进城镇化的发展，但他们认为城镇化率的提高对金融的支持作用尚不明显。

由此可见，虽然学者们就经济增长与金融发展之间的因果关系没有得出统一的结论，但都认为二者关系密切，而且多数观点也肯定了金融结构对一国经济发展的重要作用。在金融发展与城镇化的直接效应中，学者们都肯定了金融发展对城镇化的重要支持作用。

---

① 邵传林，王莹莹．金融市场化对地区经济波动的非线性平抑效应研究——来自省级层面的经验证据［J］．经济科学，2013（5）：32-46.

② 伍艳．中国城镇化进程中的金融抑制问题研究［J］．理论与改革，2005（2）：100-103.

③ 黄勇，谢朝华．城镇化建设中的金融支持效应分析［J］．理论探索，2008（3）：91-93.

1.2.2 金融支持新型城镇化具体行业的效应

金融支持新型城镇化研究领域主要涉及：①城市基础设施研究。Stopher（1993）对美国城镇化进程中金融支持铁路建设进行了相关研究，认为在交通基础设施建设中，美国的金融体系提供了数额巨大的资金支持。Kim（1997）也认为金融可以通过促进基础设施建设带动房地产投资，从而促进城镇化发展。Teranishi（1997）认为，在城市化发展过程中，会存在大量的城市基础设施和住房融资行为，可通过满足这些项目的融资需求来支持城市规模的扩张。Grimsey D.、Lewis M. K.（2002）总结了许多国家的经验，认为在城市化建设中，基础设施领域可以采用政府与私营部门签订长期合同/协议的方式来融资，并对苏格兰废水处理设施的 PPP 模式进行了分析。张瑞怀（2012）也认为，我国城镇化建设中基础设施和房地产开发需要大量资金，必须为其提供强大的金融支持来保障其资金需求。②土地开发和利用的相关研究。Cho 等（2003）通过对美国 5 个州数据的实证分析，得出“金融发展对城市化中土地的投资与开发有积极影响”的结论。Macomber（2013）、Kim（1997）认为，金融通过支持交通、公共服务、房地产投资和基础设施建设等，可以对城市化起到促进作用。王定祥、李伶俐（2006）对城镇化进程中的土地利用效率进行了研究，发现土地利用效率相对低下，其主要原因在于缺乏产业的支撑，因此应构建“政府+市场+民主协商”的土地征用制度，解决城镇化过程中土地利用效率偏低的状况。③公共服务领域的相关研究。Steven Poelhekke（1993）认为，在大部分国家的发展中，经济的快速增长以及就业机会的创造在一定程度上促进了城镇化的发展，因此金融支持也应该侧重于这两个方面。[①] 童光辉、赵海利（2014）从基本公共服务（包括教育、就业、医疗卫生、社会保障、保障性住房等）均等化的视角，对财政支持公共服务的责任进行了研究，提出按照公共服务流动程度和边际成本分类的观点。徐盈之、赵永平（2015）采用省级面板数据，对新型城镇化、地方财政支配能力与公共服务供给之间的直接影响效应进行了实证分析，认为新型城镇化显著地促进了地方公共服务的供给能力，财政支配能力对医疗卫生和公共交通基础

---

① Stopher, Peter R. Financing Urban Rail Projects: The Case of Los Angeles [J]. *Transportation*, 1993 (3): 229-250.

设施供给能力的影响呈现倒“U”形。[①] ④产业方面的相关研究。熊广勤、罗方珍（2012）认为，金融支持产业的作用机制主要有资金支持机制、资源导向机制和风险控制机制。杨胜刚、刘亚雄（2016）采用面板数据，从实证角度论证了湖南省金融发展、产业结构升级与新型城镇化之间的关系，认为在长期内，金融发展和产业结构升级对人口城镇化会产生积极的影响，而金融发展在短期内对生态城镇化也会产生积极的影响。[②]

由此可见，国内外学者对城镇化发展的不同行业的金融支持进行相关研究后，都得出了金融支持对这些行业的发展有促进作用的结论。但他们研究的城镇化和城市化都是传统意义上的城镇化，而我国新型城镇化与传统城镇化在发展模式和方式上有很大的不同。他们选取的衡量指标一般是单一指标，忽略了新型城镇化是涉及经济、人口、基础设施、公共服务和生态环境等的多层次体系。

1.2.3 金融支持新型城镇化的方式

金融支持新型城镇化的方式主要集中在以下几个方面。

1.2.3.1 财政、税收支持

汪小亚（2002）认为，财政和税收会对城镇化产生直接影响。[③] 刘守英、蒋省三（2005）采用实地调查的方法研究了土地融资、财政以及金融风险，得出地方政府财政的重要来源和城市化建设资金的重要来源为土地融资的结论。[④] 20世纪90年代以来，我国城市化的发展模式为政府主导以及城市外延扩张；对发达地区来说，政府在财政预算内主要靠城市扩张所能够带来的产业税收效应，而预算外主要靠土地出让收入，因此这一时期成为真正的“土地财政”；政府储备土地的目的主要是追求土地收益的最大化以及土地抵押融资；带动城市进行新一轮扩张的支撑资金主要是银行资金的投放，而银行贷款的获取又是通过土地来撬动的。孙红玲（2013）、孙健夫（2013）和张景华（2013）认为，在推进新型城镇化的进程中，对

---

① 徐盈之，赵永平．新型城镇化、地方财政能力与公共服务供给［J］．吉林大学社会科学学报，2015（9）：24-35.

② 杨胜刚，刘亚雄．湖南省金融发展与产业结构升级对新型城镇化的影响［J］．湖湘论坛，2016（1）：53-59.

③ 汪小亚．中国城镇城市化与金融支持［J］．财贸经济，2002（8）：31-34.

④ 刘守英，蒋省三．土地融资与财政和金融风险［J］．中国土地科学，2005（5）：3-9.

财政的可持续发展应该进行通盘考虑，需要探索新型税收发展模式，该模式要与新型城镇化发展相匹配。

1.2.3.2 金融支持

世界银行（1994）对城镇化融资做了专题报告，指出发展中国家基础设施的融资应从财政体制向市场体制转变。Kim（1997）认为，金融在城镇化进程中具有重要意义，如何创新金融产品和规制金融市场，使金融系统与城镇化发展相匹配是未来城镇化和金融发展中亟待解决的问题。陈雨露（2013）认为，我国城镇化建设对金融的需求是多方面的，因此需要建立一个统一、竞争、开放而且有序的金融支持体系。熊湘辉、徐璋勇（2015）从人口城镇化、产业城镇化和空间城镇化三个维度选取了七个指标，构建新型城镇化的综合体系，采用空间计量模型，对金融支持新型城镇化进行了实证分析，得出结论：金融支持是影响新型城镇化的重要因素，城镇化水平整体提高的同时，区域差距也在加大。

1.2.3.3 财政与金融协调支持

胡海峰、陈世金（2014）发现了我国城镇化传统投融资模式的各种瓶颈，在总结国外发达国家城市化投融资模式特点的基础上，提出我国新型城镇化融资应该坚持“以市场为主导、以政府为引导”的基本原则，从多方面、多角度创新城镇化融资方式，构建多元化的城镇化投融资体系来解决融资困境。方先明（2015）认为，中国农村半城镇化现象严重，推进新型城镇化的成本体现在公共成本、企业成本和个人成本三方面，应积极探索新的融资模式，支持农村新型城镇化的发展。杨慧和倪鹏飞（2015）使用协调度模型对1994—2012年金融支持与新型城镇化两系统的协调度发展状况进行了定量分析，发现我国新型城镇化发展中的金融支持存在着规模不足、结构不合理、支持效率不高等问题。此外，牛润盛（2015）通过对新型城镇化资金供需进行实证分析，得出结论：财政、金融对城镇化建设具有持续长效的显著正向作用，而且持续期较长，但我国金融创新不够，财政、金融协调欠佳，制约了正向作用的发挥；金融对城镇化的贡献较大，应加快改革财税体制，使财政资金使用效率得到提高，使金融资源配置更优化，同时应构建多元化的融资体系，加强政府与金融市场的协作，从而引导社会资本参与新型城镇化建设。

1.2.3.4 新型城镇化金融支持模式

周启清（2010）发现，城镇化过程中存在金融抑制的现象。[①] 沈和（2011）通过对我国城镇化发展过程中所存在的五大矛盾进行分析，提出我国必须走以城市群为主体形态、大中小城市和小城镇协调发展、城乡互促互进的城镇化道路。[②] 金花（2011）指出，中国城镇化具有以下主要矛盾：盲目推进与科学发展的矛盾、发展需求与资源承载力的矛盾、制度保障体系与城镇化进程的矛盾和城镇化快速发展与城镇化“虚高”、内质性动力不足及资金投入不足的矛盾。[③] 因此，她认为应该做好城镇化发展规划，实施产业带动策略，拓宽投融资渠道。蓝庆新和陈超凡（2013）通过建立空间滞后以及空间误差模型，对新型城镇化与产业结构进行了实证分析，认为新型城镇化的发展对产业发展层次的提升非常有效，对产业结构的升级冲击效果也比较明显。倪鹏飞、董杨（2014）认为，新型城镇化的实质是市场配置资源的方式，并建立了以市场为主体的演进模型及循环流程。

由上述分析可知，国内外专家学者都肯定了财政金融对城镇化的支持作用以及重要性，但对财政支持的可持续性提出质疑，认为应该积极探索金融支持或者财政金融协调支持的途径。在金融支持城镇化的过程中，确实也存在很多问题，财政金融支持的协调效应不佳。因此，应加强对财政金融体系的改革。

1.2.4 新型城镇化与金融支持评价体系

1.2.4.1 新型城镇化评价体系

最早对新型城镇化评价体系进行研究的是福建省城调队课题组[④]。他们建立了一套较为完整的用来评价城镇化质量的评价体系，包含经济发展质量指数、社会发展质量指数、基础设施质量指数、生活质量指数、生态环境质量指数、城乡统筹质量指数，并赋予其不同的权重，分别为0.24、0.15、0.16、0.17、0.16、0.12。按此权重，他们认为经济发展和生活质

---

① 周启清．农村土地流转中金融支持问题的个案研究［J］．经济纵横，2010（2）：55-57.

② 沈和．当前我国城镇化的主要问题与破解之策［J］．世界经济与政治论坛，2011（3）：162-172.

③ 金花．我国城镇化发展的阶段性特征与主要矛盾［J］．经济纵横，2011（11）：16-19.

④ 福建省城调队课题组．建立中国城市化质量评价体系及应用研究［J］．统计研究，2005（7）：15-19.

量是用来衡量城镇化最重要的指标。党的十八大召开后，众多学者开始将生态文明和资源保护以及城乡统筹加入城镇化质量的评价指标体系。陈明星等（2009）分别从经济城市化、人口城市化、土地城市化、社会城市化四个领域选取了16个指标，参照福建省城调队课题组的做法，基于熵值法，分别对各指标赋予权重。① 在所有指标权重中，他认为人均工业总产值和人均GDP是最重要的两个指标。方创琳等（2011）从经济城市化、社会城市化和空间城市化三个领域选取12项具体指标对城市化发展质量进行了综合测评，得出的结论是：经济城市化是最重要的。② 2012年以后，对新型城镇化质量评价的指标体系开始趋于完善。曾志伟等（2012）所构建的指标体系，首次将衡量社会发展的指标放在首位，优先于衡量经济发展的指标。之后，学者们从不同领域构建了衡量新型城镇化的相关指标。戚晓旭、叶萌、杨琼（2014）基于可持续发展，将空气质量、污水排放、大气污染等引入新型城镇化的指标衡量体系，同时将教育、文化、医疗等引入评价体系，用来测量社会进步指数。戚晓旭（2014）除参考上述指标外，还将制度建设引入评价体系，从行政效率和管理指数方面选取了四个指标来衡量制度建设对新型城镇化发展的支持程度。吕丹等（2014）将公共服务均等化引入评价体系，弥补了上述评价体系的缺陷。至此，我国新型城镇化的质量评价体系才算完整。

1.2.4.2 金融支持评价体系

对金融支持指标的度量，最常用的指标是Goldsmith（1969）所创建的金融相关比率（FIR）。金融相关比率是指在某一时点上一国的金融工具市场总值与该国国民财富市场价值的比值，用于衡量一个国家的金融机构和金融发展水平。由于统计数据的问题，多数学者用替代指标来衡量金融相关比率，用得较多的是金融机构存贷款总额或贷款总额与GDP的比值（郭金龙等，2003；韩大海等，2007），但这类指标反映金融发展水平的能力较差，更多的代表了金融的交易功能。也有学者以人均指标来衡量一个国家的金融发展水平（田霖，2006）。1973年，Mckinnon提出了用M_2/GDP

---

① 陈明星，陆大道，张华．中国城市化水平的综合测度及其动力因子分析［J］．地理学报，2009（4）：387-398.

② 方创琳，王德利．中国城市化发展质量的综合测度与提升路径［J］．地理研究，2011（11）：274-290.

作为衡量一国金融深化程度的指标，用来反映一国金融体系支付中介和储蓄动员的能力。张军（2005）认为，全部信贷中的相当一部分被政府干预贷给了那些效率不高的国有企业，因此全部信贷并不能反映金融发展的程度，他用非国有部门贷款与GDP的比值来测度一国金融中介的深度。①随着金融发展理论的逐渐成熟，到20世纪90年代，单纯采用单一指标已经不能反映金融体系的发展程度，世界银行提出了一系列金融发展的指标，并将用来反映金融中介和市场规模、活跃程度以及效率的指标纳入评价体系。该体系包括金融规模、金融效率的部分内容。之后，不同学者开始将不同领域的指标（如银行、股票、债券等领域）引入金融评价体系，并采用不同的方法，用综合指标代替单一指标来衡量金融发展水平。

1.2.5 对现有研究的简要述评

总体来看，国内外学者对新型城镇化和金融的关系都进行了相关研究，多数得出的结论是需要创新型的城镇化金融支持体系，研究者或者从财政税收、土地制度、基础设施、公共服务和金融创新的角度，或者基于资金来源与流向视角，或者从银行、保险等领域，多层面、多角度地对城镇化的融资体系进行了描述，对金融支持城镇化的重要性进行了充分肯定，但目前的研究还存在一些缺憾：①鲜少从产业和就业方面展开全面研究。新型城镇化要想解决传统城镇化所出现的弊端，必须以产业为依托，否则就会出现传统城镇化发展中的“空城”“睡城”“鬼城”等问题。新型城镇化还必须以就业为保障，就业是转移人口能够在城镇定居并形成消费的前提和基础。这两者是金融支持的主要着力点。②现有文献大多是对城镇化的研究，而且多数采用了单一指标，对新型城镇化进行研究的很多学者虽然也采用了综合指标，但笔者认为新型城镇化质量不仅体现在经济的发展和人口的转移上，还体现在基础设施和公共服务的均等化以及居民生活质量的城镇化上，这些是衡量一个地区新型城镇化质量的标准，因此对新型城镇化质量的评估应从这些领域采用综合指标。③现有文献很少对新型城镇化金融支持效应通过定量进行科学评判。近年来，对新型城镇化

---

① 张军，金煜．中国的金融深化和生产率关系的再检测：1987—2001［J］．经济研究，2005（11）：32-45.

发展中的金融支持体系构建、支持模式和路径研究的较多，但对金融支持效应进行研究的较少。在选取金融支持相关指标时，大多将金融规模作为衡量金融发展的单一指标，而金融发展不仅体现在金融规模的扩张上，还包含金融结构和金融效率等因素的影响，因此应采用综合指标来衡量。本书以产业和就业为落脚点对问题进行探讨，对上述缺憾进行了弥补，通过定量分析金融对新型城镇化的支持效应，找出其中存在的问题，进而有针对性地提出金融支持新型城镇化的最优策略，以期为我国新型城镇化的健康、可持续发展提供建议。

1.3 基本思路与研究内容

1.3.1 基本思路

按照提出问题—分析问题—解决问题的基本思路，本书首先梳理了新型城镇化发展中金融支持效应所涉及的相关理论和文献，并对相关概念进行了界定，厘清了新型城镇化与金融支持、新型城镇化与产业和就业的关系，并构建了金融支持新型城镇化的传导机制，为后面章节的研究提供了理论依据。其次，通过对我国新型城镇化发展中金融支持的现状进行分析，发现目前金融支持的缺陷和不足。再次，从金融规模、金融结构和金融效率三个维度对我国新型城镇化发展中金融支持的总体效应、拉动就业明显的产业和企业（高新技术产业和创业型企业）的支持效应，以及财政和金融两大资金来源对新型城镇化的支持效应等方面的问题进行实证分析。最后，根据实证结果，提出提升我国新型城镇化发展中金融支持效应的策略。

1.3.2 研究的主要内容

我国新型城镇化已经进入发展的关键期，但资金短缺成为制约其发展的关键因素。本书从产业和就业的角度探讨金融对城镇化的支持效应，研究目的主要体现在两方面：一是明确金融对我国新型城镇化的支持效应；二是通过构建合理的金融支持体系，解决传统融资体系中存在的问题，促进我国城镇化的健康发展。全书共分为九章：

第1章主要介绍本书的研究背景和意义、研究思路与内容、研究方法、创新以及不足之处，同时对新型城镇化发展中金融支持效应的相关文献进行了综述。

第2章梳理了新型城镇化发展中金融支持的理论基础，并对城镇化和新型城镇化、金融支持与金融支持效应等核心概念进行了界定。

第3章对金融支持新型城镇化的机制进行了分析。笔者认为，新型城镇化的“新型”强调的是多要素的优化配置问题，金融支持的主要着力点应该是金融资源在新型城镇化发展中的合理配置和有效利用，以及适宜的金融制度的设计方面。基于此，笔者对金融资源在新型城镇化发展中的配置效应进行了实证检验，并提出金融制度方面的改革措施。新型城镇化必须以产业为依托、以就业为保障，才能更好地解决转移人口的就业问题，这突出体现在产业的规模化发展可以带动就业规模的扩张，产业升级可以带动就业质量的提升，新产业的发展可以提供更多的创业机会。从微观视角看，高新技术产业通过技术创新和应用能够促进产业结构升级，带动就业质量提升，其技术溢出效应可以促进相关产业的聚集，实现规模效应，从而增加对劳动力的吸纳；创业型企业在增加创业机会、促进新产业发展方面效果明显。因此，新型城镇化发展中金融支持的落脚点应该在产业和就业上，落实到实体经济上应该是对促进产业结构升级、提升就业明显的企业的支持上。基于此，本章分析了基于产业和就业视角的金融支持新型城镇化的传导机制，并在后面的章节中以高新技术产业和创业型企业为对象进行了相关分析。

第4章对新型城镇化发展中金融支持的现状及困境进行了分析。在融资对象上：通过对基础设施和公共服务融资现状进行分析，发现这两者的资金缺口都很大，而且快速增长的公共需求与政府有限的供给能力之间的矛盾突出。在融资方式上：通过从税收、地方融资平台和土地融资三个角度对财政融资的现状进行分析，发现2011年以后地方政府财政收入和税收收入增速不断下降，地方融资平台和土地财政在一定时期内支持了城镇化的建设，但也使地方政府负债加重，银行风险增加，而且这两种模式也面临政策的风险，因此我国地方政府用于新型城镇化建设的资金匮乏；通过对市场融资的现状进行分析，发现我国企业直接融资比例过低，而且我国金融市场资金总量很大，理论上完全可以弥补财政资金的缺口，但在目前的投融资体制下，资金供需双方并没有得到有效匹配；通过对民间金融市场进行分析，发现民间金融市场规模很大，但金融供给缓慢。在融资的落脚点上：笔者认为金融支持的落脚点在产业和就业上，最终落脚点应该在就业上，通过对产业和就业现状进行分析，发现虽然目前我国产业结构正在趋于合理化，但与就业结构严重失衡，产业结构的调整仍然不到位，第三产业对劳动力的吸纳有待进一步提高。

第 5 章对金融支持新型城镇化的总体效应进行分析。首先，对我国城镇化发展现状进行分析，发现我国城镇化已经进入快速增长阶段，城镇化率已略超世界平均水平，但也存在城镇化区域发展不均衡，滞后于我国工业化和经济发展水平的问题，且人口城镇化严重滞后于土地城镇化。其次，按照“以人为本”的原则，从经济城镇化、人口城镇化、基础设施均等化、公共服务均等化和生活质量城镇化五个角度构建指标体系，并利用主成分分析法对我国 31 个省份 2000—2014 年新型城镇化质量进行了估算，判断其发展状况以及各省的优劣势。同时，采用面板数据，从金融规模、金融结构和金融效率三个角度选取金融支持指标，对金融支持新型城镇化发展的效应进行实证分析，找出金融支持的不足之处以及原因。

第 6 章以我国重点支持的产业——高新技术产业为例，分析其与新型城镇化的作用机理。笔者认为，高新技术产业可以带动技术进步，从而促进产业结构升级和就业质量提高，其技术溢出效应和辐射效应可以促进其他产业聚集，实现规模经济，从而带动城镇就业数量的提升，其技术创新和应用可以提高城镇整体创新能力，提升新型城镇化质量。本章分阶段对金融支持高新技术产业的途径和模式进行了分析，并选取医药制造业、航空航天及设备制造业、电子及通信设备制造业、计算机及办公设备制造业、医疗仪器设备及仪器仪表制造业五大行业相关数据，在 C-D 函数中加入金融因素，以高新技术产业产出为被解释变量，以金融发展、资本及劳动力投入、技术创新为解释变量，对金融支持高新技术产业的效应进行了实证分析，评判金融支持的效果。

第 7 章从经济增长的新引擎——创业型企业的角度分析金融支持效应。在我国经济进入“中高速”增长的换挡期，“大众创业、万众创新”已经成为引领中国经济的“新引擎”，且被写入 2015 年的政府工作报告。本章对新型城镇化与创业型企业的创业效应进行了理论分析和实证检验，发现我国创业型企业对劳动力吸纳的效应对新型城镇化质量的影响是非常显著的，其弹性系数达到了8.24，而我国新型城镇化质量的提升对创业型企业吸纳劳动力的能力影响也非常显著，弹性系数达到了0.08。由此可知，通过提高创业企业对社会劳动力的吸纳能力提升新型城镇化质量是非常有效的途径，这也为我国提出的“大众创业”政策提供了实证方面的支撑。本章从金融规模、金融结构和金融效率三个角度选取指标，分全国以及不同地区实证检验了金融对创业型企业创业效应的支持力度，从而发现金融支持的优点及不足之处，提出对目前融资体系进行改革的新要求。

第8章从新型城镇化的资金来源——财政与金融的角度实证检验其支持效应。本章以政府财政支出、金融效率为解释变量，选取1978—2015年的数据，采用VAR模型，实证检验其对城镇化的支持效应，发现城镇化率相对于政府财政支出强度的长期弹性为0.061，相对于金融效率的长期弹性为0.457。由此得出结论，提升金融效率是促进城镇化发展的最优途径。本章进一步对新型城镇化的融资主体——政府与市场的角色定位进行了分析，指出政府主导我国城镇化融资模式的弊端，并借鉴国外政府与市场责任分担的模式，对我国政府与市场在新型城镇化发展中的责任分担问题提出了建议。

第9章在前述几章分析的基础上，对重要结论进行了总结，并通过对传统的融资体系进行部分创新，构建新型城镇化的金融支持体系。具体来说，在市场性金融支持方面，提出用多元化资本市场结构来支持新型城镇化融资的具体策略，并重点对直接融资工具——市政债券、资产证券化和信托融资租赁进行了分析；在政策性金融支持方面，提出应扩大政策性金融供给并深化改革的思路；在普惠金融支持方面，围绕弱势经济体，提出通过构建普惠金融体系实现资金供需的有效对接；最后，提出通过对政府职能、财税体制和中小微企业征信系统进行改革，为新型城镇化发展中的金融支持提供制度保障的措施。

1.4 研究方法和技术路线

1.4.1 研究方法

1.4.1.1 归纳与演绎相结合的方法

通过对国外新型城镇化发展中金融支持的现状和途径进行分析，探索我国新型城镇化发展中金融支持的直接融资和间接融资方式。通过对新型城镇化发展中金融支持效应理论的归纳和分析，得出基于产业和就业视角的金融支持的内在机制。在城镇化建设的企业融资方式上，首先归纳了一些发达国家和地区城镇化融资的典型经验及规律，然后结合我国的实际情况，得出适合我国城镇化发展的融资方式和体系。

1.4.1.2 分析与综合相结合的方法

新型城镇化金融支持体系涉及的内容、领域很多，从不同的角度分析，会得出不同的结论。本书首先采用综合分析的方法，从总体上对新型城镇化质量及金融支持效应进行了实证分析。其次，基于产业和就业视角，对高新技术产业和创业型企业的融资需求进行分析，并对金融支持效应进行了单独的实证分析和检验。最后，从资金来源的角度，对上述因素进行综合考虑，分析新型城镇化发展中财政和金融在融资体系中的作用，并从不同融资方式和领域综合性地构建了适合我国新型城镇化发展的金融支持体系。

1.4.1.3 实证与规范分析相结合的方法

本书对我国新型城镇化发展中金融支持效应的理论进行了规范分析，得出金融支持的侧重点主要是金融资源在新型城镇化发展中的合理配置和有效利用。基于此，本书采用实证分析的方法，分别从金融规模、金融结构和金融效率三个维度选取金融相关指标，采用面板数据以及不同的模型，对不同领域金融支持的效应进行了实证检验，并根据检验结果，找出金融支持的不足之处，进而构建适合我国新型城镇化发展的金融支持模式。

1.4.2 技术路线

本书按照提出问题—分析问题—解决问题的研究思路，分别从理论分析、实证检验和对策建议三个层面对我国新型城镇化发展中的金融支持效应进行深入分析与探讨，所采用的技术路线如图 1-1 所示。

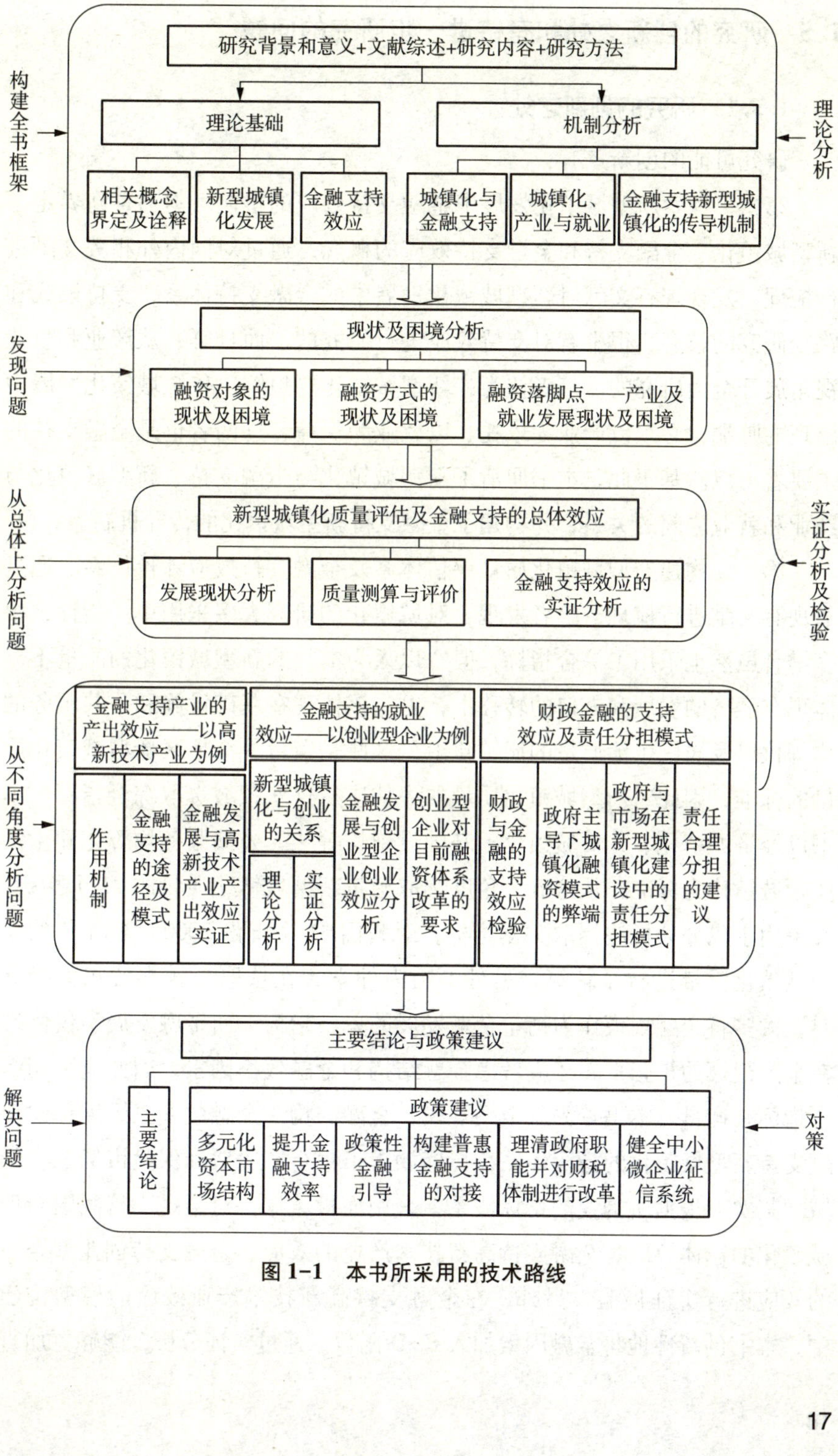

图 1-1　本书所采用的技术路线

1.5 研究的创新之处和有待进一步研究的问题

1.5.1 研究的创新之处

研究可能的创新点有：

第一，探索新型城镇化发展中金融支持效应的机制。本书重新界定了新型城镇化、金融支持和金融支持效应的概念；通过对国内外相关文献进行梳理，发现现有文献对新型城镇化发展中的金融支持体系、支持模式和路径研究的较多，很少有对支持效应进行研究的，而且鲜有从产业和就业视角展开全面研究的。笔者认为，新型城镇化要想解决传统城镇化发展中出现的弊端，必须以产业为依托、以就业为保障，这两者也是金融支持的主要着力点。基于此，本书厘清了新型城镇化与金融支持、新型城镇化与产业和就业之间的关系，并构建了金融支持新型城镇化的传导机制。

第二，构建新型城镇化质量评估体系及金融支持效应评价体系。通过对现有文献进行梳理，笔者发现，对城镇化的研究大多采用单一指标，很多学者虽然也采用了综合指标，但“以人为本”的新型城镇化的质量不仅体现在经济的发展和人口的转移上，更应该体现在基础设施和公共服务的均等化以及居民生活质量的城镇化上，这些是衡量一个地区新型城镇化质量的标准，因此对新型城镇化质量的评估应从这些领域选取综合指标。本书以经济城镇化、人口城镇化、基础设施均等化、公共服务均等化和生活质量城镇化为标准，从这五个角度选取衡量新型城镇化质量的 21 个指标，并采用主成分分析法提取关键指标，对我国 31 个省份 2000—2014 年的新型城镇化质量进行了估算。另外，国内外学者在选取金融支持相关指标时，大多将金融规模作为衡量金融发展的单一指标，而金融发展不仅体现在金融规模的扩张上，还应考虑金融结构和金融效率因素，因此应采用综合指标来衡量。本书首先从金融规模、金融结构、金融效率三维度构建金融支持新型城镇化的指标体系，指标涵盖了银行、股票和保险市场三大领域。其次，根据所构建的指标体系，采用面板数据，对金融支持我国新型城镇化的总体效应、金融支持高新技术产业的效应、金融支持创业型企业的效应进行实证检验。另外，在金融支持高新技术产业效应的模型构建中，本书创新性地将金融因素加入 C-D 函数。通过实证分析，能够更加直观地度量当前城镇化发展中金融支持的成效。

第三，从实证角度论证了金融改革的方向，明确提出金融改革措施。通过实证研究发现，我国新型城镇化质量的提高、高新技术产业产出效率的提升，以及创业型企业对劳动力的吸纳能力在很大程度上仍依靠金融规模的扩张，金融效率的提高在一定程度上也促进了其发展，但金融结构失衡对上述因素的影响并不显著。由此可见，对金融结构进行调整和改革是未来金融改革的重点。笔者通过实证也发现：长期来看，金融效率的提升对新型城镇化质量的影响要大于政府财政支出对新型城镇化质量的影响，而且提高金融运行效率是降低政府财政支出的有效途径，由此可见，提高金融运行效率是提高新型城镇化质量、降低政府财政压力的重要措施。基于此，本书从多元化资本市场结构、政策性金融、普惠金融三方面构建了金融支持体系，并提出了制度方面的创新建议。

1.5.2　有待进一步研究的问题

新型城镇化本身涉及面广，所需的金融支持是多角度、多领域的。本书仅从金融支持效应进行研究，虽然取得了一些成果，但由于研究经验和数据有限，还存在一些不足之处，有待在以后的研究中进一步完善。

（1）由于数据获取比较困难，而且数据统计不全，无法用更微观的数据来分析新型城镇化发展中的金融支持效应。在衡量各省份金融结构时，用的主要是金融机构各项存款、股票、保险市场的相关数据，没有包含债券的相关数据，而随着我国资本市场的逐渐完善，债券的发行额度会越来越高，在资本市场中也将占有越来越重要的地位，应将其纳入金融结构的指标体系中。

（2）城乡一体化也是新型城镇化的内容之一，但本书主要关注的是城镇经济和城镇产业与就业，对农村经济的相关研究涉及很少。

（3）新型城镇化的建设要与城市的承载力相适应，才能促进城镇经济和谐发展。本书重点分析了金融对新型城镇化的支持效应，但缺乏城镇人口发展与城市承载力方面的研究和衡量。

第 2 章　新型城镇化发展中金融支持效应的理论基础

2.1　相关概念界定及诠释

2.1.1　城镇化与新型城镇化

2.1.1.1　城市化、城镇化与半城镇化

城镇化是在城市化概念的基础上提出来的，城市化的概念最早出现在马克思于 1858 年发表的《政治经济学批判》中。马克思认为“现代的历史是乡村城市化，而不像古代那样，是城市乡村化”①。城市化英文为 Urbanization，是从《人口学词典》里翻译过来的，指的是居住在城市地区的人口比例的增长。

城镇化，英文 Urbanization，来源于城市化，最早出现在 1867 年西班牙人 A. Serda 编写的《城镇化基本理论》一书中②，20 世纪 70 年代开始在中国出现，之后频繁出现在党中央的相关文件、领导讲话和学者的著作和论文中。对于城镇化的内涵，地理学家、人口学家、社会学家和经济学家分别从各自的侧重点给出了不同的解释。地理学家强调的是城乡经济和人文关系，认为城镇化是人口、产业等由农村地域向城市地域转化和集中的过程。人口学家更关注人口的变化，认为城市化是人口向城市集中的过程，表现为居住在城市的人口比重上升的现象。社会学家更关注人们生活方式的变化，认为城市化是人类文化教育、价值观念、生活方式、宗教信仰等城市性生活方式发展和扩散的过程。而经济学家更关注生产力和生产关系之间的关系，认为城镇化发展的诱因是社会生产力的变革，而变革使得人类从事生产的方式、日常生活方式以及居住方式均发生了改变，这一

① 《马克思恩格斯全集》第 46 卷（上册）［M］. 北京：人民出版社，1979：480.

② 周一星 . 城市地理学［M］. 北京：商务印书馆，1995：35-36.

过程称为城镇化发展的过程，集中表现在两个方面：一是人类生产活动由第一产业向第二、三产业转换，以及各种非农产业经济要素向城市集聚、流动，农村自然经济向城市社会化大生产转化的过程；二是城市经济的聚集，即溢出效应发挥辐射带动作用，促进农业经济发展和效益提高的过程。比较典型的城镇化的定义有两个：在《大英百科全书》中，城镇化的过程是指人口向城镇或城市地带集中的过程，通常表现为城镇数目增多和各城市人口规模不断扩大这两种形式；《苏联百科全书》中的定义更强调城市的功能，认为城镇化是指城市在社会发展中的作用日益增大的一个历史过程，这一过程会影响人口生产力的分配、就业结构、社会结构、生活方式及居住模式。

在我国，“十五”规划中首次提出了城镇化的概念。2000 年 10 月 11 日，中共第十五届中央委员会第五次全体会议通过的《关于制定国民经济和社会发展第十个五年计划的建议》中提出“积极稳妥地推进城镇化”，“城镇化”由此作为官方用语被正式提出。新古典经济学认为，城镇是城市的初级形态，经典的发展经济学理论表明，城镇是区域经济发展赖以实现的空间载体，城镇化和工业化是区域经济增长的强大驱动力。西方在城镇化动力机制研究中形成了三种代表性理论：强调产业专业化与劳动分工的分工演进理论、强调规模经济的聚集理论和二元经济结构形成的“推—拉”理论。基于这三种理论，城镇化被理解为农业活动向非农业活动转化、人口向城镇聚集、城镇规模扩大以及由此引起的一系列社会经济变化的过程（李晓梅，2012）。城镇化最直接的表现就是农业人口向城镇的流动和集中这一结构性变化过程，突出表现在城镇数目的增多以及各城市人口规模的不断扩大这两种形式。著名经济学家樊纲（2009）指出，城镇化应为农业人口脱离农业生产，农村人口转移到城市，在城市定居和工作，从而成为城市居民的过程。① 简新华、黄锟（2010）的观点综合了上述观点，并进行了扩充，认为城镇化不仅是人口由农村向非农产业和城市转移的过程，以及这一过程导致的城市数量增加、规模扩大的过程，同时也是第二、三产业在城市集聚的过程，它强调了城市对农村的反向作用，也是城市生产和生活方式逐步向农村扩散、城市文明向农村普及的过程。

---

① 樊纲．城市化——复杂的系统工程解读［N］．中国人口报，2009-03-16（003）.

20 世纪 50 年代，戈德曼（Jean Gottmann）在大都市带理论中对“半城镇化”地区进行总结，认为位于城市间的非城市用地与乡村地区有所不同，并非以传统的农业经济活动为主，而是与城市密切联系，在为城市人口提供游憩场所的同时，获得来自城市的各种服务。由此可知，半城镇化是农村人口向城镇转移过程中的不完全状态，是城镇化过程中的一种不整合状态，主要特征在于：转移人口与社会、体制和文化不整合，与城镇居民的生活、行动不融洽，在心理上遭受排斥和歧视（王春光，2006）。[①]

基于上述分析，本书对城镇化的概念进行了界定，认为城镇化是人口和经济活动在空间上从农村向城市聚集过程的常态化。第一，表现在人口由农村向城市转移，农业人口向非农业人口转移；第二，城镇规模扩大，数量增加；第三，随着人口的聚集，物流、信息流、资金流、能源流等多种要素在空间上也在流动，使得资源配置更合理；第四，城镇基础设施和公共服务水平不断提高；第五，城镇居民生活水平得到不断改善；第六，这种常态化需要一定的制度保障。王春光认为，半城镇化是农村流动人口处在系统整合与社会融合和社会认同之间一种负面的双向互动关系的状态，即系统的不整合对社会融合和社会认同的负面影响，以及后两者对前者的强化。

2.1.1.2 新型城镇化

新型城镇化是在城镇化概念的基础上演变而来的。为快速提升城镇化水平，我国走了一段政府主导的、以房地产和市政基础设施建设为主的粗放型城镇发展模式，城镇投资迅速增长，人口大量往城镇聚集，使得以常住人口计算的我国城镇化率得到了迅速提升，但传统城镇化所存在的问题也随着城镇化的进一步发展和经济新常态的出现而逐渐暴露出来，因此笔者在原有城镇化发展的基础上总结经验和教训，提出了新型城镇化的概念。新型城镇化与传统城镇化的区别突出体现在“新型”上，也就是要由传统的过于注重城市规模扩大和空间扩张改变为“以人为核心”，通过提升城市的品位、文化水平、公共服务等内涵性发展，使农村转移人口真正

---

① 王春光．农村流动人口的“半城市化”问题研究［J］．社会学研究，2006（5）：107-122.

融入城镇，实现市民化。近几年来，我国政府也一直重视新型城镇化的发展，积极探索发展道路。党的十八大强调“要坚持走中国特色新型城镇化道路，推动工业化和城镇化良性互动，城镇化和农业现代化相互协调，促进工业化、信息化、城镇化、农业现代化同步发展”。中共十八届三中全会提出“完善城镇化健康发展体制机制，坚持走中国特色新型城镇化道路，推进以人为核心的城镇化，推动大中小城市和小城镇协调发展，产业和城镇融合发展，促进城镇化和新农村建设协调推进”。2013 年 3 月 17 日，国务院总理李克强在答记者问时指出，我们强调的新型城镇化，是以“人”为核心的城镇化。同年，李克强在国家粮食局科学院考察时，更是强调“推进城镇化，核心是人的城镇化，关键是提高城镇化质量，目的是造福百姓和富裕农民”①，将城镇化表达得非常清楚。

综上所述，本书中的新型城镇化是指以“人”为核心，以产业为依托，以就业为保障，以提高人的生活质量为最终目标，通过合理的制度设计和资源配置方式，实现人与自然、人与社会的和谐发展，进而达到经济城镇化、人口城镇化、基础设施均等化、公共服务均等化和人民生活质量城镇化。其特点主要体现在以下几方面：

（1）新型城镇化的核心是“人”，其根本落脚点在于为人民谋服务、求发展，而其核心目标是在城镇化的发展过程中，使全体公民公平地共享经济社会发展的成果。② 这就要求转移人口不仅进入城镇，或户籍变为城镇，而是与市民平等地分享公共资源，即公共资源均等化。为了更好地解决人口迁移所面临的问题，党的十八大提出了新型城镇化的发展战略，其内容主要包括两方面：一是探索从数量型增长向质量型提升转变的途径，扩大基本公共服务对农民工的覆盖；二是探索从粗放型扩张向集约型增长的转变方式，调整城市发展模式。由此可见，新型城镇化更加强调多种要素的优化配置和协调发展问题，这里的要素不仅包括人力要素，还包括自然资源和金融资源，其发展的最终目的是提高城镇化质量，进而提高人民的生活质量。

（2）新型城镇化是产、城、人互动的城镇化。“以人为本”的城镇化

① 新华社．守住管好“天下粮仓”　协调推进“新四化”建设［N］．人民日报，2013-1-16.

② 郭广银．以人为本是新型城镇化的根本价值遵循［N］．新华日报，2016-02-05.

关键在于解决转移人口的就业问题。为此，城镇化必须与产业发展和就业相结合，实现产、城、人互动，即通过产业发展促使本产业和其他相关产业和人口聚集，拉动就业，进而促使城镇规模扩大和城市群的形成；反之，城镇规模的扩大和城市群的形成对产业发展产生驱动力，进而促进人口就业结构和消费结构的变化，就业人口和消费结构的变化也会对产业发展产生新的作用，促使产业结构不断优化和升级，从而影响就业结构的调整和就业人口数量的增加。

（3）新型城镇化是均衡发展的城镇化。不均衡发展是旧城镇化一直存在的问题，主要表现在我国东部与中西部在城市发展中差距较大，以及二元结构造成的城乡差异。"十二五"规划提出，要依托大城市，重点发展中小城市，逐步形成城市群并发挥其辐射作用，从而促进大中小城市和小城镇的协调发展。新型城镇化更加注重大中小城市和小城镇的协调发展以及体制和机制创新，能够使各类生产要素突破行政区域的限制，进行自由流动和优化配置。

（4）新型城镇化是可持续发展的城镇化，这也是新型城镇化基本路径中的核心。新型城镇化以综合承载能力为支撑，需要建立生态优良的城镇，把生态文明理念和原则融入全过程，四化同步发展，优化布局，提升城市的可持续发展，走集约、智能、绿色、低碳的新型城镇化道路。在这一过程中，强调环境的承载力及社会的均衡与和谐，也强调经济的转型。

（5）新型城镇化特别强调市场化的手段。传统的城镇化本质上是政府主导的城镇化，之所以带来了半城镇化，带来了土地过度城市化，带来了环境污染等一系列问题，究其原因，主要是政府的过度干预以及急于求成。城镇化的推动力量从过去自上而下的政府推动，转向将市场机制的自发力量与政府规划的自觉力量有机结合起来。新型城镇化与传统城镇化在调控手段上最大的区别就是新型城镇化要由市场来主导，而政府由原来的主导转变为引导。

2.1.2 金融支持与金融支持效应

金融是一种特殊的资源，它的特殊性表现在两个方面：一是和劳动力、土地及其他自然资源一样，它本身就是一种稀缺的资源，是新型城镇化所需的生产要素之一，金融机构可通过丰富的金融产品提高资金的流动性，从而为城镇化发展提供资金支持；二是金融本身也是配置其他要素的一种手段，具有资源配置和风险管理的功能，可以集中社会上分散的资金，并将其转变为储蓄资金，再利用期限的不同，使储蓄和投资相互转化，为城镇化建设直接或间接提供资金支持；也可以通过合理的金融制度和风险管理，降低社会融资成本，提升投资效率，从而使城镇化走“集约”发展的道路。另外，在市场导向下，金融体系可通过价格优势及信息渠道，引导社会资本流向风险小且盈利高的领域，促进社会资本的优化配置，推动城镇化的可持续发展。

本书中的金融支持也是如此界定的，即金融既是一种生产要素，也是配置其他要素的手段。而后者主要是通过金融功能的发挥作用于实体经济，从而促进新型城镇化的发展。金融功能的发挥突出体现在金融要素分配的功能上，具体来说，包括资金形成机制、资金导向机制、信用催化机制和风险管理机制。多元化的资金来源可以保障新型城镇化的资金规模，而政策性金融的导向作用可以引导资金流向新型城镇化所需的方向，完善的信用催化和风险管理可以减低资金供需双方的信息缺失及风险。金融支持新型城镇化的效应指通过合理的金融制度设计和金融资源配置，促进产业和人口的集中，并实现规模效应，以促进各要素的优化配置。金融支持新型城镇化的效应与金融规模、金融结构和金融效率密切相关，具体体现在金融通过规模扩张、结构的调整和优化以及金融效率的提升推动资本积累，引导资金流向，提高投资资金的使用效率，从而促进产业结构优化升级，提高社会资源的配置效率，提升新型城镇化的质量。

2.1.3　新型城镇化支持主体的界定

新型城镇化的支持主体有政府和市场两种，本书中对金融支持主体的界定多侧重于市场行为方面，选取的指标涵盖了银行、股票、保险市场等。政府对新型城镇化的支持主要是通过政策制定和财政支出实现的，但我国金融体系是以银行为主导的，而国有银行在银行体系中占有重要位置，因此新型城镇化发展中的金融支持也离不开政府的影响，而且政府财政支出以及相关制度制定和实施对新型城镇化的资金供给和导向作用非常明显，因此本书在分析新型城镇化的资金供需以及金融对新型城镇化的支持效应时，也加入了财政因素。这两个支持主体在新型城镇化建设中的界定在本书第 7 章进行了详述。

2.2 新型城镇化发展的理论基础

2.2.1 城市发展理论

城市化的过程是人口、地域、社会关系及生活方式从农村向城市转化的过程。城市化的前提有两个：一是农业生产力的发展；二是农业剩余劳动力的转移。第一个前提是基础，只有农业生产力提高了，农业劳动力剩余才成为可能。而农业生产率的提高也为城市化的推进提供了充足、高质量的食物以及工业生产原料。农民收入水平会随着农业生产率的提高而提高。随着农民收入水平的提高，他们对生产投入品以及生活消费品会产生更多、更高的需求，从而出现“城市工业品销售市场不断扩大→城市规模扩大→城市发展动力不断加强”这样一种良性循环。第二个前提是农村劳动力出现剩余，并能够转移。综观各国城市化的发展历程，农村剩余劳动力转移的动力主要是工业化的拉动、城乡收入水平的差异和生活质量的差异。工业化的发展促进了第二产业的发展，第二产业的发展带动了相关服务业的发展，继而对劳动力产生大量需求，促进产业和人口的聚集。而城乡收入水平的差距对农村剩余劳动力产生了吸引力，促使大量农村人口到城市就业。城市良好的基础设施和公共服务，也吸引了大量农村剩余劳动力。围绕这两个前提，城市发展理论主要有以下几种。

2.2.1.1 聚集经济理论

聚集经济理论最早是由经济学家韦伯（A. Weber，1909）提出来的，他认为产业的空间聚集可以促进劳动力组织专业化，产业集聚可以规避中间商，节省交易成本，区位因子的合理组合会使企业节省成本，共享部分资源，从而使成本最小化。

1890 年，经济学家马歇尔提出外部规模经济理论，认为在其他条件相同的情况下，行业规模较大的地区比行业规模较小的地区的生产更有效率。区域经济学家沿用马歇尔关于内部和外部经济的概念，把城市聚集经济理解为外部经济充分利用。他们认为城市聚集经济分为三种类型：①企业内部规模经济；②企业外部的，产业内部的经济；③对企业和产业而言，都是外部的。对于第一种类型，他们认为在一个生产函数中，如果生产要素投入的产出弹性的和大于 1，则关键设备投入占产品总成本的比重较大，平均成本曲线呈“U”形分布，当企业产量增加时，关键设备的固定成本会在更大范围进行分摊，单位产品的成本就会下降，则生产规模收益递增，产生规模经济效益。因此，这种类型的聚集经济称为规模经济（Economies of Scale）。对于第二种类型，马歇尔曾在《经济学原理》一书中这样论述，“当某一产业为自己选择了某一区位时，它将长期位于此地，因为从事同样行业的人可以从邻近的地区得到相当大的好处”，也就是说，当一个企业地处同一产业部门集中的区域时，单位成本会降低，从而实现规模经济效益，这种状况称为定域化经济（Localization Economies），对企业而言是外部的规模经济，对产业而言则是内部的。第三种类型是城市化经济（Urbanization Economies）。Goldstein 和 Gronberg（1984）将城市化经济理解为大城市的一种特殊作用，大城市可以使公共基础设施和服务在很大范围内得到共享，从而有效降低城市内企业的成本，因此小型企业可以而且也有条件从事专业化生产或服务。①

米尔斯（Mills，1967）对区域经济学家的理论进行了拓展，认为聚集并不一定导致规模经济。他认为，外部经济与城市规模扩张导致的通勤成本等外部不经济密切相关，使得居民净效用与城市规模之间呈倒“U”形关系，净效用的极大值决定了最优城市规模。

经济学家巴顿（K. J. Button，1976）论述了企业集群和创新的相关关系，他认为：①在地理上的集中必然会给企业带来竞争，而竞争会进一步促进创新；②创新是由客户需要和解决供给问题而产生的结果，企业在地理上的集中使信息在制造商、供给者和客户之间的传播更为方便；③集中而优越的通信工具使区域内企业创新成果的采纳速度得到很大提升。

由上述理论可以得出结论：一般情况下，当企业在地理上彼此接近时，会给产业、企业和居民带来外在的利益，产生聚集经济效益。城市正是人口和产业集中的地区，城市规模的扩大，会使产业向城市聚集，因此城市具有明显的聚集经济效益。城市的聚集经济效益在降低企业成本的同时，也会促进创新；但过度的资源空间聚集会使社会福利受损，如造成通

---

① 林金忠．城市聚集经济理论研究及其进展［J］．中国经济问题，2005（6）：48-54.

货膨胀、房租过高、交通拥堵、环境污染等问题，导致聚集不经济。因此，城镇化的过程实际上也是经济主体通过聚集效应在空间上配置资源以增进自身福利并间接影响社会福利的过程。在新型城镇化建设中，城市的规模并不是越大越好，而是要考虑人口规模和资源环境的承载力，否则也会导致成本上升，资源配置效率降低。

2.2.1.2 诺瑟姆曲线理论

美国城市地理学家诺瑟姆（R. M. Northan，1979）在对英、美等国家工业化进程中城镇化率变动趋势进行分析后，提出了城镇化发展的“S”曲线规律，也就是诺瑟姆曲线，如图 2-1 所示。

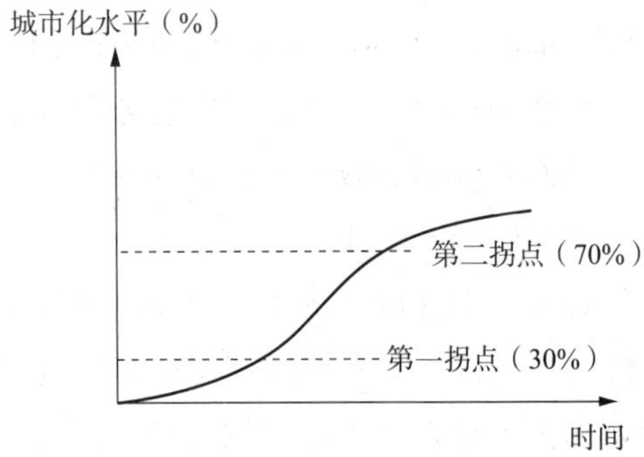

图 2-1 诺瑟姆曲线

诺瑟姆认为，城市化进程分为三个阶段，有两个拐点。第一个阶段是城镇化率在 30%以下，这一阶段是城市化的初期。这一阶段国家尚处于农业社会，城镇化发展缓慢，工业化处于初期，轻纺工业是主导产业。第二个阶段是城镇化率为 30%～70%的阶段，这一阶段经济高速增长，国家进入工业社会，主导产业是钢铁、化工、机械等重工业。这一阶段城市数量增加，规模扩大，人口和产业向城市聚集，是城市化的加速阶段，同时也出现了“城市病”，如劳动力过剩、交通拥挤、住房紧张、环境恶化等。第三个阶段是城市化率超过 70%的阶段，这一阶段经济开始趋于平缓，国家进入后工业社会。这一阶段第二产业在三大产业中所占比重上升到 40%以后缓慢下降，第三产业开始兴起。由于第二阶段出现了“城市病”，随着交通的逐渐便利和通勤范围的逐渐缩小，企业和人口考虑到自身经营和生活成本，开始往郊区迁移，出现郊区城市化现象，这一阶段城市化增长速度开始趋缓，出现“逆城市化”现象。

2.2.2　人口迁移理论

人口迁移是指人口在空间上的流动。人口迁移是一种普遍的社会现象。人口迁移理论主要有以下几种。

2.2.2.1　“推力—拉力”理论

“推力—拉力”理论最早可追溯到拉文斯坦（E. G. Raven Stein，1885，1889）的“人口迁移法则”，他认为人口迁移的目的是改善经济状况。R. Herberle（1938）在发表的《乡村—城市迁移的原因》一文中提出了两个基本假设，一是人的行为是理性的，二是迁移者对迁出、迁入地的信息有充分的了解，从而得出人口迁移是由迁出地的推力和迁入地的拉力共同作用的结果。美国社会学家吉佛（G. K. Zipf，1946）将“万有引力定律”引入推—拉模型，进行了量化处理，并提出了“引力模型”，模型表达式为

$$M_{ij}=k\frac{P_iP_j}{d_{ij}^b}$$

上式中，M_{ij}为 i 城市和 j 城市之间的人口迁移总量，P_i、P_j 分别为两城市的人口规模，d_{ij}为两城市之间的距离，k 为常数，b 为距离衰减系数。他认为，两地间人口的迁移总量与两地人口规模的乘积成正比，与两地间的距离成反比。

美国人口学家罗理（I. S. Lowry）在引力模型的基础上，加入失业率和制造业工资，形成新的模型，表达式为

$$M_{ij}=k\left(\frac{U_i}{U_j}\times\frac{W_j}{W_i}\times\frac{L_iL_j}{D_{ij}}\right)$$

上式中，M_{ij}表示从 i 地到 j 地的迁移人口，L_i、L_j 表示 i、j 两地的非农业劳动力人数，U_i、U_j 表示 i、j 两地的失业率，W_i、W_j 表示两地每小时制造业工资，D_{ij}表示两地的空间距离。他认为，人口迁移是从农业劳动力较多的地区向较少地区，从收入较低的地区向收入较高的地区流动。

Lee（1966）在《迁移理论》中对“推力—拉力”理论进行了系统性总结，认为人口迁移主要与迁入迁出地、各种中间障碍和个人因素有关。

2.2.2.2 新古典经济学的人口迁移理论

新古典经济学创新性地将供需理论引入人口迁移理论，认为区域间劳动力的供需差异是引起劳动力在不同区域互相调整的主要原因，而人口迁移则是这种调整过程的一种体现。美国经济学家西奥多·舒尔茨（Theodore William Schultz，1960）在《人力资本投资》一书中提出了“人力资本理论”，认为促进一个国家或地区经济增长的主要原因是人力资本，迁移是个人在人力资本上的一种投资。这种投资可通过提高自身经济效益而提升个人投资者的生活水平。新古典经济学将个人作为迁移的最小单位，但实际上，个人的决策与家庭关系很大，由此产生了新家庭迁移理论。该理论认为，家庭成员共同决定了迁移决策，迁移的原因在于最大化经济利益以及最小化风险，人的迁移不仅受个人预期收入的影响，还会受家庭因素的影响，而家庭因素更为关键。斯达科将“人力资本理论”进一步延伸到“投资—利润”理论，认为人的迁移是一种投资或者成本，迁移后获得的好处是一种利润，迁移者在迁移前会综合考虑迁移过程中的成本和迁移后获得的利润，如果成本超过了利润，则会推迟迁移，否则会选择迁移。

2.2.2.3 发展经济学的人口迁移理论

发展经济学的人口迁移理论以刘易斯的“两部门经济发展理论”和托达罗的“托达罗模型”为代表。美国著名经济学家刘易斯（W. A. Lewis，1953）认为，在发展中国家的经济中并存着两个不同的部门，一个是现代工业部门，代表着先进生产力，另一个是传统的农业部门，代表着落后生产力，从而建立了两部门经济发展理论。刘易斯认为，农业中存在着边际生产率为0的剩余劳动力，对两部门的边际生产率来说，工业部门明显高于农业部门，因此工业部门的工资水平也高于农业部门，这样工业部门就能够吸引到农业部门的剩余劳动力，而且支付的劳动报酬较少，从而促进农业剩余劳动力向非农化进行转移，使二元经济结构减弱。他认为，这是发展中国家摆脱贫困的唯一途径。该理论还认为，城乡收入差异是劳动力从农村向城市迁移的唯一决定因素，只要城市工业部门的一般工资水平高于乡村农业部门，且工资差距达到一定比例，农民就愿意离开土地进入城市谋求新职位。该理论的假设前提是“充分就业，且市场可以无限提供劳动力”。1972 年，刘易斯又发表了《对无限劳动力的反思》一文，并在该文中提出了“刘易斯拐点”。他将二元经济模式分为两个阶段：第一阶段是劳动力无限供给的阶段，也就是上述介绍的阶段，大量的农村剩余劳动力转向城市。第二阶段劳动力开始出现短缺。由于农业劳动生产率得到提高，解放了农村大量的剩余劳动力，而且现代工业部门发展迅速，当这种发展超过人口增长的速度时，就会导致工业部门工资上涨，劳动力出现短缺。这一阶段形成了二元经济模式。刘易斯将劳动力由剩余变为短缺的转折点称为“刘易斯第一个拐点”。二元经济发展到劳动力出现短缺的第二阶段后，随着农业劳动生产率的不断提高，农村剩余劳动力得到进一步释放，现代工业部门的迅速发展超过人口的增长，该部门的工资最终会上涨。当传统农业部门与现代工业部门的边际产品成本相等时，即两部门工资水平大体相当时，城乡一体化的劳动力市场开始形成，二元经济开始转向一元经济，此时出现了刘易斯的第二个拐点。[①]

20 世纪 60 年代初，经济学 Fei John C. H. 和 Ranis Gustav（1964）通过对刘易斯模型中的不足之处进行修正，建立了费—拉模型。该模型认为，在土地面积和农业技术给定的条件下，农业生产的边际产出会随着农业劳动投入的增加不断递减并趋于 0。在这种情况下，增加任何劳动投入也不会使农业总产出增加，此时边际产出为 0 的这部分劳动力称为“剩余劳动力”。在该模型中，农业工资等于农业人均产出是一种“不变工资制度”，在这种制度下，即使出现了多余劳动力，多余的这部分劳动力也应获得这一工资水平，在此基础上，出现了伪装失业者。伪装失业者指的是边际生产率大于 0 但仍低于人均产出的这部分农业劳动者。在这些假设的基础上，该模型对农业人口转移进行了阶段性划分：第一个阶段先转移出来的是那些边际生产率为 0 的劳动力；第二个阶段转移出来的是边际生产率大于 0 但小于平均收入的那部分劳动力；第三个阶段转移出来的是边际生产率大于平均收入的农业劳动力。

20 世纪中后期，许多国家的城市失业问题已经比较严重，但仍存在大量农村人口向城市转移的情况，刘易斯的理论无法解释这种现象。美国经济学家托达罗（M. P. Todaro，1969）对传统人口流动模型进行了修正，将

---

① 赵显洲. 关于“刘易斯转折点”的几个理论问题［J］. 经济学家，2010（5）：75-80.

就业概率引入模型，创立了“托达罗模型”。该模型认为，人口的迁移过程是对城乡预期收入差异作出的反应，只有在劳动力估计城市预期收益高于农村收入时，才会迁移，否则，劳动力将继续留在农村。城市预期收益水平为实际收入乘以就业概率计算所得，它是决定劳动力流动与否的关键。

由上述理论可以看出：城镇化进程与人口迁移密切相关。衡量城镇化率的一个重要指标就是城镇人口在总人口中的比重。随着农业生产效率的提高，农村剩余劳动力数量不断增加，人地分离逐渐成为现实，为转移人口提供了“人”的基础；相较于农村，城市基础设施和公共服务的完善对农村人口形成了“吸引力”；人力资本的形成和农民工社会融入能力的提升为转移人口提供了经济和社会“保障”。这些因素促进了农村人口的转移，外来人口为城镇的快速发展提供了丰富而且廉价的劳动力。因此，造成人口迁移的主要原因是城乡收入的差异，迁移的目的是提高自身及家庭收入和生活水平。刘易斯拐点的出现与“人口红利”密切相关：第一个拐点是“人口红利”的存在，大量的廉价劳动力为生产提供了较低的要素价格，促进了经济的增长，尤其适用于发展中国家；第二个拐点的出现是“人口红利”的消失，劳动力市场短缺，迫使工资上涨，企业使用要素的成本随之上涨，从而对经济产生极大的影响。因此，发展经济学理论也告诉我们，“人口红利”不可能长期存在，创新能力的培养是保持经济可持续发展的根本，实现产业结构升级、提高资源利用效率、提升产品技术含量和附加值才是提高核心竞争力的关键。

2.2.3 城市可持续发展理论

城市可持续发展理论是新的发展理论，不同学者从不同领域、不同角度对其进行了研究，但目前还没有形成统一的体系。通常城市的发展会经历启动期、发展期、成熟期和衰退期这四个阶段，每一阶段都会存在制约城市可持续发展的一些因素。国内外专家学者从不同角度对城市可持续发展理论进行了研究。在早期的研究中，Haughton G.（1994）从环境角度、Onishi T.（1994）从资源角度、Nijkanp P.（1995）从经济角度分别对城市可持续发展进行了深入研究。Camagni R.（1998）对城市可持续发展进行了较为完整的定义，认为城市可持续发展是对构成城市的一些要素（如经济、社会、环境等）进行协同整合与和谐发展的过程。Josza 和 Brown

（2005）认为，可持续发展从长期来说应涉及环境、社会制度、经济、人民福利及生活质量，短期主要是与人口数量有关。2010 年，澳大利亚的 Griffith University 开始寻找并衡量社会、经济和技术在环境方面造成的压力。N. Munier（2011）采用了 R. Camagni 的定义，并从多角度提出了可持续发展的目标，建立了一系列衡量城市可持续发展的指标。我国学者也进行了相关研究。蒋达强等（2001）从生态角度提出了城市可持续发展的新观念：一要适度消耗；二要崇尚绿色观念；三要关注循环，对资源及成品要反复使用或循环再生。[①] 牛文元（2012）认为，城市可持续发展理论的核心主要有两个：一是人与自然关系的和谐与协同进化，也就是说，要找出人与自然和谐发展及其关系的合理性，将人的发展与资源消耗、环境退化、生态威迫联系起来；二是人与人之间关系的协调发展，具体来说，可通过舆论的引导、法律的约束、道德的感召、文化引导、社会规范等实现。[②] 因此，他认为可持续发展从根本上体现了人与自然和人与人之间关系的总协调。此后，众多学者开始从"低碳"角度研究人口、经济、城市、社会、环境等的和谐与可持续发展。

由此可见，城市可持续发展是多学科、多领域的交叉，它不仅要求人与自然和谐发展，也要求人与人之间关系的协调。在新型城镇化建设过程中，既要考虑土地、资源等的承载能力，也要考虑环境的因素，要实现集约、低碳的发展模式。

2.3　金融支持效应的理论基础

"金融"是货币流通和信用活动的总称，这一经济范畴是在银行业发展过程中货币和信用互相融合之后形成的。随着经济货币化和信用化程度日益提高，在现代经济中，金融逐渐成为核心。金融发展理论始于 20 世纪 60 年代末，研究的主要是金融发展与经济增长之间的内在关系，代表人物为 L. Goldsmith、R. McKinnon 和 E. Shaw。传统经济发展理论偏重于研究资本、劳动力、土地、技术和资源等因素对经济的影响，而忽略了金融因素

① 蒋达强，苏敬，李琳莎．城市可持续发展的新思维［J］．上海交通大学学报（社会科学版），2001（3）：84-88.

② 牛文元．中国可持续发展的理论与实践［J］．中国科学院院刊，2012（3）：280-289.

对经济的影响，金融发展理论弥补了这一缺陷。金融支持新型城镇化效应的理论主要有以下几个。

2.3.1 金融规模支持新型城镇化的理论

19世纪中期，国外城镇化进入快速发展阶段，到20世纪中期进入成熟阶段。国外学者对城镇化发展中金融支持效应的研究主要集中于金融发展与经济增长，以及金融发展与城镇化的关系方面。

最早对此进行研究的是Schumpter（1911），他认为金融部门的发展为企业家进行借贷提供了可能性和便利性，进而能够促进创新，提高人均收入水平。20世纪50年代中后期，众多经济学家逐步从理论及实证方面研究金融发展与经济增长之间的关系，并取得了一系列成果。Andrews（1955）利用美国和英国主要城市的数据，建立回归模型分析了投资水平、经济发展水平等经济因素对美国和英国城市化的作用，结果显示，资本投入是城市化最重要的影响因素。Lampard Eric E.（1955）和Henderson J. Vernon（2000）通过研究发现，城镇化与经济增长之间呈现出显著的正相关关系。Goldsmith（1969）也得出金融规模与经济增长存在正相关关系的结论，但他认为这种因果关系的方向很难确定。以卢卡斯（Lucas，1988）为代表的一些经济学家则认为，经济发展会创造对金融服务的需求，这种需求导致金融部门的发展，是经济增长带动金融发展而不是金融发展促进经济增长。Bernanke等（1996）认为，金融发展会通过“金融加速器”效应放大冲击，加剧经济的波动。Acemoglu等（1997）认为，金融发展会促进经济的稳定增长。Barberis、Shleifer和Vishny（1997），Rajan和Zingales（1998）也认为，在信息搜集和处理、动员储蓄以及识别和监督投资项目方面，金融中介比市场更有优势，因此和市场相比，金融中介机构更能促进资源配置效率的提高，进而促进经济增长。Allen和Gale（1999）认为，在跨期风险分担方面，金融中介更有效，而在跨部门风险分担方面，金融市场更有优势，因此金融中介与市场各有自身的优劣。Caballero等（2000）认为，金融促进经济增长的效应主要是通过金融发展减少信贷市场摩擦，从而减弱“金融加速器”的作用以抑制经济波动来实现的。Tadesse（2002）利用不同国家的数据对产权制度、金融发展以及金融体系选择问题进行了实证分析，发现一个国家的产权制度较差、金融发展水平较低，则在金融体系的选择方面银行主导要优于市场主导；反之，一个国家的产权制度较好、金融发展水平较高，则市场主导的金融体系要优于银行主导的金融体系。Kunieda 等（2011）认为，金融发展处于初期时，不会造成经济波动，而信贷市场的发展完善，会在一定程度上造成经济波动，在金融业不断趋于成熟的过程中，经济波动会逐渐减弱并消失。

国内也有学者得出相似的结论。林毅夫、姜烨（2006）认为，如果一个国家的金融结构与该国经济结构相匹配，将有利于该国经济增长，否则会起到阻碍作用。① 王勋、方晋、赵珍（2011）利用面板数据，分析了1999—2008年金融规模对各省经济增长的作用，认为我国金融规模的扩张并不利于经济增长，而通过改善金融结构，如提高中小金融机构所占比重、降低银行在区域上的集中度，则会在一定程度上增加银行业内部竞争，从而促进经济增长。邵传林、王莹莹（2013）认为，金融市场化对经济波动具有显著的非线性平抑效应，金融市场化的推进会先抑制经济波动，当越过门槛值时，会加剧地方经济波动。王澎波等（2017）认为，从总量来看，经济发展的重要推动力仍是间接金融，但其边际影响力在逐渐减弱，而提高间接金融所占比例不利于经济的增长。如果考虑民营经济，则金融发展对经济影响的边际效应是在减弱的。因此，他们提出，为了促进经济增长，应该采取扩大金融规模并促进金融深化、发展直接融资市场、放松金融约束等措施。

2.3.2　金融结构支持新型城镇化的理论

结构理论是金融发展理论形成的基础，在金融领域，也是研究最早且最有影响力的理论之一，其创始人是美国经济学家 Goldsmith。他在1969年出版的《金融结构与金融发展》一书中将金融现象归纳为金融机构、金融工具和金融结构，而将金融结构定义为一国现存的金融机构和金融工具之和，并指出金融发展的本质就是金融结构的变化，还提出衡量金融结构存量和流量的相关指标，如金融相关比率（Financial Interrelations Ratio，FIR）、金融中介比较和变异系数等。FIR 由金融工具的市场总值与经济活动总量的比值计算得出，已成为衡量一国金融发展程度的最重要指标。Goldsmith 利用世界上35个国家的数据进

① 林毅夫，姜烨．经济结构、银行业结构与经济发展——基于分省面板数据的实证分析［J］．金融研究，2006（1）：7-22.

行了分析，揭示了金融深化的内部规律，认为金融结构会对经济增长产生一定的作用，通常金融结构越发达，相应的金融工具和金融机构所提供的选择机会就越多，各主体从事金融活动的欲望就越强，从而加快储蓄的增加速度。

依据 Goldsmith 的金融结构观，我国学者也进行了相关研究，目前主要分为两类。一类是定性地研究我国的金融作用机制及其结构。例如，谢平（1992）认为，金融资产结构包括两层含义：一是在金融资产总量中，各类金融资产所占的比例；二是各经济主体自身金融资产、负债各项目间的对比关系。① 他通过金融资产结构的变动，说明了我国金融深化的程度和金融改革对经济运行的影响。李健（2005）从要素、功能和效率三角度定性研究了金融结构的合理性特征，认为判断一个国家或地区金融结构合理性的标准在于金融功能的完善程度和发挥程度，而金融效率也应作为判断金融结构合理性的另一标准。② 林毅夫（2009）认为，金融结构是金融体系内各种不同金融制度安排的比例关系和相对构成，对不同的经济发展阶段来说，如果该阶段金融结构的供给与实体经济对金融服务的需求相适应，则此时的金融结构就是最优的。③ 另外一类是从定量角度进行的相关研究。例如，王志强（2003）采用 VECM 和 Granger 方法，对金融发展规模、金融结构、金融效率与我国经济增长的关系进行了实证检验，认为我国金融发展与经济增长自 20 世纪 90 年代以来就存在显著的双向因果关系。④ 彭俞超（2015）采用 46 个国家的面板数据，通过系统 GMM 方法研究了金融结构与经济增长间的关系。⑤ 陈乐一等（2016）也利用面板数据，采用固定效应模型研究了金融结构与经济增长间的关系，认为我国金融结构的变动对经济波动具有平抑效应，且这种效应具有一定的滞后性。这种研究方法也是国内学者经常采用的一种实证检验的方法。也有学者采用空

---

① 谢平．中国金融资产结构分析［J］．经济研究，1992（11）：30-37.

② 李健，贾玉革．金融结构的评价标准与分析指标研究［J］．金融研究，2005（4）：57-67.

③ 林毅夫，孙希芳，姜烨．经济发展中的最优金融结构理论初探［J］．经济研究，2009（8）：4-17.

④ 王志强，孙刚．中国金融发展规模、结构、效率与经济增长关系的经验分析［J］．管理世界，2003（7）：13—20.

⑤ 彭俞超．金融功能观视角下的金融结构与经济增长——来自 1989—2011 年的国际经验［J］．金融研究，2015（1）：32-49.

间计量进行实证分析。

在金融结构中，融资结构占有重要地位，当前可以将融资结构分成两类：一类是间接融资，主要以银行为主导；另一类是以市场为主导的直接融资。有些学者认为，上述两种融资体系与经济增长呈正相关关系（King & Levine，1993）。Levine（2000）选用世界银行的数据库，实证检验了金融结构与经济增长间的关系，发现在 95%的置信区间内，金融发展与经济增长关系显著，且无论是银行还是资本市场，都与该国的经济增长存在着正相关关系。而有些学者则认为，转型国家以银行为导向的金融结构体系并不能促进经济的增长（Berglof & Bolton，2002）。大多数学者的观点是，以金融中介为主导的间接融资结构有利于金融不发达国家的经济增长，而在发达国家，金融中介的增长与经济的增长呈负相关关系。因此，在金融发展初期，金融交易的信息不对称和企业道德风险最为严重，这一阶段最优的金融结构是以银行为主导的结构，而随着经济和科技的发展，信息生产成本的逐渐降低，资本市场上的价格信息会促使微观主体更好地决策，因此最优的金融制度应以资本市场为主（Boot & Thakor，1997）。陈国进、林辉（2002）认为，无论采用哪种金融结构，对经济增长的贡献都取决于该国的制度环境，在农业和传统工业为主要产业的阶段，最优的金融结构是以银行为主导的金融结构，而随着一个国家或地区经济金融的逐步发展和各种相关制度的完善，企业道德风险得到缓解，在经济增长中资本市场的贡献会越来越大，因此可通过有效的制度安排促使金融结构从银行主导型向市场主导型转型，否则会导致银行机构过度臃肿并缺乏效率。[①] 姚耀军、董钢锋（2015）采用现金流敏感模型，就金融发展和金融结构对我国中小企业的融资约束进行了研究，认为我国的金融结构改革应紧密围绕银行业结构调整来进行，从而推进我国金融结构优化，而银行业结构调整的要旨在于为中小银行的发展提供有利的空间。[②]

2.3.3 金融效率支持新型城镇化的理论

效率起源于西方古典经济学。意大利经济学家帕累托提出了帕累托效

① 陈国进，林辉．金融制度结构与经济增长［J］．南开经济研究，2002（3）：17-21.

② 姚耀军，董钢锋．中小企业融资约束缓解：金融发展水平重要抑或金融结构重要？［J］．金融研究，2015（4）：148-161.

率理论，对效率的研究产生了很大的影响，随后效率理论不断完善。目前，经济学理论上的效率是指资源配置的最优化。根据阿罗—德布鲁的经济范式，一个完全竞争的市场体系可以通过市场实现金融交易来保证资本的最优配置。20 世纪 70 年代，出现了博弈论和信息经济学，相关学者一致认为，信息不对称会导致逆向选择和道德风险，严重制约资本市场的资金配置效率，市场化的资金价格（即利率）不能有效调节资金供需，从而导致信贷配给。20 世纪 70 年代还出现了金融结构理论、金融约束理论以及金融深化理论，这些理论揭示了金融的资源属性，其中蕴含了金融效率观，这为从事金融效率的研究打下了理论基础。金融效率论的提出是以金融资源理论为前提的，而金融可持续发展理论则揭示了金融资源的属性，如以白钦先（2001）为代表的一些学者将金融资源作为一种特殊的资源①，其特殊性主要体现在金融既是资源配置的对象，也是配置其他资源的一种手段。在金融可持续发展理论中，白钦先对金融效率进行了定义，认为金融效率是指金融资源在两个系统配置的协调度，这两个系统分别为经济系统与金融系统、金融系统内部子系统。在将金融视为一种资源的前提下，不同学者提出了不同的金融效率观，其中影响比较大的是王振山的观点。王振山（2000）认为，金融效率就是“以尽可能低的成本（机会成本和交易成本），将有限的金融资源（货币和货币资本）进行最优配置以实现其最有效利用”②，在此基础上，提出了衡量金融效率的最优标准，即帕累托最优标准，即在金融交易中，不存在一种交易能够在不降低某些参加者的满意程度条件下就不能提高另外一些参加者的满意程度，此时金融市场的状态就达到了金融效率。20 世纪 90 年代，部分学者将制度纳入金融效率的影响因素。Laporta 等（1996）认为，一个国家立法、司法的水平及效率是影响金融效率的最主要因素。Dimirguc kunt 和 Levine（2000）认为，法律制度对一个国家金融制度在经济增长方面的贡献起到了重要作用。

由上述理论可以看出：①金融效率是指金融资源配置达到帕累托最优，这也是本书中采用的定义。金融效率的本质是通过调整投入资金的使

① 白钦先．金融可持续发展研究导论［M］．北京：中国金融出版社，2001：222-283.

② 王振山．金融效率论——金融资源优化配置的理论与实践［M］．北京：经济管理出版社，2000：28-29.

用结构影响生产结构，从而实现金融资源配置的最优化，提高资本边际生产率，保障新型城镇化资金使用的高效性。[①] ②信息和企业行为对我国金融结构的形成和金融效率的提高起到了决定性作用。信息不对称和企业签约后的道德风险，导致了我国间接金融结构的形成，以银行为主导的间接金融结构在信息获取和处理以及事后的资金监管方面较市场更有优势。随着经济的发展，信息获取和处理成本在逐渐降低，各种制度的完善也为企业事后的监管创造了条件，价格信号起的作用越来越大，因此，金融结构开始由间接结构向市场主导的金融结构转型，金融效率得到很大提高。③制度因素成为促进金融结构调整的关键。目前，我国正处于由银行主导的金融结构向由市场主导的多元化金融结构转型时期，金融制度、立法、司法的不断改革和完善至关重要。由此可见，如果想使金融资源得到最优配置，必须对现有金融制度进行改革，以适应新型城镇化的发展和企业的需要。

① 李新光．我国新型城镇化的金融支持问题研究——理论与实证［D］．华侨大学，2015：34-35.

第3章　新型城镇化发展中金融支持效应的机制分析

3.1　新型城镇化与金融支持的相关关系

何谓新型城镇化？从字面意思来看，“城镇”的形成过程本质上是人口和经济活动在空间上从农村向城市的转移和聚集过程，这种转移表现为产业和人口聚集形成的圈层，这种圈层在行政区域上可以称为“省”或“市”等，在经济区域上可以称为“城市群”“经济带”等。产业和人口的集聚导致了产业的发展壮大、城镇数量的增加以及城镇规模的扩大，促进了产业城镇化和人口城镇化的形成。产业和人口的聚集过程会带动物流、信息流、资金流、能源流等多种要素的高速流动，产生规模经济效应，而且在聚集过程中，各种思想和文化的交流会促进创新的发展，并降低交易成本。“新型”主要强调与过去粗放型的重数量、重规模、重速度的城镇化发展模式不同，更加强调城镇化建设中多种要素的优化配置和协调发展。这里的要素不仅指人力要素，还包括自然资源和金融资源等。通过多要素的优化配置，可以提高城镇居民的生活质量。“化”即规范化、合理化，指通过合理的制度安排，使产业和人口的聚集常态化，并使各要素能够配置到效率更高、更合理的领域。同时，通过对相关制度（如户籍制度以及与户籍制度对应的各项福利政策）的改革，使转移和聚集的新人口能够与原有居民在基础设施和公共服务等领域享受均等的权利，整体上提高全体居民的生活质量。

金融支持是指通过合理的金融制度设计和金融资源配置来促进产业和人口的聚集，并实现规模效应，从而促进各要素的优化配置，提高新型城镇化质量。如果能通过金融功能实现对资本的有效供给，满足新型城镇化建设中的资金需求，就能推动新型城镇化的发展；如果资源配置无力，则会形成资金瓶颈制约，阻碍新型城镇化的发展。金融系统是资源配置的核心平台，拥有很强的资本聚集能力和配置能力，可以通过储蓄，将分散的货币资本聚集起来，变为投资资金，通过储蓄和投资的相互转化，直接或者间接地为城镇化建设提供金融资本，也可通过差别化的金融政策来引导土地、劳动力等要素在不同区域和产业间的调整和配置，从而促进人口在空间上的迁移、产业在空间上的集中及结构上的升级。金融体系完备化可以提高城市投资效率，规范的金融制度可以降低交易费用，提高投资的有效性。在市场主导下，通过价格优势和一定的信息渠道，金融体系可以引导资本流向投资风险小、营利性高的领域，促进资源的优化配置，推动城镇化的可持续发展。以市场为主体配置社会资源的最终对象是实体经济，因此金融支持新型城镇化的最终着力点应该落在金融资源在实体经济中的合理配置和有效利用，以及适宜的金融制度的设计方面。

新型城镇化与金融支持的关系如图 3-1 所示。

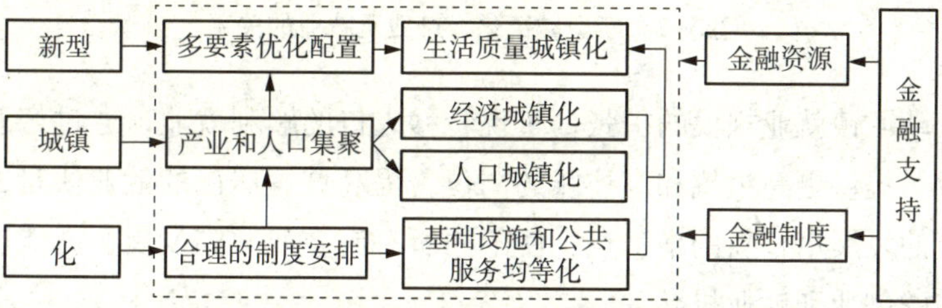

图 3-1　新型城镇化与金融支持的关系

3.2　新型城镇化、产业与就业的关系

从上述新型城镇化的内涵可以看出，新型城镇化的本质是通过合理的制度设计（这种制度不仅包括经济法律制度，还包括市场运行规则）来促进产业和人口的聚集（形成城镇），产业和人口的聚集达到一定规模，就会降低社会运行成本，从而实现资源的优化配置（新型）。新型城镇化要以产业为依托、以就业为保障，图 3-2 反映了这三者之间的关系。

"人"的城镇化的关键在于就业，就业是市民化的前提和基础，也是人口居住在城镇并形成消费需求的基础。新型城镇化要想解决就业问题，必须以产业为依托，产业是支撑城镇化的关键，也是解决农村转移人口就业问题的关键。这突出体现在：产业的规模化有能力提供足够的就业岗

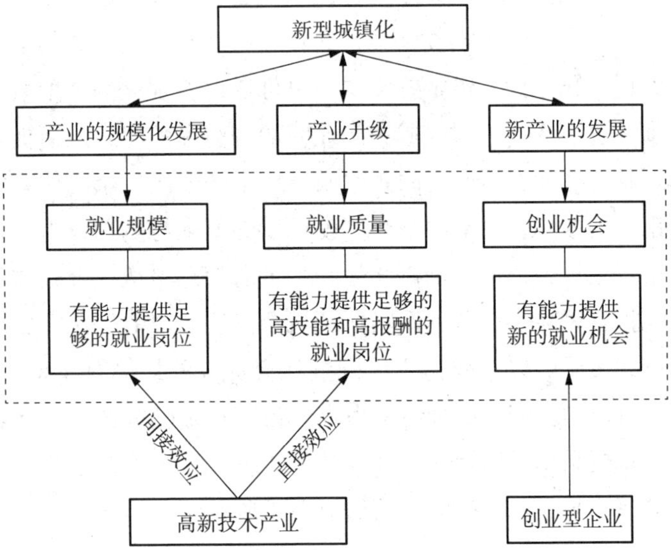

图 3-2　新型城镇化、产业及就业的关系

位，带动城镇就业规模的扩张，实现转移人口的顺利就业；通过产业结构的升级，提供更高报酬和高技能的岗位，提高城镇居民的就业质量；通过新产业的发展培育新的增长点，使不同所有制企业共同发展，就能够创造出更多的创业和就业机会。

中共十八届三中全会提出了要让市场在资源配置中起决定性作用的理念，在此理念下，我国新型城镇化的推进模式发生了重大转变，不再一味地由政府主导，而变成“政府引导、市场决定、企业组织、社会参与、居民自主”的模式，即让市场在城镇化资源配置中发挥决定性的作用，而企业作为市场的微观经济主体，也成为城镇化的重要主体，在解决农村劳动力向城市转移的就业问题方面发挥着基础性作用。从三次产业结构上来说，服务业能够提供更多的就业岗位。从企业类型上看，高新技术产业的集聚效应、辐射效应和区位效应会带动人口增加和产业聚集，从而使城市规模不断扩大，促进城市群的形成，进而增加就业机会。具体来说，高新技术产业对就业的影响途径主要有两种：一种是直接影响城镇的就业质量（直接效应）。高新技术产业是知识和技术密集型的产业，技术创新是其主要特征，高智商的科技人员是促使其发展的核心要素，因此，高新技术产业在发展过程中对科技人员产生了大量需求，提升了城镇的就业质量，同时高智商的人才在一定程度上也会促进社会技术、产品和制度创新，从而提升城镇化质量。同时，为了享受彼此的技术溢出效应，高新技术产业自身也会在空间上聚集，从而带动产业结构的转型和升级，提升就业质量。市场产品需求的变化，对新技术也会产生一定的驱动作用，从而对从业人员素质提出更高要求。另外一种是其技术创新产生的正外部性间接影响了城镇就业数量（间接效应）。高新技术产业的技术创新会带动第二、三产业的发展，第二、三产业的发展又会进一步促进劳动力的就业，扩大社会就业规模。技术创新是高新技术产业的明显特征，高新技术产业通过技术创新也会提升整个社会的创新能力，从而提升新型城镇化质量。城镇化的发展过程也伴随着创业机会的增加，创业成为解决就业的一个重要途径——活跃的创业活动会催生大量创业型企业，增加就业需求，吸引大量转移人口，使一部分人逐渐融入城镇，从而提高城镇就业水平。因此，创业型企业在提升就业机会、促进新产业发展方面效果明显，已经成为衡量一个城市经济是否活跃的标准。从企业规模上看，中小微企业能为进城的农民、城市居民以及毕业大学生提供更多的就业岗位。根据 2012 年的统计数据：我国中小企业占全国企业总数的 98%以上，上缴税收占 50%，提供了 85%以上的新增就业岗位，且我国专利中的 65%是由中小企业发明的，75%以上的新产品是由中小企业开发的，中小企业已成为技术与机制创新的主体，在就业人数以及产值创造上占据了国民经济的“半壁江山”，也对优化我国整体产业结构起到了重要作用。

一个国家的城镇化水平直接反映了该国的经济发展和现代化水平。从城镇化的发展历程可以看出，新型城镇化更加注重产业与城市的融合发展，以及城镇对人口的吸纳和承载能力，如果城镇化水平超越了经济和社会发展水平，与城镇就业吸纳能力不匹配，就会出现拉美和非洲等国家的“超高”和“虚高”状况。未来中国城镇化发展，就业模式将发生根本性变化——逐渐由流动性就业模式转变为定居式模式，这就意味着未来新型城镇化必须为这些迁移人口提供足够的就业机会，使他们有获得定居所必备的收入来源。因此，新型城镇化的发展要以产业为依托，通过产业的集聚和规模效应来促进人口在相关产业就业，促进就业规模的增加，从而进一步吸引人口转移和聚集，而人口的聚集、生活方式的变革会进一步扩大对生产和生活性服务的需求，从而促进企业的发展。城镇化带来的创新要素的聚集和知识的扩散，有利于增强创新活力，驱动传统产业的升级和新兴产业的发展，而传统产业的升级会提高就业者的就业质量，新兴产业的发展会给转移人口提供更多的创业机会。国家统计局2012年对全国农民工的监测报告显示：我国当前农民工流动呈现“523”的分布格局，即在乡外县内流动的农民工占农民工总量的50.2%，在县外省内流动的占20.6%，跨省流动的占29.1%。而且随着我国东部地区农民工数量的低增长和中西部城镇产业的逐渐发展，以及户籍制度改革和各种社会保障体系的逐渐完善，未来我国“就地、就近”就业是城镇化发展的主要模式之一，也是促进我国区域经济协调发展的途径。

基于上述分析，本书在后续章节中，选取了高新技术产业和创业型企业进行详细分析。

3.3 金融支持新型城镇化的传导机制

金融作为我国经济运行的核心和对资源进行配置的枢纽，必须适应产业、人口和就业结构调整与变迁的需要。金融支持新型城镇化的传导机制主要有两种：

一种是供给导向型的。供给导向型的传导机制主要体现在金融资源的配置和金融制度安排能够通过金融渠道传导到实体经济，进而影响新型城镇化的进程。由市场主导新型城镇化的关键是通过市场途径实现各种要素的优化配置和自由流动，从市场获得资金的主要渠道有银行、资本市场和民间金融三种。如图3-3所示，金融系统通过银行和民间金融等金融机构控制信贷资金这种间接融资方式，来影响金融资源的分配：通过政策性银行发挥资金导向作用，通过资本市场控制企业的直接融资方式。通过金融政策、财政政策和产业政策等制度安排来影响企业，降低机会成本，提高企业运营效率。具体体现在：①金融规模的适度扩张作用于城镇产业，可扩大城镇产业的就业容量，并创造就业机会。金融系统会通过金融规模的扩张或收缩影响城镇化发展中的资金获取量，也会通过其机构在不同区域间分布的变化影响该地区城镇化资金获取的便利性，而金融机构的增多也会加剧金融行业的竞争，进而加快资金的周转，为城镇化发展提供更多的资金。我国新型城镇化的发展需要大量的资金投入，尤其是基础设施和公共服务领域，政府财政投入已经满足不了新型城镇化大规模建设的需求，而金融体系拥有的众多不同类型的金融机构、丰富的金融产品以及完善的金融市场都可以凭借自身风险分散和信息成本优势，将社会上大规模的闲散资金快速聚集起来，提高储蓄向投资的转化比率，从而为新型城镇化顺利推进提供大量资金。②通过金融结构的适度高端化来优化城镇产业结构，提高城镇的就业质量。金融结构会通过影响储蓄向投资的转化效率和转化方式，进而影响城镇的发展。在储蓄供给和投资需求之间，必须要有完善的转化方式和渠道，以使储蓄供给顺利且高效地转化为投资，满足社会对资本的需求。例如，我国直接和间接的融资结构就决定了储蓄资金向投资资金转化的不同方式，也决定了企业能够获取资金的不同渠道。不同的金融工具决定了储蓄资金的流动规模和方向，以及流动的便利性。随着城镇化的发展，各建设和投资主体也会对金融结构和投资品种产生多样化需求。因此，金融结构应与城镇化的不同发展阶段相适应。灵活的、合理的金融结构才能满足城镇化建设多元化的资金需求。③通过提升金融运行效率和适度的金融创新促进新产业发展，从而提供创业机会，促进城乡居民创业。长期以来，我国存在利率管制，使得利率水平并不能真实地反映市场资金的供求；金融市场中工具单一，并且在金融工具的结构上也存在管制，抑制了资金盈余者投资的欲望，降低了投资效率。我国的储蓄率长期位于世界首位，近年有所下降，但下降幅度很小。相对于储蓄率的增长幅度，我国投资需求的增长幅度却很小，这也从侧面反映出我国由储蓄向投资转化的机制不健全、资金使用效率很低的事实，这在一定程度上制约了我国城镇化水平的提高。因此，应对目前金融体系进行创新，健全由储蓄向投资的转化机制，从而提高资金的使用效率，加快资金融入城镇化的速度，推动城镇化的快速发展。

另外一种是需求导向型的。需求导向型的传导机制主要体现在新型城镇化的发展要以人为核心，即以产业为依托，以实现人的各种需求为最终目的，尤其是转移人口对基础设施和公共服务的规模化需求，要求大量资金投入，这就要求金融规模要适度扩张，满足其需求；城镇化发展模式的转变要求产业要不断调整和升级，促进新产业的出现和不适应发展方向的旧产业的逐步淘汰，相应地，对企业投资领域及居民消费结构也会产生很大的影响，这些需要金融结构进行相应调整；城镇化的快速发展、居民消费结构的升级

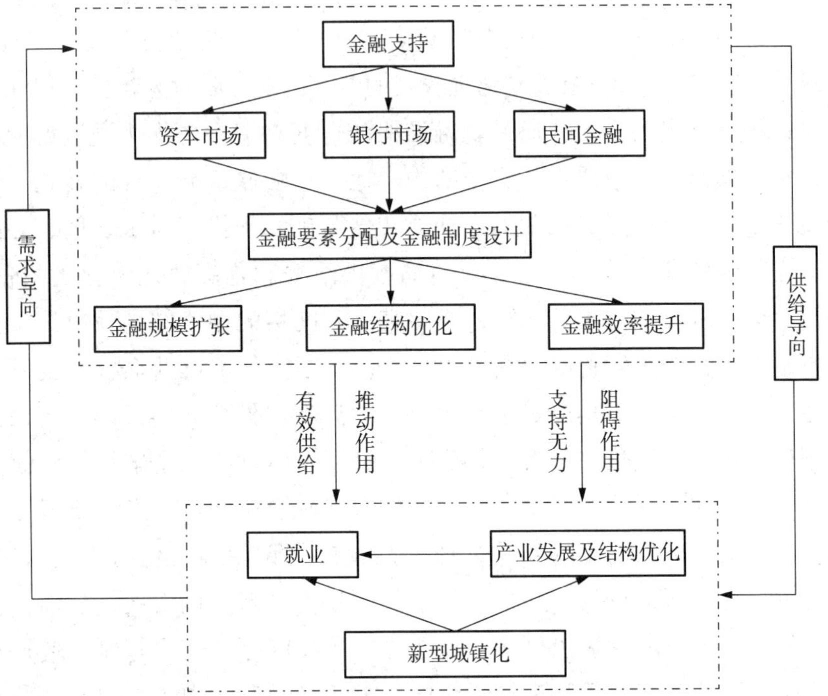

图 3-3　金融支持新型城镇化的传导结构

和互联网技术的不断发展也会对金融创新产生需求，要求金融机构及市场不断对其制度和产品进行改革和创新。

由图 3-3 可以看出，金融作为配置资源的核心系统，拥有强大的资本聚集和配置能力，能够为新型城镇化提供大量的资金支持，同时也可通过对其结构进行调整和实施差别化的金融服务政策，来引导社会资本的流向，并引导土地、劳动力等要素在不同区域和产业间调整。如果金融功能配置有效，就会满足新型城镇化的资金需求，推动城镇化的快速发展。这种有效不仅指金融资源配置的效率，还包含其配置结构与实体经济间的协调程度。我国金融机构内部效率较高，但资金“脱实就虚”严重，而且金融产品和金融制度结构性供给过剩，突出体现在高级化的金融制度满足不了初级化的市场需求（如涉农需求），高级化的金融创新与初级信贷市场的需求不符等。这些都不构成有效的金融供给。如果金融配置无力，则会形成资金瓶颈，阻碍新型城镇化的发展。

城镇化要求实体经济发展体现集聚和规模效应，产业发展和结构优化在很大程度上会加速实体经济的集聚，也会带动就业。新型城镇化要实现产业结构优化和解决就业问题，就必须要整合社会资源。由人口迁移理论可以看出，地区间的收入差距是人口转移的主要原因，要想实现产业升级，即劳动力从第一产业转向第二、三产业，就必须保证第二、三产业有足够大的收入差距能够吸引这些转移人口，同时也要有足够多的就业岗位来满足新增劳动力的就业需求。在城镇化进程中，第一产业劳动力就业比重的降低可以通过农业机械化、产业化和信息化提高劳动生产率来实现，这一过程需要完善的农村金融体系提供良好的金融环境，为农业现代化提供资金支持；第二、三产业比例的增加需要大量资金的支持，特别是第二产业，通常以资本或技术密集型产业为主，在扩大过程中必然需要大量资金。我国中小企业，尤其是民营企业，在吸纳就业人口、推动产业结构和城乡居民消费结构升级方面发挥了重要作用，而且其富余资本参与基础设施和公共服务建设将在很大程度上弥补财政资金的不足。但我国金融体系的高度集中与企业体系的过度分散并不适应，对中小企业的生存和发展来说，金融资本至关重要，但目前中小企业仍面临资金缺乏的困境。因此，要形成金融对实体经济的有效支撑，应从以下几方面着手：首先，要重视并有效促进金融在企业技术创新中的作用，以技术创新促进产业升级、提升就业质量；其次，要发展并不断完善多层次资本市场，尤其是直接融资市场，为企业融资开拓空间；再次，应探索公共产品的投融资机制，改革并完善政府和社会资本合作的方式；最后，应调动民间资本的力量，提高其投资的积极性，并使其能够有效地服务于初创企业和小微企业。

第4章　新型城镇化发展中金融支持的现状及困境分析

4.1　融资对象的现状及困境

“融资”的字面意思就是资金融通，是指资金需求者为了满足自身经营活动、投资活动的资金需求，通过一定方式向资金供给者筹集资金的过程。从经济学上讲，融资是储蓄向投资的转化。城镇化融资主体的选择，主要在于融资对象的特性。根据公共产品理论，在城镇化建设中，作为融资对象的基础设施和公共服务都具有准公共物品的特性，这种特性也决定了融资主体的选择问题。准公共物品既具有公共物品的特性，也具有私人物品的特点，因此，在基础设施和公共服务领域，具有公共物品的领域由于具有非营利性的特点，通常的做法是政府进行融资。但政府直接提供公共物品，通常更注重社会福利的最大化，往往会导致服务质量和效率很低。科斯定理认为，只要财产权明确，且交易成本为0或者很小，则开始时无论财产权配置如何，市场均衡得出的最终结果都是有效率的。按此定理，在给定条件下，只要市场的力量足够大，总能够以最经济的办法解决外部影响，从而使经济达到帕累托最优状态。因此，只要公共物品在生产上具有可分割性，就可以引入价格机制，通过市场提供就有可能，而且可以通过市场定价，排除公共物品的“搭便车”行为，使越来越多的公共物品被纳入市场供给。因此，我们可以根据公共物品的差异，将经营性项目引入市场机制，由市场来配置资源，而那些非经营性的和部分准经营性的项目，可通过由政府提供一定的资助、政策优惠或强制干预来进行监督。

2013年，中共十八届三中全会、中央城镇化工作会议以及中央农村工作会议相继召开，三大会议都重点突出了以人为本，强调了坚持走新型城镇化道路的原则。这里的“人”包含两个层次：一是已经有城市户籍的城市居民；二是即将成为城市居民的人，即正在由农村向城镇转移的“转移人口”。新型城镇化的“新”就体现在怎样让第二种人彻底实现从农民到市民的转变。而满足这些人口转移的基本条件除了制度上的改革之外，重点在于两个方面：一是城市基础设施；二是包含教育、医疗和社会保障在内的公共服务。这两方面也构成了新型城镇化的融资对象。

4.1.1 城市基础设施融资现状及困境

城市基础设施是基础设施的重要组成部分，是城市正常运行的物质基础，对新型城镇化的发展具有重要的支撑作用。首先，城市基础设施是形成经济聚集效应的重要保障，对促进经济发展非常重要。围绕城市基础设施建设，会形成相关产业，产业的发展会拉动就业，尤其是服务业的发展，从而形成经济的聚集效应。其次，城市基础设施是发挥城市多元化功能的物质基础。只有完善的基础设施，才能保障城市正常并高效地运行。再次，城市基础设施是提高市民福利水平的物质条件。对居民来说，城市基础设施能够保证人们正常地生活。最后，城市基础设施能够提高城市的灵活性和强韧性。

4.1.1.1 城市基础设施融资现状

根据世界银行的分类，城市基础设施包括以下几个部分：一是公共设施，包括电力、电信、自来水、卫生设施以及排污、固体废物的收集和处理、管道煤气；二是公共工程，包括道路、大坝和灌溉及排水渠道工程；三是交通设施，包括铁路、城市间的公共交通、港口、航道和机场。由此可见，世界银行对城市基础设施的分类多为工程性质类基础设施。关于我国新型城镇化的基础设施，《国家新型城镇化规划》提出了六大方面的发展指标，具体见表 4-1：百万以上人口城市，城市公共交通占机动化出行的比例要从 2012 年的 45%提高到 2020 年的 60%；城镇公共供水普及率要从 2012 年的 81.7%提高到 2020 年的 90%；城市污水处理率要从 2012 年的 87.3%提高到 2020 年的 95%；城市生活垃圾无害化处理率，也要从 2012 年的 84.8%提高到 2020 年的 95%；城市家庭宽带接入能力要从 2012 年的 4Mbps 的水平提高到 2020 年的 50Mbps 以上；城市社区综合服务设施覆盖率要从 2012 年的 72.5%到 2020 年实现全覆盖。国外的研究发现，通过城市基础设施的融资可以加快推进城镇化（Teranishi, et al., 1997; Kyung Hwan Kim, 1997）。城市基础设施的融资非常关键，但其周期一般很长，资金额度大且回收慢，吸引私人投资的能力不足，因此，我国一直在探索基础设施的融资渠道。我国的基础设施融资经历了从“国家主导”“以财政投入为主、银行信贷为辅”到“土地财政为主，财政投入、银行信贷为辅”，进而到“打包信贷为主导”的多元化融资路径。[①] 第一个阶段是1949—1978年，这一阶段我国实施的是计划经济体制，城镇化建设是国家主导型投资，资金来源于国家财政拨款和专项税费。第二个阶段是1979—1990年，1984年实施“拨改贷”政策，开始通过信贷方式对投资主体进行约束，打破了由国家无偿拨款的计划经济方式，融资渠道拓宽，但这一时期仍以财政投入为主，约95%的城市建设资金来自中央和地方的财政拨款以及税费。第三个阶段是1991年到21世纪初，1994年实施“分税制”之后，地方财政受到约束，土地经营收入成为地方政府的主要财源，占到了地方财政收入的42.6%，这一时期，以土地财政为主，以财政投入、银行信贷为辅为城镇化建设提供资金。第四个阶段是21世纪初至今，这一阶段由于传统融资方式的不可持续性，开始注重社会资本的参与，形成财政资金引导的多元化、市场化融资方式。

表4-1　新型城镇化基础设施主要指标（百万以上人口城市）

指标	2012年	2020年
城市公共交通占机动化出行比例（%）	45	60
城镇公共供水普及率（%）	81.7	90
城市污水处理率（%）	87.3	95
城市生活垃圾无害化处理率（%）	84.8	95
城市家庭宽带接入能力（Mbps）	4	≥50
城市社区综合服务设施覆盖率（%）	72.5	100

资料来源：中共中央、国务院印发《国家新型城镇化规划（2014—2020年）》，国务院公报，2014年3月16日。

4.1.1.2　城市基础设施融资困境

城市中国计划研究员李小鹏根据2010年发布的《中小城市绿皮书》对我国基础设施资金缺口进行了推算，将社会保障方面的开支剔除后，传

① 巴曙松. 城镇化过程中的基础设施融资创新［EB/OL］. http://bashusong.baijia.baidu.com/article/14185，2014/05/03/15：06.

统基础设施投资所需的资金为20万~30万亿元。除此之外，传统城镇化与信息化相结合，在城市基础设施投资领域也将创造出不少于10万亿元的需求。因此，到2020年，中国基础设施建设资金可能需要30万亿~40万亿元。其中，中部地区的投资需求最大，约为19亿元。[①] 我国政府债务负担较重，近几年，财政税收收入增速开始下滑，政府对土地的严格保护使得原来依靠土地财政支持城镇化的建设模式已经不可持续，资金短缺成为制约城镇化发展的关键，而巨大的资金缺口也使得基础设施不得不探索新的融资模式。按照是否为纯公共物品划分，基础设施可以分为两类：一类是具有完全公益性的公用事业，这类项目可以由政府财政融资；另一类是能够通过一定手段实现消费的“排他性”，如公交、电力、自来水等，这类公共事业是由企业生产经营和个人消费直接组成，因此可采用“使用者付费”机制，这也是我们引进PPP中私人资本的基础。

4.1.2　基本公共服务融资现状及困境

4.1.2.1　基本公共服务融资现状

流动人口市民化不仅是实现流动人口在工作和生活空间上的转换，更重要的是要为这些人口提供配套的公共服务，因此，未来新型城镇化建设不仅要对基础设施进行投资，还需弥补公共服务方面的资金缺口，实现转移人口基本公共服务的全覆盖和公共服务的均等化。所谓基本公共服务，是指为全体居民提供的基础性和广泛性服务，主要包含以下三方面：一是基本就业、养老以及住房保障，这些可以保障居民的基本生存权；二是义务教育及文化服务，这些能够满足居民的基本发展权；三是公共卫生和基本医疗保障，这些可以满足居民的基本健康需要。新型城镇化所强调的基本公共服务的均等化，并不是简单的平均化，而是指在一定的标准之上，全体公民都能够公平地获得基本公共服务而且大致均等，机会均等是它所重点强调的。公共服务均等化也意味着共享公共服务，它是稳定社会关系的重要载体，也是保障人口自由流动的有效手段和市场机制成熟的标志（张明珠，2016）。随着城镇化的快速推进，基本公共服务的覆盖面也在不断扩大，但目前的主要矛盾仍是基本公共服务供给不足，滞后于新型城镇

---

① 梁倩，赵婧，方烨．城镇化基建资金缺口或达20万亿［N］．经济参考报，2013-11-29.

化转移人口的需求。辜胜阻对我国10多个省份农民工市民化的专项调研表明，农民工市民化涉及的成本主要有六项：一是农民工随迁子女的教育成本；二是农民工的医疗保障成本；三是农民工的养老保险成本；四是社会管理费用；五是保障性住房支出；六是民政部门的其他社会保障支出。研究表明，农民工市民化的人均成本约为10万元，而中国社科院从政治权利、公共服务、经济条件和综合素质四个维度对农业转移人口的成本进行了估算，认为全国平均市民化成本为13万元。[①] 国务院明确了2020年我国基本公共服务的指标及各指标要达到的目标（见表4-2）。目前的公共服务并不能满足社会需求，存在“供给不足”和“享受不均”的问题。

表4-2 新型城镇化基本公共服务的主要指标

指标	2012年	2020年
农民工随迁子女接受义务教育比例（%）	—	≥99
城镇失业人员、农民工、新成长劳动力免费接受基本职业技能培训覆盖率（%）	—	≥95
城镇常住人口基本养老保险覆盖率（%）	66.9	≥90
城镇常住人口基本医疗保险覆盖率（%）	95	98
城镇常住人口保障性住房覆盖率（%）	12.5	≥23

资料来源：中共中央、国务院印发《国家新型城镇化规划（2014—2020）》，国务院公报，2014年3月16日。

注：“—”代表数据缺失。

4.1.2.2 基本公共服务融资困境

财政部财政科学研究所的一项研究报告显示，每提高1个百分点的城镇化率，将增加5.9个百分点的地方公共投资需求。根据《国家新型城镇化发展规划（2014—2020）》，到2020年，我国城镇化率将达到60%，较2015年提高3.9个百分点，按此计算，公共财政投资需求在2015年的基础上将增加23.01个百分点。改革开放以后，经过40多年的发展，我国已经成功解决了私人产品短缺问题，但快速增长的公共需求与政府有限的供给能力之间的矛

① 魏后凯，王业强，苏红键．“十三五”时期城镇化和区域发展战略研究［M］．北京：社会科学文献出版社，2016.

盾仍然突出，我国已经进入公共服务短缺时期。① 我国基本公共服务的提供地区差异性明显：在经济发达地区，供给能力越强，城镇化率越高，公共服务水平也越高；反之，在经济落后地区，供给能力较弱，城镇化质量较低，公共服务水平也低。但我国超过半数的省份基本公共服务供给与城镇化发展水平脱节。②

4.2　融资方式的现状及困境

经济学意义上的融资方式是指储蓄向投资转化的具体形式、手段、途径或渠道。结合新型城镇化的融资主体，新型城镇化的融资方式主要有两种：一种是政府性质的财政融资；一种是市场行为的金融支持。

4.2.1　财政融资主要途径、现状及困境

公共财政对我国新型城镇化发展起到了重要的支撑作用。我国目前的财政融资方式主要有以下几种，每种方式都有自己的特点，这些融资方式虽然在一定时期内促进了我国城镇化的发展，但随着城镇化的深入，也都呈现出一定的局限性。

4.2.1.1　税收融资现状及困境

税收政策对新型城镇化建设具有重要的引导和调控作用，它不仅可以通过收入为城镇化的推进筹集资金，而且能对资源的配置起到一定的引导作用。税收可以通过收入和替代效应作用于劳动力，使劳动力出现地域和产业的转移，同时也会影响投资规模，从而提高城镇化水平（张景华，2013），优化资源配置。目前，我国城镇化融资中的大部分资金来源于税收。1994年，我国开始实施分税制体制，在这种财税体制下，中央政府提高了财政收入及宏观调控能力，同时降低了地方政府财政收入比例。但地方政府却是新型城镇化建设中的融资主体，分税制的事权下放也增加了地方政府的财政支出。分税制改革前的 1993 年，地方政府用 77.98%的财政收入承担了 71.74%的财政支出，权责基本平衡；分税制改革后，1994 年，地方政府用 44.30%的财政收入承担了 69.71%的财政支出责任，到 2015 年，这两个比例分别达

① 迟福林，方栓喜. 公共产品短缺时代的政府转型［J］. 上海大学学报（社会科学版），2011（4）：1-10.

② 胡畔. 任重道远：从基本公共服务供给看新型城镇化［J］. 城市发展研究，2012（7）：29-35.

到了55%和85%，如图4-1所示。中央和地方政府财、事权的极度不平衡，严重降低了地方政府的积极性。近年来，地方政府财政收入在总量上虽然每年都在增加，但增速缓慢，特别是2011年之后，增长率不断下降，从2011年的26.75%下降到2015年的8.34%，接近1986—1988年的增长水平，这在一定程度上也造成了地方政府用于城镇化建设资金的匮乏，如图4-2所示，图中增长率为环比增长率。全国公共财政收入以及税收收入总量在逐渐增加，2000年公共财政收入为13395.23亿元，其中税收收入为12581.51亿元，2015年公共财政收入达到152269.23亿元，税收收入达到124922.2亿元。在公共财政收入中，税收收入的比重在逐年下降，从2000年的93.93%下降到2015年的82.04%，如图4-3所示，图中增长率为环比增长率。而且公共财政收入和税收收入的变动趋势基本保持一致，变动较大，尤其是2011年以后，两者的增长率都在急速下降，到2014年，税收增长率的下降速度已超过公共财政收入的下降速度，这意味着我国用于城镇化建设资金面临着财政的制约，也意味着我国进入了“次高速”增长阶段，经济下行压力很大，未来10年的财政收入增速预计将比前10年下降10个百分点左右。国家和地方财政收入增速的下降会使国家和地方财政紧张，预算内的资金支持力度不够，使得地方政府财政压力很大。因此，政府不得不通过预算外收入及举债来拓宽财政收入，即市政债融资和土地融资。

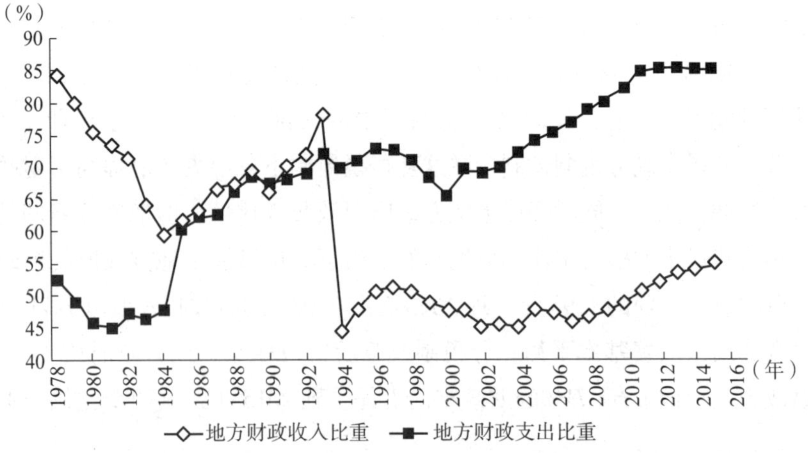

图4-1　1978—2015年我国地方政府财政收支占全国财政收支的比重

数据来源：Wind资讯。

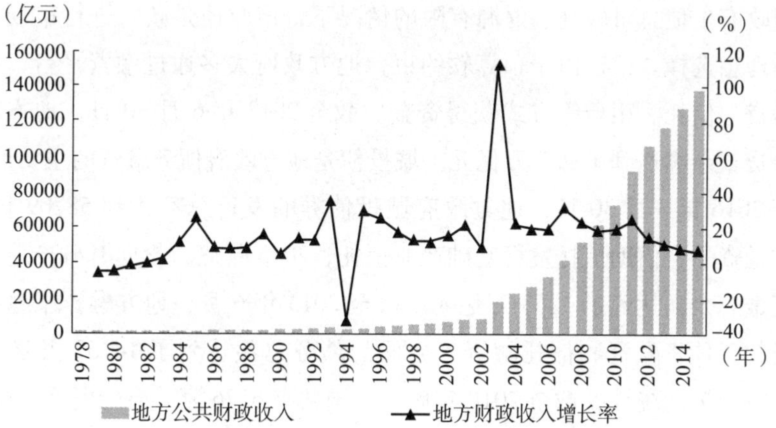

图 4-2　1978—2015 年我国地方政府公共财政收入及增长率

数据来源：Wind 资讯。

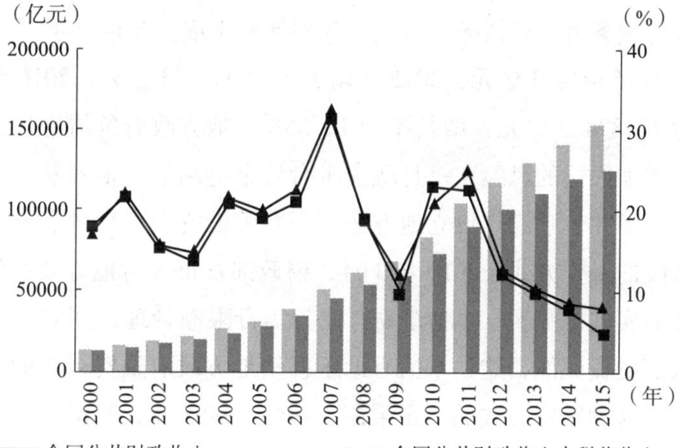

图 4-3　2000—2015 年全国公共财政收入、税收收入及其增长率

数据来源：Wind 资讯。

4.2.1.2　借助地方融资平台融资现状及困境

在国外城镇化建设中，市政债由于具有较高的透明性，成为各国的主要融资方式之一。市政债虽然在形式上是金融市场融资，但本质上是政府财政利用金融市场筹措资金提供公共服务的一种方式，最终偿还取决于城镇化水平提升带来的财政能力增加。它既可以充分利用城镇化建设过程中的未来收入，也有利于金融市场对地方政府的举债形式进行有效监督。在我国政府负债总量较高、财源有限的情况下，市政债是政府进行市场化融资的理想选择。以往由于预算软约束，地方政府大多通过融资平台，以银行信贷、信托、租赁等方式获得资金。截至 2013 年 6 月 30 日，地方融资平台贷款余额达到了 9.7 万亿元。城投债是地方政府债务融资的主要形式。截至 2016 年 6 月 30 日，地方政府城投债券的发行总额达到 58709 亿元。地方融资平台借助信托发行基础产业信托，2015 年底，投向基础产业的信托资金总余额达到了 2.63 万亿元。截至 2013 年 6 月，地方融资平台在银行贷款、债权融资和信托融资三方面的债务总额达到了 14.52 万亿元。[①] 根据审计署的统计，截至 2010 年底，全国共有 6576 家政府融资平台公司，其中 358 家通过“借新还旧”的方式来偿还债务，148 家缺乏偿债能力，1033 家存在虚假信息，1734 家出现亏空。因此，这种融资方式虽然为新型城镇化筹措了大量资金，但也带来了政府债务的风险。如表 4-3 所示：我国地方政府债务由一般债务和专项债务两部分组成，2014 年我国地方政府债务总额为 154074.3 亿元，2015 年增加到 160074.3 亿元，2016 年政府债务限额为 171874.3 亿元，增长率为 11.55%。地方政府负债增加，在一定程度上会增加银行的风险，一旦融资平台资金链断裂，很容易引发系统性金融风险。因此，政府靠设立地方融资平台筹措资金这种融资方式并不是一种可持续的融资方式。2016 年 1 月，财政部发布《对地方政府债务实行限额管理的实施意见》，对地方政府债务实行限额管理，并取消融资平台公司的政府融资职能，这一举措有助于推动地方政府融资行为的市场化转型，也是对这种融资方式的一定限制。1949—1993 年，我国政府是可以通过发行债券融资的；1995 年实施《预算法》后，取消了地方政府发债的权力；2009 年以后，由财政部代地方政府发行债券，地方政府为承债主体；2014 年开始，允许北京、上海、深圳、广东、浙江、江苏、山东以及东部一些沿海城市和中西部两个欠发达省份自主发行政府债券；截至 2015 年底，已经有北京、内蒙古、黑龙江、吉林、辽宁、河北、山西、上海、安徽、福建、浙江、江苏、江西、山东、湖北、广东、广西、四川、重庆、云南、贵州、宁夏、甘肃和新疆 24 个省（市、自治区）开始有限额地发

① 任泽平．地王之谜：还得从土地财政的视角来解释［EB/OL］．华尔街见闻，http：//wallstreetcn.com/node/259401 2016/08/24 08：00：00.

行政府债券，发行总限额为160074.3亿元，这些债券将进行评级，由地方政府自行偿付。由此可见，我国正在逐步修改《预算法》的制约，以加快并推进市政债的发行，为新型城镇化的建设拓宽融资渠道。

表4-3　2014—2016年我国地方政府债务统计　　单位：亿元

年度	名称	数额	总计
2014	一般债务余额实际数	94272.4	154074.3
	专项债务余额实际数	59801.9	
2015	债务余额预计执行数	99272.4	160074.3
	专项债务余额预计执行数	60801.9	
2016	一般债务余额限额	107072.4	171874.3
	专项债务余额限额	64801.9	

数据来源：曾金华．财政部公布2016年中央财政预算：公开地方债务余额［N］．经济日报，2016-03-31.

4.2.1.3　土地融资现状及困境

土地财政是政府预算外融资的主要方式之一，是随着中国工业化和城市化的推进而出现的。我国土地财政收入主要由“租、税、费”三部分组成。“租”即土地出让收入，是地方政府通过出让、租赁国有土地使用权等方式获取的土地收入总和，构成土地财政的主要收入来源；“税”指与土地和房地产相关的各种直接或者间接税收，如契税、土地增值税、土地使用税和房产税，是我国地方政府税收的主要来源；“费”是指与土地和房地产相关的各种收费收入。我国土地实施的是集体所有的制度，1993年，国务院在《关于分税制财政管理体制的决定》（国发〔1993〕第85号）中明确规定，土地出让收入全部归为地方财政固定收入。因此，为了突破财政预算的约束，土地出让收入和土地抵押融资成为地方政府为城市建设提供资金的主要来源。地方财政主要依靠土地的运作来增加收入，土地成为政府增加财政收入的重要来源。如图4-4所示，2014年以前我国土地使用权出让收入每年都在增加，2014年达到最高，由于受房地产行业下行和土地储备成本上升以及对耕地的严格保护，2015年土地使用权出让收入出现绝对下降，呈现负增长的态势。从国有土地使用权出让收入在地方一般公共财政收入中所占的比重可以看出，2013年以前，该比重在迅速提升，2013年，土地使用权出让收入占到地方财政收入的59.81%，占了地方财政收入的大半江山，2013年以后，该比重逐渐下降，到2015年，仍占到地方财政收入的39.22%。由此可见，我国地方财政收入对土地出让收入的依赖性很高，不仅如此，政府对通过土地的转让获得相关“税”和“费”方面的收入也有一定的依赖性，如2015年地方政府财政收入中房产税和土地增值税

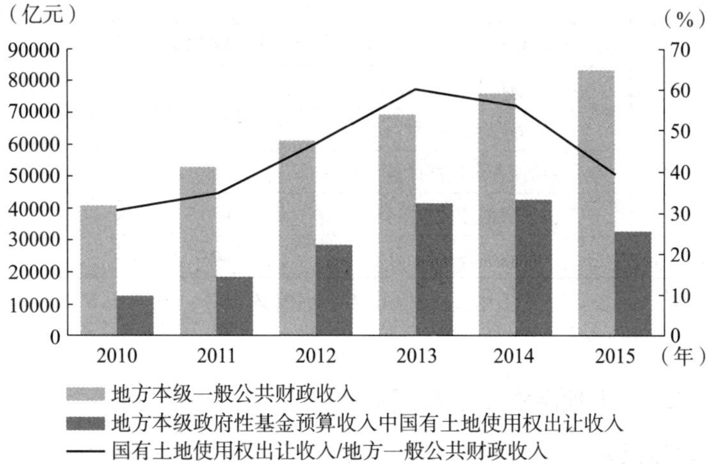

图4-4　2010—2015年土地使用权收入及地方一般公共财政收入

数据来源：中华人民共和国财政部各年财政收支情况。

占到了整个财政收入的4.26%。从图4-3和图4-4可以得出结论，随着经济的下滑，税收收入受到很大影响，而土地使用权出让收入在地方财政收入中的比重也越来越低，地方财政收入增速出现了下降的趋势，而且土地财政推高了房价，造成了房地产的泡沫化，这在很大程度上也使得农民工买房困难，成为阻碍转移人口市民化的重要因素。中国人民大学经济研究所的统计资料显示，截至2011年底，在用人单位集体宿舍居住的人口中农民工约占52%，居住在郊区租赁房屋的人口中农民工占47%，在城镇中拥有自主住房的人口中农民工比例不到1%，2.2亿名现有农民工市民化的居住问题将是中国未来10年城镇化的核心问题之一。[①] 而土地数量是有限的，从长期来说，这是一种不可持续的发展模式，地方财政对土地的过分依赖会导致政府财政风险加大。而土地和房产抵押贷款这种融资模式，在增加政府债务的同时，也会加大金融机构的风险。因此，探索新的财政收入渠道，并避免财

① 陈雨露. 中国新型城镇化建设中的金融支持［J］. 经济研究，2013（2）：10-12.

政收支过度失衡，也是各级政府面临的重要问题。

4.2.2 市场融资途径、现状及困境

我国城镇化已经成为国家战略，推动国民经济发展的金融业在城镇化建设中具有举足轻重的作用。城镇化对金融的需求是全方位的；金融支持不仅体现在速度上，也体现在质量上。一个地区城镇化发展水平的高低通常与该地区金融市场的发育程度呈正相关关系。我国新型城镇化建设中的金融支持方式主要有银行类金融机构融资、资本市场融资和民间金融市场融资。

4.2.2.1 银行类金融机构融资现状及困境

我国金融市场以间接融资为主，以银行为代表的金融机构贷款是城镇化融资的一种常态，也是地方政府融资平台的主要融资渠道。按照金融机构的功能和定位划分，现有银行业体系可划分为政策性银行、开发性金融机构、大型国有商业银行、全国性股份制商业银行等主要银行类金融机构，城商行、农商行、村镇银行等服务于地方和中小企业的银行机构，还有保险公司、小额贷款公司、互联网金融等新型、补充类金融机构。在我国融资的主要资金来源中，商业性融资、财政投资及开发性金融的比例为50：35：15。[①] 由此可见，我国新型城镇化融资仍依靠财政拨款和银行信贷，而且商业性融资在城镇化建设中占了半壁江山，而商业性融资主要集中在商业银行贷款和委托贷款这两个方面。社会融资规模是指一定时期内，一定区域内的实体经济（非金融企业和住户）从金融体系获得的资金。其中，增量指标是指在一定时期内获得的资金额，存量指标是指在一定时期内获得的资金余额。增量指标能真实地反映实体经济的融资状况。如表 4-4所示：从增量及增速上看，除各别年份有所下降外，总体上我国社会融资规模每年都在增加，从 2002 年的 20112 亿元增加到 2015 年的154086 亿元，年均增长率为 16. 96%；对实体经济发放的人民币贷款也从2002 年的 18475 亿元增加到 2015 年的 112636. 9 亿元，年均增长率为14. 92%；委托贷款的增速是最快的，年均增长率为 41. 44%；企业债券和非金融企业境内股票融资年均增长率分别为 40. 14%和 21. 09%。从结构上

① 仲武冠. 城镇化建设后半程面临未富先老［N］. 中国经济时报，2013-04-16（A09）.

看，在社会融资规模增量中，人民币贷款比重虽然几乎每年都在减少，但仍占到增量的绝大部分，是融资增量的主要力量，而同一时期美国的间接融资比重仅为14%，以银行为主导融资途径的日本和德国在2012年的间接融资比例也仅为30%左右，这也从侧面反映出我国仍然是间接融资为主的国家，直接融资比例和一些发达国家相比仍然偏低。相对来说，股票融资所占的比重较低。在人民币贷款业务中，商业银行受到监管和风险控制的限制，对此类融资授信要求非常严格，因此商业性融资只能部分地满足商业化竞争性投融资项目的资金需求（吕可、赵杨，2013）。我国商业银行资金的非农化投向趋势非常明显，使得一些村镇银行和小额贷款公司这类次生金融机构的生存空间较小，抑制了它们的发展。目前，推动新型城镇化建设，尤其是城市基础设施建设的，大多是政策性银行、开发性金融机构以及国有银行，而地方性金融机构和补充性金融机构的作用相对较小，但后者未来也将成为推动新型城镇化建设中提供金融服务的一股重要力量。

表 4-4　2002—2014 年社会融资规模增量及构成比例

年份	社会融资规模增量（亿元）	人民币贷款比重（%）	委托贷款比重（%）	外币贷款比重（%）	信托贷款比重（%）	未贴现银行承兑汇票比重（%）	企业债券比重（%）	非金融企业境内股票融资比重（%）
2002	20112	91.86	0.87	3.63	—	-3.46	1.82	3.12
2003	34113	81.06	1.76	6.70	—	5.89	1.46	1.64
2004	28629	79.20	10.89	4.82	—	-1.01	1.63	2.35
2005	30008	78.46	6.53	4.72	—	0.08	6.70	1.13
2006	42696	73.83	6.31	3.42	1.93	3.51	5.41	3.60
2007	59663	60.88	5.65	6.48	2.85	11.23	3.83	7.26
2008	69802	70.26	6.11	2.79	4.50	1.52	7.91	4.76
2009	139104	68.97	4.87	6.66	3.14	3.31	8.89	2.41
2010	140191	56.67	6.24	3.46	2.76	16.65	7.89	4.13
2011	128286	58.24	10.10	4.45	1.59	8.01	10.65	3.41
2012	157631	52.04	8.14	5.81	8.15	6.66	14.31	1.59
2013	173169	51.35	14.71	3.38	10.63	4.48	10.46	1.28
2014	164773	59.36	15.21	2.16	3.14	-0.73	14.77	2.64
2015	154086	73.10	10.30	-4.20	0.3	-6.90	19.10	4.90

数据来源：中国统计年鉴2016年。

注：各指标比重为计算所得，“—”代表数据缺失。

4.2.2.2 资本市场融资现状及困境

资本市场是新型城镇化建设中各融资主体进行直接融资的市场。现有金融体制对城镇化建设中资金供求双方的需求难以进行有效的匹配。预计到2020年，我国金融市场规模将进一步扩大。从银行信贷来看，2012年我国银行业金融机构的贷款余额已经接近66万亿元，预计到2020年将新增70万亿元；从债券市场来看，2012年的存量规模为26.3万亿元，到2020年，预计将达到80万亿元，加上发行股票、保险资金和其他形式的资金供给，我国金融市场的资金总量非常可观。[①] 从理论上讲，当政府财政资金无法覆盖城镇化建设的资金缺口时，该缺口完全可由金融市场未来新增的资金供给来弥补，但在目前的投融资体制下，城镇化建设中资金供需双方的资金调配需求并没有得到有效匹配。

从图4-5可以看出，我国社会融资规模存量同比增速在2009年之前是逐年递增的，2009年增速达到34.80%，2009年之后增速开始下滑，2015年达到12.40%，创13年来的最低水平。造成这种状况的主要原因在于，2009年以前，我国金融体系以稳增长为主，社会融资规模膨胀较快，与实体经济匹配度下降，从而带来房地产投机性融资虚增、产能过剩占用过多资金等问题。2010年以后，风险偏好回落，减少了对社会融资的需求，同时市场需求低迷降低了融资意愿，产业结构调整以及金融市场规范使得表外融资转移到表内，也挤出了部分社会融资需求的水分，使得社会融资规模开始理性回归，这也表明我国融资结构在逐步优化。在社会融资规模存量中，增速变化较大的是未贴现银行承兑汇票和信托贷款，委托贷款增速从2010年的44.20%下滑到2015年的17.20%，主要原因是这些业务与影子银行关系密切，近几年我国逐渐规范并加强了对影子银行的监管，使得相关融资大幅萎缩。从表4-4可以看出，从增量占比来说，企业债券和非金融企业境内股票融资比重基本处于提升状态。从图4-5可以看出，企业债券的存量增速整体上在逐年下降，但2015年的增速仍是社会融资规模存量增速中最高的，达到了25.1%。非金融企业境内股票融资同比增速2015年虽然低于2007年和2010年的水平，但高于其他年份的增速，

---

① 邱俊杰，邱兆祥．新型城镇化建设中的金融困境及其突破［J］．理论探索，2013（4）：82-86.

达到了 20.20%，这也反映出我国正在逐步对金融市场进行改革，直接融资市场比重在逐步增加。

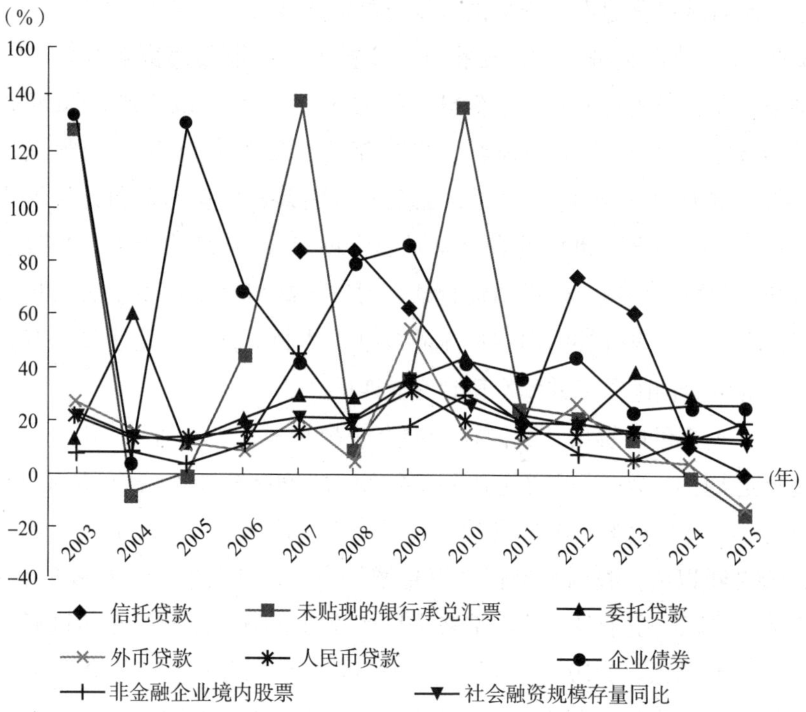

图 4-5　2003—2015 年我国社会融资规模存量构成同比增速

数据来源：Wind 资讯。

4.2.3　民间金融市场融资现状及困境

在发达的市场经济中，银行体系（间接融资）通常会遵循从低级到高级的发展顺序，依次为小型私人银行、中型银行、大型银行、跨国银行；证券市场（直接融资）遵循的发展顺序依次为小规模的非正规民间场外交易市场、较正规的场外市场、标准化交易所。而我国刚好相反：银行的发展顺序依次为全国大型银行、城市或区域性银行、小型社会银行；证券市场的发展顺序依次为标准化场内交易市场、较正规场外市场、民间交易市场。我国小型社会银行刚刚起步，民间交易市场在民间虽然频繁，但正规化程度很低，这些构成我国民间金融市场的主体，是我国正规金融市场的有效补充，可以解决正规金融市场面临的信息不对称问题。而且民间资本产权高度清晰，投资主体自主经营、自负盈亏、自我约束机制很强，能够敏锐地察觉市场价格信号的变化，作出相应的决策，优化资源配置。我国民间金融市场规模很大，但长期以来，受到政策法规的约束，中小银行、村镇银行、社区银行以及场外证券交易等金融供给发展缓慢，多以“地下”形式进行隐蔽交易。根据西南财经大学中国家庭金融调查与研究中心2014 年公布的《中国民间金融发展报告》，2013 年，我国家庭民间金融市场规模为 5.28 万亿元，22.3%的家庭有民间负债，约 166 万户家庭对外放高利贷，户均借出款余额为 45 万元，高息借出资金规模超过 7500 亿元，年均利息 36.2%。有关研究表明：全国 13 亿亩可承包土地的流转价值总量为 50 万亿~80 万亿元，将给 8 亿农民带来人均 6 万~10 万元的资产总量①，这将进一步扩大民间信贷市场。在一些正规金融发达的地区，民间借贷比例较低；欠发达地区由于金融机构较少，相对来说，民间借贷比例较高。新型城镇化要实现市场主导、政府引导的发展模式，让市场在资源配置中发挥决定性作用，关键就在于要激活民间投资。

4.3　新型城镇化融资落脚点——产业及就业的现状及困境

城镇化的过程是农村人口转移的过程，也是第一产业人口向第二、三产业转移的过程。根据人口转移理论，收入差距是形成城乡人口转移的主要因素。那么，要实现第一产业人口向第二、三产业转移，必须保障第二、三产业有足够的收入差距来吸引人口转移，同时也能够提供足够的就业岗位来容纳农村的剩余人口。因此，新型城镇化的融资相应地也应该在产业和就业方面落脚。产业是企业的宏观概念，企业是产业的微观基础单位。

4.3.1　产业发展现状及困境

人口就业的吸纳器在于产业，只有产业发展了，才能够带动就业，从而吸引人口转移，同时产业发展也会带动相关产业以及相应服务业的发展，进而提供更多的创业机会，促进创业的兴起和发展，否则会造成传统城镇化的“空城”“鬼城”“睡城”等现象。

---

① 吴姗．土地流转概念引追捧　投资瞄准三大主线［N］．证券日报，2013-09-04.

4.3.1.1 产业结构升级现状

产业结构是指各产业的构成及相互联系和各产业间的比例关系。产业结构升级是指产业结构由低级向高级转变的过程。我国产业结构变动与政治因素密切相关。从图 4-6 和表 4-5 可以看出，我国产业结构调整大致经历了五个阶段：第一阶段是 1952—1957 年，这一阶段由于战争结束，国民经济进入恢复时期，但相对来说我国生产力比较落后，温饱问题一直是主要问题，因此这一阶段农业占主导地位。第二阶段是 1958—1960 年，这一阶段由于“大跃进”的推动，我国第二产业处于主导地位，超过了第一产业的产值。第三阶段是 1961—1970 年，受“文革”和“上山下乡”运动的影响，第一产业重新居于主导地位。第四阶段是 1971—2012 年，受改革开放的影响，我国一直重视工业的发展，以工业带动经济发展，因此这一时期我国第二产业一直处于主导地位，产值几乎占到 GDP 的一半，但 1985 年之后第三产业产值超过第一产业。第五阶段是 2013 年至今，我国第三产业处于主导地位，第三产业产值几乎占到三大产业产值的一半。从总的发展趋势来看，我国第一产业的下降趋势明显，而第二、三产业产值比重总体上在逐年上升，相对来说，第三产业上升趋势大于第二产业，且 2006 年之后，我国第二产业的比重在逐年下降，而第三产业的上升趋势非常明显。从社会需求的角度看，产业升级体现了人民生活质量的提高，即逐渐由解决温饱向追求生活质量转变。

4.3.1.2 产业结构合理化分析

产业结构合理化反映的是产业之间的协调程度以及资源的有效利用程度，主要用来衡量产业间要素投入和产出结构之间的耦合程度。常用来衡量产业结构合理化的指标有产业结构偏离度和泰尔指数。产业结构偏离度的计算公式为

$$E = \sum_{i=1}^{n} \left| \frac{Y_i/L_i}{Y/L} - 1 \right| = \sum_{i=1}^{n} \left| \frac{Y_i/Y}{L_i/L} - 1 \right| \tag{4-1}$$

式(4-1)中，E 为结构偏离度，Y 为产出，L 为就业，i 为产业，n 为产业部门数；Y_i/L_i 表示第 i 产业的生产率，如果各产业均衡发展，则各产业的生产率相同，即 Y_i/L_i 与 Y/L 相等，$E=0$；Y_i/Y 表示产业的产出结构，L_i/L 表示产业的就业结构，如果各产业均衡发展，则产业结构和就业结构应该一

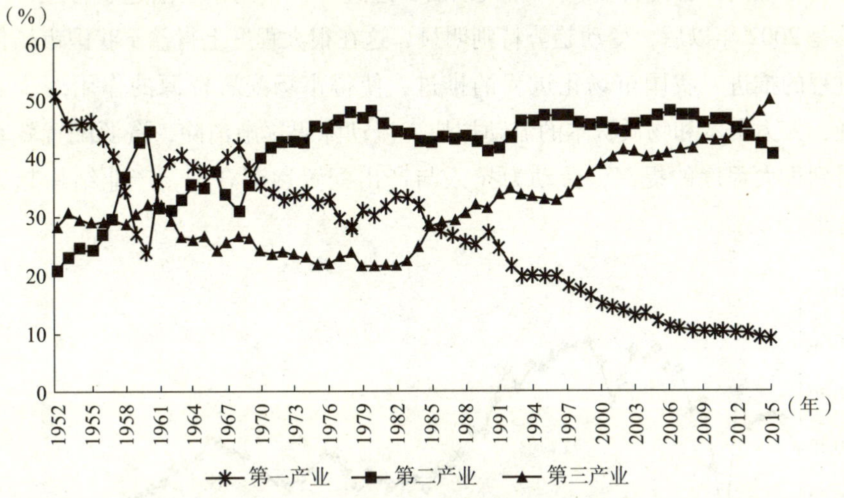

图 4-6　1952—2015 年我国三次产业结构

致，此时 $E=0$。因此，E 越大，则表示产业结构偏离均衡发展程度越高。

结构偏离度通常将各产业的权重设置相同，忽略了产业间的不同之处，而且采用绝对值计算。泰尔指数则避免了这些问题，也保留了结构偏离度所代表的经济含义。相对于产业结构偏离度，用泰尔指数来衡量产业结构合理化更为科学。泰尔指数，又称泰尔熵标准，最初是由 Shannon C. 和 Wiener N. 提出的，用来衡量地区或个人间的不平等。泰尔（Theil & Henri，1967）最早将它应用到经济领域，用来对经济发展状况进行分析，计算公式为

$$TL = \sum_{i=1}^{n} \frac{Y_i}{Y} \mathrm{Ln}\left(\frac{Y_i}{L_i} \Big/ \frac{Y}{L}\right) = \sum_{i=1}^{n} \frac{Y_i}{Y} \mathrm{Ln}\left(\frac{Y_i}{Y} \Big/ \frac{L_i}{L}\right) \tag{4-2}$$

式(4-2)中，各指标所代表的意义和式(4-1)相同，如果经济均衡发展，则各产业的生产率相同，即 $Y_i/L_i=Y/L$，此时 $TL=0$；如果经济均衡发展，则$Y_i/Y=L_i/L$，表明产出结构和就业结构完全耦合。TL 越偏离 0，则表明经济发展差异越大，产业结构以及产业结构和就业结构偏离度越高。

图 4-7 用泰尔指数，根据式（4-2）计算出了我国 1952—2015 年产业结构合理化变动的数值。总体来说，我国产业结构处于波动性下降的状态，正在逐渐趋于合理；从局部来看，20 世纪 50—70 年代，产业结构由

较为合理向不合理转变，70年代以后，经过4次波动，逐渐趋于合理，尤其是2002年以后，变动趋势特别明显，这在很大程度上得益于我国市场化进程的推进。我国市场化进程的推进，使得市场配置资源的作用逐步显现，人力资本和物质资本的流动加快，流动障碍逐渐消除，资源配置效率得到很大程度的提高，劳动力投入与产出配置逐渐合理，产业结构趋于合理。

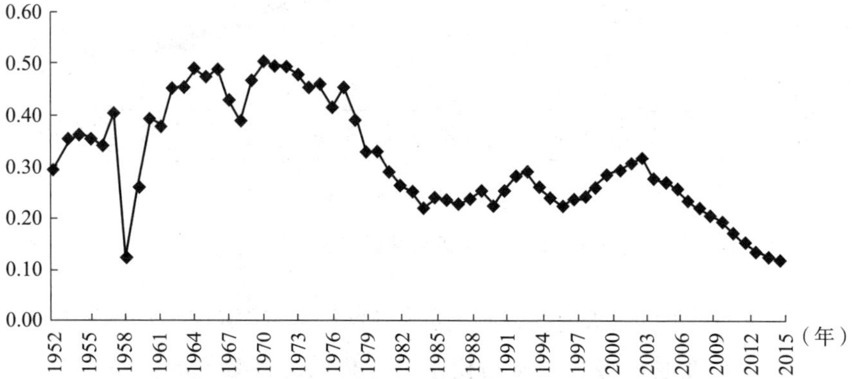

图4-7　1952—2015年我国产业结构合理化变动

4.3.2　就业现状及不合理化分析

从另一个角度说，要实现人口的真正转变，首要条件就是提高转移人口的转移能力，而在转移能力中，就业是关键。只有转移人口在城镇中能够顺利就业，才能获得持续稳定的收入，才具有相应的消费能力，才能缴纳社会保险和医疗保险，获得与市民相同的社会保障，从而实现人口的真正转移，否则，就仍然只是处于“候鸟式”流动的状态。

4.3.2.1　劳动力就业总量和结构差异

随着产业的不断升级，劳动力资源开始在产业间流动，劳动力的就业总量和结构也发生了很大变化。配第—克拉克定理认为，劳动力在第一产业的就业比重会逐渐下降，在第二产业的比重会从上升到稳定，再趋于下降，在第三产业的就业比重会不断上升。① 这一经典的就业结构理论在许多

① 刘军丽．我国三大产业就业结构与就业弹性的实证分析［J］．统计与决策，2009（9）：92-94.

国家都已得到验证，我国三大产业的就业结构也符合这一定理。如图 4-8 和表 4-5 所示，总体来看，我国第一产业吸纳的就业数量一直在下降，而第二产业和第三产业吸纳的就业数量在逐渐增加，且相对于第二产业，第三产业吸纳就业数量的增速更快。从局部来看，2011 年以前，我国第一产业吸纳的就业数量要远远高于其他产业，2011 年以后开始低于第三产业，到 2014 年，第一产业成为吸纳就业数量最低的产业。2011 年以后，我国第三产业成为吸纳人口数量最多的产业，而第二产业吸纳的就业数量在缓慢上升后趋于稳定。由此可见：第三产业已经起了“蓄水池”的作用，吸纳了第一产业的剩余劳动力。但我国 2015 年服务业增加值占国内生产总值的比重仅为 50. 19%，与发达国家平均水平的 74%相差甚远，与中等收入国家的 53%也有一定差距。

表 4-5　我国三次产业及就业比重

年度	三次产业比重（%）			三次产业就业比重（%）			泰尔指数
	第一产业	第二产业	第三产业	第一产业	第二产业	第三产业	
1978	28. 19	47. 88	23. 93	70. 53	17. 30	12. 17	0. 39
1979	31. 27	47. 10	21. 63	69. 80	17. 58	12. 62	0. 33
1980	30. 18	48. 22	21. 60	68. 75	18. 19	13. 06	0. 33
1981	31. 88	46. 11	22. 01	68. 10	18. 30	13. 60	0. 29
1982	33. 39	44. 76	21. 85	68. 13	18. 42	13. 45	0. 27
1983	33. 18	44. 38	22. 44	67. 08	18. 69	14. 23	0. 25
1984	32. 13	43. 09	24. 78	64. 04	19. 90	16. 06	0. 22
1985	28. 44	42. 89	28. 67	62. 42	20. 82	16. 76	0. 24
1986	27. 14	43. 72	29. 14	60. 95	21. 87	17. 18	0. 24
1987	26. 81	43. 55	29. 64	59. 99	22. 21	17. 80	0. 23
1988	25. 70	43. 79	30. 51	59. 35	22. 37	18. 28	0. 24
1989	25. 11	42. 83	32. 06	60. 05	21. 64	18. 31	0. 25
1990	27. 12	41. 34	31. 54	60. 10	21. 40	18. 50	0. 22
1991	24. 53	41. 79	33. 68	59. 70	21. 40	18. 90	0. 26
1992	21. 79	43. 45	34. 76	58. 50	21. 70	19. 80	0. 28
1993	19. 71	46. 57	33. 72	56. 40	22. 40	21. 20	0. 29

续表

年度	三次产业比重（%）			三次产业就业比重（%）			泰尔指数
	第一产业	第二产业	第三产业	第一产业	第二产业	第三产业	
1994	19.86	46.57	33.57	54.30	22.70	23.00	0.26
1995	19.96	47.18	32.86	52.20	23.00	24.80	0.24
1996	19.69	47.54	32.77	50.50	23.50	26.00	0.23
1997	18.29	47.54	34.17	49.90	23.70	26.40	0.24
1998	17.56	46.21	36.23	49.80	23.50	26.70	0.24
1999	16.47	45.76	37.77	50.10	23.00	26.90	0.26
2000	15.06	45.92	39.02	50.00	22.50	27.50	0.28
2001	14.39	45.15	40.46	50.00	22.30	27.70	0.29
2002	13.74	44.79	41.47	50.00	21.40	28.60	0.31
2003	12.80	45.97	41.23	49.10	21.60	29.30	0.32
2004	13.39	46.23	40.38	46.90	22.50	30.60	0.28
2005	12.12	47.37	40.51	44.80	23.80	31.40	0.27
2006	11.11	47.95	40.94	42.60	25.20	32.20	0.26
2007	10.77	47.34	41.89	40.80	26.80	32.40	0.23
2008	10.73	47.45	41.82	39.60	27.20	33.20	0.22
2009	10.33	46.24	43.43	38.10	27.80	34.10	0.21
2010	10.10	46.75	43.15	36.70	28.70	34.60	0.19
2011	10.04	46.59	43.37	34.80	29.50	35.70	0.17
2012	10.09	45.32	44.59	33.60	30.30	36.10	0.16
2013	10.01	43.89	46.10	31.40	30.10	38.50	0.13
2014	9.17	42.64	48.19	29.50	29.90	40.60	0.13
2015	8.88	40.93	50.19	28.30	29.30	42.40	0.12

4.3.2.2 产业结构与就业结构严重偏离

表4-6中，从几个主要国家农业、工业、服务业的劳动生产率来看，普遍存在农业劳动生产率低于工业和服务业的情况，相对来说，澳大利亚和德国的农业劳动生产率较高；从工业和服务业整体来看，韩国、英国、

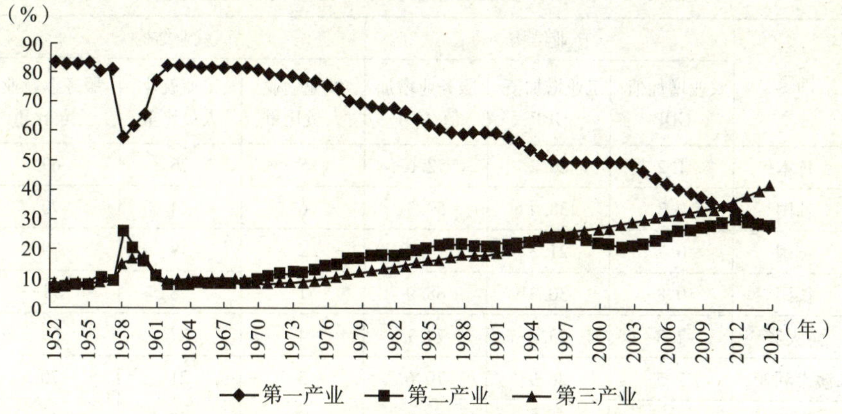

图 4-8　1952—2015 年我国三大产业就业结构变动

德国、澳大利亚以及我国的工业劳动生产率低于服务业，而日本和意大利的服务业劳动生产率高于工业和农业。工业劳动生产率最高的国家是韩国，仅以 24%的就业人口就生产出 38.4%的 GDP 比重。从产业结构和就业结构数据可以看出，这些国家的就业结构和产值结构几乎相当，如 2013 年，日本以 5%的农业就业人口比重承担了 1.2%的 GDP 生产，以 26%的工业就业人口承担了 26.2%的 GDP 生产，以 69%的服务业就业人口承担了 72.6%的 GDP 生产，其他国家除韩国外，亦是如此。我国产值结构与就业结构出现偏离，以 30%的农业就业人口仅承担了 9.4%的 GDP 生产，以 30%的工业就业人口承担了 43.7%的 GDP 生产，以 40%的服务业就业人口承担了 46.9%的 GDP 生产。由此可以看出：我国产业结构偏离比较明显，第一产业劳动力数量最多，但产值很低，劳动生产效率很低；第二产业劳动力效率最高，结构相对合理；第三产业的产值比重和就业人员比重在我国三大产业中较高，但与发达国家相比仍存在很大差距，这也说明我国产业结构和就业结构严重失衡，产业结构虽然在不断优化升级，但调整仍不到位，第一产业效率很低，第三产业发展仍然欠缺，对劳动力的吸纳能力有待进一步发挥。很显然，我国第三产业有广阔的发展空间，将成为吸纳就业人口的主导产业。

表 4-6　2013 年我国及主要国家产业结构和就业结构　　单位：%

国家	产业结构			就业结构		
	农业增加值/GDP	工业增加值/GDP	服务业增加值/GDP	农业就业人员比重	工业就业人员比重	服务业就业人员比重
日本	1.2	26.2	72.6	5	26	69
韩国	2.3	38.4	59.3	6	24	70
英国	0.7	21.3	78.0	2	19	79
德国	0.8	30.3	68.9	1	28	71
意大利	2.3	23.6	74.1	4	27	69
澳大利亚	2.5	26.9	70.6	3	21	70
中国	9.4	43.7	46.9	30	30	40

数据来源：世界银行。

4.3.3　产业和就业融资困境

企业作为微观经济主体，在解决农村劳动力向城市转移的就业问题方面发挥着基础性作用。其中，高新技术类企业通过技术创新和应用促进我国产业结构升级，在提升就业质量方面效果明显，其技术溢出效应对促进其他行业的就业、提升社会就业数量和质量效果明显；创业型企业可以提供更多的就业机会。新型城镇化要求按照资源禀赋所决定的比较优势来提高资源的配置效率，但目前以银行为主导的金融体系存在严重的资金错配情况，导致一些企业资金严重短缺。例如，中小企业的投入—产出效率高、创新能力强、发展潜力大，对新型城镇化的发展发挥着重要作用。国务院发展研究中心 2012 年公布的数据显示：我国中小企业占全国企业总数的 98%以上，其产值占 GDP 的 60%，上缴税收占 50%，对我国新增就业岗位的贡献达到 85%，且我国 65%的发明专利是由中小企业完成的，75%以上的新产品是由中小企业开发的①，中小企业已成为技术与机制创新的主体，在就业人数以及产值创造上占据了国民经济的“半壁江山”，同时对优化我国整体产业结构起到了重要作用。但由于种种原因，我国中小企业始终无法走出融资难的困境。我国中小企业从银行获得融资很困难，只得选择民间借贷，但是这种不发达、不完善的民间市场带来了不可忽视的巨

① 马俊．中小企业占中国企业数量的 98%以上［EB/OL］．新浪财经，http：//www.sina.com.cn，2012-04-26.

大风险，导致我国数量巨大的中小企业所能分享到的金融资源不超过 20%，资金匮乏造成其生命周期只有 3~6 年。另一方面，煤化工、多晶硅、风电制造、平行玻璃、钢铁、水泥行业由于投入过度，出现严重的产能过剩，使得金融资源被浪费。20 世纪 70 年代以来，我国的居民储蓄率长期位于世界第一，2005 年已高达 51%，占到 GDP 的一半左右，比世界平均水平高了 20% 左右，近两年虽有所下降，但 2016 年仍排到世界第三位，且 2016 年人均储蓄率也超过了 4 万元，是世界人均储蓄率最高的国家。资金的闲置导致了资金浪费，金融机构由于找不到合适的投资机会，导致资金空转，没有很好地服务实体经济。即使部分资金投入实体经济，也大多投入国有企业和大型企业，导致资金错配现象严重。目前，我国金融机构和企业资金冷热不均，一边是钱太多造成流动性泛滥，另一边是实体经济非常缺钱，尤其是中小企业。这样就出现了“有钱不花”“有钱也不敢花”和“没钱可花”并存的现象。

4.4　本章小结

新型城镇化建设资金需求额度较大，但传统的过多依赖银行信贷手段、间接融资占主导地位的融资方式已经满足不了城镇化建设资金的需求，而政府依靠税收、土地财政和融资平台为城镇化提供资金的这种传统方式也具有不可持续性，拓宽融资渠道、探索市场化融资方式和手段、提升直接融资比重成为亟须解决的问题。世界上主要国家金融发展与城镇化的关系呈现出阶段性特征：第一阶段为起步阶段，以工业发展带动城镇化，这一阶段金融发展围绕着工业运转，走“金融发展促进工业发展，工业发展带动城镇化，城镇化促进金融发展”的模式。第二阶段是成长期，以金融发展带动城镇化发展，金融服务的功能逐渐深化，促使分工细化，企业交易成本降低。第三个阶段为成熟期，金融服务的内容和范围在不断扩充，一定程度上拉动了第三产业的发展，而人口的流动也进一步扩大了消费市场，资金规模的扩大强化了金融市场的作用，使城市功能不断完善，逐渐由工业型城镇化向服务型城镇化转变。我们应该构建面向城镇化的金融发展体系，完善有利于金融发展的体制机制，明确城镇化金融支持的重点领域。政府和市场作为两大融资主体，应该根据新型城镇化发展的不同时期，既要合理分工，又要紧密合作，为城镇化建设进行合理融资。

第 5 章　新型城镇化质量评估及金融支持总体效应

5.1　我国城镇化发展的现状

城镇化是随着农业转移而产生的（James C. Davis & J. Vernon Henderson, 2003），是人类社会从农业社会向工业社会发展过程中产生的一种聚集现象，它的发展可以促进产业结构升级、增加人均收入（Spence，Annez & Buckley，2009），进而提升社会服务水平、促进经济发展（Dyson，2011），它也是扩大内需的最大潜力，是衡量国家现代化水平的重要标志。目前，全球城镇化浪潮正在加速推进中，根据联合国的预测，2050 年，居住在城市地区的人口比例将达到 70%。斯蒂格利茨曾断言，美国的高科技产业和中国的城市化是 21 世纪对世界发展影响最大的两件事。在我国经济结构转型时期，发展城镇化是扩大内需的关键，也是使经济保持平稳发展的持久动力。按照国际上城镇化发展的一般规律：工业化是城镇化发展的主要驱动力，当城镇化率达到 50%时，就进入了持续发展期，同时也是城市建设矛盾突出和“城市病”集中爆发的阶段，是迫切需要转变发展模式的时期。2011 年，我国城镇化率达到 51.27%，各种矛盾凸显，探索新的发展模式对促进城镇化持续健康发展具有重要意义，这也是我国从“城镇化”向“新型城镇化”发展模式转变的重要原因。

5.1.1　我国城镇化已经进入快速增长阶段

城镇化是指农村人口向城镇不断转移，人口聚集到城镇的过程。反映城镇化水平的主要指标是城镇化率。目前，就单一指标来说，城镇化率的计算方法有两种：一是常住人口的城镇化率，即城镇常住人口占全部人口的比重。常住人口是指在城市居住 6 个月以上的人群，包括一次性居住 6 个月，以及一年之内居住超过 6 个月的。这种计算方法是国际上通用的。二是户籍人口的城镇化率，即城镇户籍人口占全部人口的比重。2014 年 7 月，国务院公布的《关于进一步推进户籍制度改革的意见》虽然明确了农业户口和非农业户口将被取消，但 2015 年以前我国户籍被分为两类——农业人口和非农业人口，而且城镇人口大多属于非农业人口，按此分类，本书用非农业人口/总人口来衡量我国户籍人口城镇化率。

就全国城镇化发展而言，我国城镇化主要经历了五个阶段，如图 5-1 所示：第一个阶段是 1949—1957 年，这一阶段为起步阶段。我国经济恢复并进行大规模工业建设，党的工作重心由乡村转向城市，农业劳动人口开始转移，出现了一批新的城镇，城镇化率逐步上升，城镇人口增加。第二阶段是 1958—1965 年，为城镇化异常波动阶段。1958—1960 年，我国开展“大跃进”运动和人民公社化运动，工业化出现了“爆发式”增长，大批人口进入城市，城市人口急剧增加。1961 年，我国开始进行调整，撤销不够条件的市镇，限制人口流动，同时由于“三年困难时期”，城市人口骤减，城镇化率出现了下降态势。第三个阶段是 1966—1977 年，这一阶段可以称为城镇化停滞阶段或者“逆城镇化”阶段。“文化大革命”的破坏，使得经济萎缩、工农业生产停滞，“上山下乡”运动和计划经济的实施，使得城镇对就业人口的吸纳能力受限，城镇化几乎处于长期停滞状态，严重落后于人口的增长，致使大量人口留在农村。第四阶段是 1978—1994 年，是城镇化恢复阶段。1978 年以来，经过一系列的市场化改革和相关措施的出台，我国城镇化率总体上呈逐年上升趋势，这主要是由于改革开放政策的实施，农村经济体制改革有效释放出“制度性红利”。沿海地区经济的快速发展和经济特区的建立，使得工业化进程加快，创造了大量的就业机会，大量人口迁移，城镇化进入起点低、速度快的发展阶段，这一阶段也为第五阶段人口大规模转移奠定了基础。这一阶段，常住人口城镇化率年均增长 3 个百分点，户籍人口城镇化率年均增长率达到 2. 31 个百分点。第五个阶段是 1995 年至今，为城镇化快速发展阶段。这一阶段以经济开发区与高新区、城市基础设施改造提升为基础，城镇特别是小城镇得到了快速发展。与此同时，农业生产效率在很大程度上也得到了提高，产业结构不断升级，大量的农村劳动力转移到城镇，我国城镇化率进入快速上升阶段：常住人口城镇化率从 1995 年的 29. 04%上升到 2015 年的 56. 1%，年均增长率为 3. 35 个百分点；户籍人口城镇化率增长相对缓慢，1995—2014 年年均增长 2. 34 个百分点。2004 年，我国首次出现“民工荒”的现象，到 2010 年，全国大部分地区出现招工难的问题，各地不断调整最低工资水平，农民工实际工资显著上升，我国成功迈过“刘易斯第一拐点”，劳动力实现从无限供给到出现短缺的转变，预计2025—2030年，我国将基本完成劳动力的转移，达到“刘易斯第二拐点”，实现一元经济结构。

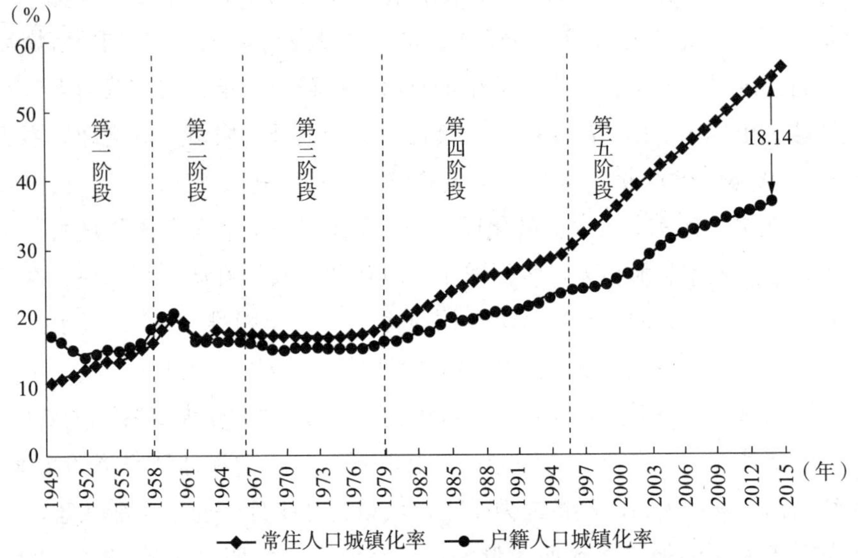

图5-1 1949—2015年我国城镇化率

数据来源：中华人民共和国国家统计局，《新中国六十年统计资料汇编》。

注：数据不包括台湾、香港和澳门地区。2014年国发〔2014〕25号文件颁布，2015年我国取消了农业户口和非农业户口的区分，因此图中户籍城镇化率统计到2014年。

除美国、印度、巴西、印度尼西亚几个国家以外，我国增加的城镇常住人口在规模上已经超过了其他国家的人口总量。按照世界银行的统计数据，2015年我国常住人口城镇化率也提高到了55.61%，超过世界平均水平（53.9%）。表5-1中，2000年以后，我国城市数量基本稳定，但转移人口数量较多，城市人口密度在逐渐增加，从2000年的442人/平方公里增加到2014年的2419人/平方公里，年均增长速度为141.21人/平方公里，尤其是2006年以后，人口增长迅速，大量农村转移人口进入生产效率更高的非农产业部门，为城镇化发展提供了充足的劳动力。

表 5-1　2000—2014 年我国城市数量和人口密度

年度	城市数（个）	城市人口密度（人/平方公里）
2000	663	442
2001	662	588
2002	660	754
2003	660	847
2004	661	865
2005	661	870
2006	656	2238
2007	655	2104
2008	655	2080
2009	654	2147
2010	657	2209
2011	657	2228
2012	657	2307
2013	658	2362
2014	653	2419

数据来源：中国统计年鉴。

20 世纪 80 年代以前，我国控制人口流动，对户籍实行严格的限制制度，80 年代以后开始进行改革，为半开放阶段。从图 5-1 也可以看出，1978 年以前，我国的常住人口城镇化率和户籍人口城镇化率基本吻合，1978 年以后，常住人口城镇化率明显大于户籍人口城镇化率，二者差距逐渐拉大，出现明显的城市二元结构。到 2014 年，我国的户籍人口城镇化率只有 36.63%，比常住人口城镇化率低了 18.14 个百分点，而且我国的户籍人口城镇化率不仅远低于发达国家的平均水平（发达国家 2014 年的城镇化率为 80%），也低于人均收入与我国相近的发展中国家的平均水平（收入水平与我国相近的国家 2014 年的城镇化率平均为 60%）。我国长期以来处于“半城镇化”状态，即劳动力进城，但人口没有进城，居民长期处于户籍制度下的身份二元化以及相对应的公共服务的差别化。2014 年，国务院印发的《关于全面深化农村改革、加快推进农业现代化的若干意见》中明确提出，“全面实行流动人口居住证制度，逐步推进居住证持有人享有与居住地居民相同的基本公共服务，保障农民工同工同酬"，突破"半城镇化"的局面，是未来我国城镇化改革的方向。

5.1.2 我国城镇化已达到世界平均水平

如图 5-2 所示：根据世界银行的统计数据，高收入国家、中等收入国家和低收入国家的城镇化率呈阶梯分布格局，其中高收入国家的城镇化率约高于中等收入国家 30 个百分点，高于低收入国家 50 个百分点，世界平均水平比中等收入国家略高 3 个百分点。中国的城镇化率增长速度高于世界平均水平和高收入、中等收入及低收入国家。2006 年以前，中国的城镇化率低于中等收入国家。2006 年以后，中国的城镇化率高于中等收入国家，2013 年以后超过世界平均水平。2015 年，我国的城镇化率达到 55.61%，高于世界平均水平 1.71 个百分点，但低于高收入国家 25.51 个百分点。

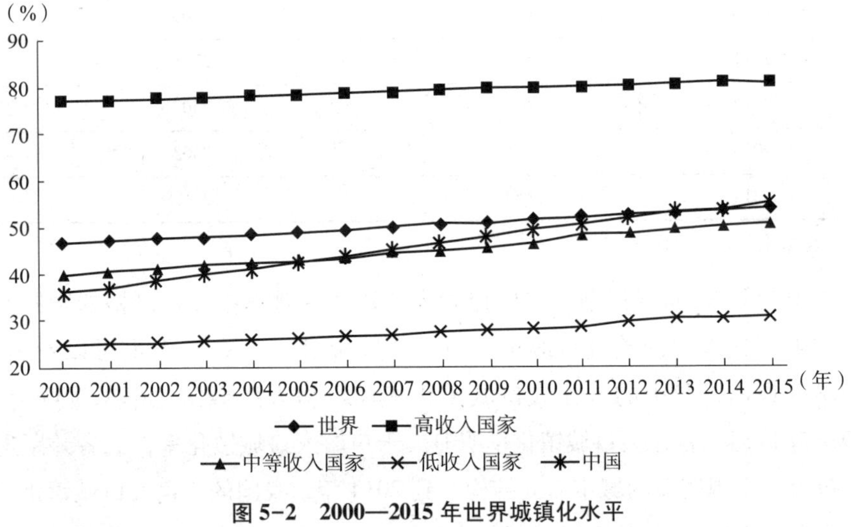

图 5-2 2000—2015 年世界城镇化水平

数据来源：世界银行。

根据美国城市地理学家诺瑟姆（R. M. Northam，1979）的"S"曲线增长理论，城市化发展经历了三个阶段：第一阶段是城市化率低于 30%的阶段，这一阶段是城市化的初期阶段，工业和农业的生产力水平都很低，工业能够提供的就业机会、农业能够释放的剩余劳动力都非常有限，使得这一阶段城市化发展较慢；第二阶段是城市化率为 30%～70%的阶段，这一阶段农业劳动生产率提高很快，工业已经有比较雄厚的基础，能够为农业剩余人口提供大量的就业机会，农业人口转移加快，城市化得到快速发展；第三个阶段是城市化率高于 70%的阶段，在这一阶段，由于必须维持农业生产所需的规模，人口流动开始放慢，城市化趋于稳定发展，经济开始从工业经济转向服务经济，重在提升城市质量。按此规律，从表 5-2 可以看出：一些发达国家，如日本、澳大利亚、美国、英国等的城镇化率已经趋于稳定；而一些发展中国家，如巴西、韩国、马来西亚等的城镇化率也很高，且趋于稳定；我国的城镇化率在这些主要国家中处于较低的水平，只略高于印度和菲律宾，且处于不稳定的阶段，但我国的城镇化率一直处于上升趋势，发展的空间还很大。

5.1.3　我国各地区城镇化呈阶梯发展格局

从图 5-3 可以看出：我国各地区城镇化水平虽然在逐年提高，但存在明显的差距。由于东部地区经济发展较快，吸引了大量外来务工人口，在一定程度上促进了这些地区城镇化的发展，因此城镇化率较高，2015 年达到 64.75%，高于全国平均水平（56.1%）8.65 个百分点，高于东北地区和中部地区 3.41 个和 13.51 个百分点。根据社科院的估计，2020 年东部地区城镇化率将达到 66.7%；东北地区由于受工业化的影响较大，城镇化率相对于中西部地区较高，2009 年以前高于东部地区，2009 年以后略低于东部地区，而且差距有扩大的趋势，据社科院的估计，2020 年其城镇化率将达到 63.6%。中西部地区相对比较落后，2015 年，中部地区城镇化率为 51.24%，低于全国 4.86 个百分点，预计 2020 年将达到 53.5%；西部地区由于经济发展速度缓慢，城镇化发展水平严重滞后，2010 年开始，我国人口红利消失，出现了“用工荒”，东西部出现了农民工“争夺战”，大量务工人员返乡回流，使得西部地区当年的城镇化水平有所提高，但随着东部地区工资水平的提高，2011 年以后人口又大量流出，使得城镇化率又有所下降，截至 2015 年，仅达到 48.74%，总体上低于全国 7.36 个百分点，预计 2020 年将达到 51.4%的水平。由此可见，经济越发达，该地区的城镇化率越高。我国城镇化率较高的省份大多位于东部地区，环渤海、长江三角洲和珠江三角洲地区尤为突出，2015 年除了河北（51.33%）、海南（55.12%）略低于全国平均水平，东部地区其他省份的城镇化率均高于全国平均水平，且上海（87.6%）和北京（86.52%）的城镇化率位居全国前两位。由于受重工业的影响，2015 年东北地区 3 个省份的城镇化率均高于

表 5-2　2000—2015 年世界主要国家城镇化水平

单位：%

国别	2000	2001	2002	2003	2004	2005	2006	2007	2008	2009	2010	2011	2012	2013	2014	2015
中国	35.88	37.09	38.43	39.78	41.14	42.52	43.87	45.20	46.54	47.88	49.23	50.57	51.89	53.17	54.00	55.61
印度	27.67	27.92	28.24	28.57	28.90	29.24	29.57	29.91	30.25	30.59	30.93	31.28	31.63	31.99	32.00	32.75
日本	78.65	79.99	81.65	83.20	84.64	85.98	87.06	88.01	88.91	89.74	90.52	91.25	91.90	92.49	93.00	93.50
韩国	79.62	79.94	80.30	80.65	81.00	81.35	81.53	81.63	81.73	81.84	81.94	82.04	82.14	82.25	82.00	82.47
马来西亚	61.98	62.92	63.86	64.78	65.69	66.59	67.48	68.36	69.23	70.08	70.91	71.74	72.53	73.28	74.00	74.71
菲律宾	47.96	47.68	47.41	47.14	46.87	46.60	46.33	46.06	45.79	45.52	45.26	45.02	44.81	44.63	44.00	44.37
南非	56.89	57.37	57.90	58.45	58.99	59.54	60.08	60.62	61.15	61.69	62.22	62.75	63.27	63.79	64.00	64.81
加拿大	79.48	79.81	79.89	79.97	80.05	80.12	80.21	80.40	80.58	80.76	80.94	81.12	81.29	81.47	82.00	81.83
墨西哥	74.72	75.05	75.37	75.68	76.00	76.31	76.62	76.92	77.23	77.53	77.83	78.12	78.41	78.69	79.00	79.25
美国	79.06	79.23	79.41	79.58	79.76	79.93	80.10	80.27	80.44	80.61	80.77	80.94	81.11	81.28	81.00	81.62
巴西	81.19	81.55	81.88	82.20	82.52	82.83	83.14	83.45	83.75	84.04	84.34	84.62	84.90	85.17	85.00	85.69
法国	75.87	76.13	76.38	76.63	76.88	77.13	77.38	77.62	77.86	78.11	78.35	78.58	78.82	79.06	79.00	79.52
德国	73.07	73.11	73.17	73.23	73.29	73.36	73.49	73.70	73.90	74.09	74.29	74.49	74.69	74.89	75.00	75.30
俄罗斯	73.35	73.35	73.34	73.37	73.42	73.46	73.51	73.55	73.60	73.64	73.69	73.73	73.79	73.85	74.00	74.00
英国	78.65	78.75	79.05	79.34	79.63	79.92	80.20	80.48	80.76	81.03	81.30	81.57	81.83	82.09	82.00	82.59
澳大利亚	87.17	87.38	87.54	87.70	87.85	88.00	88.25	88.30	88.45	88.59	88.73	88.88	89.02	89.15	89.00	89.42
新西兰	85.68	85.76	85.90	86.00	86.03	86.05	86.08	86.10	86.13	86.15	86.17	86.18	86.20	86.22	86.00	86.28

数据来源：世界银行。

全国平均水平，其中辽宁的城镇化率达到 67.35%，高于我国中西部及东北部所有省份，以及东部除北京、天津、上海和广东之外的所有省份，位居全国第五位。中部较发达的省份湖北 2015 年的城镇化率（56.85%）略超全国平均水平，其他省份均低于全国平均水平。由于经济发展速度慢，我国西部地区城镇化水平相对较低，2015 年仅重庆（60.94%）和内蒙古（60.3%）两个省份的城镇化率略超全国平均水平，其中西藏的城镇化率仅达到 27.74%，位于全国最低水平。从总的趋势来看，东部与中部地区、东部与西部地区的差距有缩小的趋势。

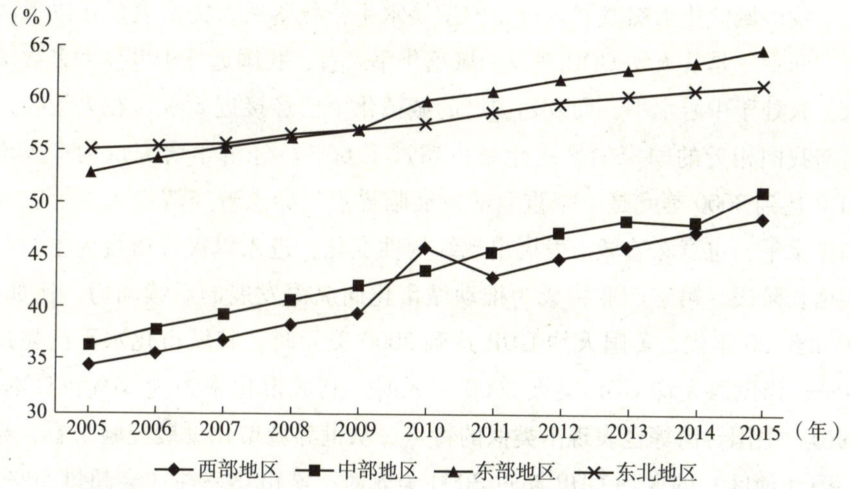

图 5-3　2005—2015 年我国各地区城镇化率

注：原始数据来源于中华人民共和国国家统计局网站及各省统计年鉴，图中数据由各地区城镇人口/总人口计算所得。①

随着城镇化的快速推进，大量农村劳动力开始转移就业，各级规模的城市和建制镇数量大幅增加（见表 5-3），年均增长率分别达到 3%和 6%，建制镇人口密度也在迅速增加，2015 年已经达到 4899 人/平方公里，这使城乡生产要素的配置效率得到很大提高，促进了经济的持续快

① 如无特殊说明，本书中所有分省份的数据中关于区域的划分均按照 2014 年国家统计局的划分标准，将我国划分为东、中、西部和东北四个地区。具体来说，东部地区包括北京、上海、天津、山东、河北、江苏、浙江、福建、广东和海南 10 个省（市）；中部地区包括山西、河南、安徽、湖北、湖南和江西 6 个省；西部地区包括新疆、内蒙古、西藏、甘肃、青海、重庆、四川、贵州、云南、宁夏、广西和陕西 12 个省（市、自治区）；东北地区包括辽宁、吉林和黑龙江 3 个省。

速发展，也带动了社会结构的深刻变革，使城乡居民生活水平得到全面提升。

表 5-3　中国城市和建制镇数量　　单位：个

	1978 年	2015 年
地级市数量	99	291
建制镇数量	2176	20515

数据来源：Wind 资讯。

5.1.4　城镇化滞后于工业化和经济发展水平

我国城镇化虽然发展较快，但发展水平依然落后，突出表现在以下两个方面：一是从人均 GDP 对应的城镇化率来看，我国远低于世界大多数国家，只处于中游水平，而发达国家的城镇化率已经接近 85%，在人均收入上与我国相近的国家的城镇化率也超过了 60%。经济学研究认为，人均 GDP 达到 3000 美元是一个重要的发展临界点，标志着经济进入中等收入国家水平，也意味着城市发展出现结构性变化，进入以提升质量为主的稳定增长阶段，第三产业将成为推动城市化向纵深发展的后续动力。例如：20 世纪 20 年代，美国人均 GDP 达到 3000 美元时，其城市化水平已超过 50%；当巴西人均 GDP 突破 3000 美元时，其城市化率约为 61%；日本、韩国、中国台湾等也表现出类似的特点。从世界城市化发展经验来看，当一国（地区）的人均 GDP 超过 3000 美元时，城市化率往往会超过 50%。2015 年，中国的人均 GDP 已达到 8016 美元，而城镇化率仅为 56. 1%，按照户籍人口计算的数值更低。因此，从这个方面来说，中国的城市化落后于经济发展水平。二是按照霍利斯 · 钱纳里的理论，如表 5-4 所示：当工业化率达到 30%时，该国的城镇化率将达到 60%左右；而工业化率达到 40%时，城镇化率通常在 75%以上。我国的工业化率在 2000 年已经达到 45. 9%，当时的城镇化率仅为 36. 22%；2015 年，我国的工业化率为 40. 53%，城镇化率也才达到 56. 10%，同等工业化水平下，我国的城镇化率比世界平均水平低 20%左右。因此，从工业化程度来衡量城镇化水平，我国的城镇化水平明显偏低。

表 5-4　中国与钱纳里“发展模型”中经济发展、工业化和城镇化的关系

单位：%

人均 GNP（美元）	钱纳里“发展模型”		中国	
	城镇化水平（%）	工业份额（工业占 GNP 的比重）	城镇化水平（%）	工业化水平（%）
100	22.0	14.9	17.38	36.8
200	36.2	21.5	17.92	44.3
300	43.9	25.1	24.52	38.9
400	49.0	27.6	26.94	37.4
500	52.7	29.4	27.99	40.8
800	60.1	33.1	34.78	42.7
1000	63.4	34.7	39.09	44.8

数据来源：简新华，黄锟．中国城镇化水平和速度的实证分析与前景预测［J］．经济研究，2010（3）：30-31.

5.1.5　人口城镇化滞后于土地城镇化

虽然目前我国城镇化建设已进入高速发展阶段，人口规模和城市空间在不断扩大，但在高速发展的背后存在很多突出的问题，其中之一就是人口城镇化与土地城镇化出现了严重脱节。一般来说，城镇化的核心是人口城镇化，土地城镇化只是载体。新型城镇化提倡的是和谐发展的理念，要求人口城镇化和土地城镇化二者协调发展。从国际上城镇化发展的经验来看，土地城镇化通常是人口城镇化的 1.2 倍。如果我们用城镇人口比重来衡量人口城镇化率，用城市建成区面积来间接衡量城市规模的扩张，即土地城镇化率，如图 5-4 所示：我国土地城镇化增长率快于人口城镇化增长率。2000 年我国城市建成区面积为 22439 平方公里，2014 年达到 49773 平方公里，增长了 1.22 倍；2000 年我国的人口城镇化率为 36.22%，2014 年达到 54.77%，仅增加了 0.51 倍。且在 2003 年和 2011 年，我国土地城镇化率严重高于人口城镇化率，特别是 2011 年，土地城镇化率增速是人口城镇化率增速的 3.22 倍，2011 年开始虽然有缩小的趋势，但直到 2014 年，土地城镇化增长率仍高于人口城镇化增长率 2 个百分点，是人口城镇化增长率的 2.07 倍。这表明，我国在城镇化建设过程中，过于强调城市规模在地域上的扩张，热衷于新区、新城的建设，而使土地利用粗放而低效，甚至有些地区将城镇化变为“房地产化”，通过盲目地“造城”来推进城镇化的速度，使得建成区人口密度过低，甚至部分城市出现了“空城”“鬼城”等现象，城镇化出现畸形发展的态势。另外一个现象就是城市规模出现两极化倾向。2000年以来，我国大城市特别是特大城市开始迅速膨胀，已经逼近甚至超过了城市的承载能力，而一些中小城市和小城镇却出现了相对萎缩的倾向，尤其是中西部的一些小城市和小城镇，甚至出现了城市数量和人口比重萎缩的迹象。①

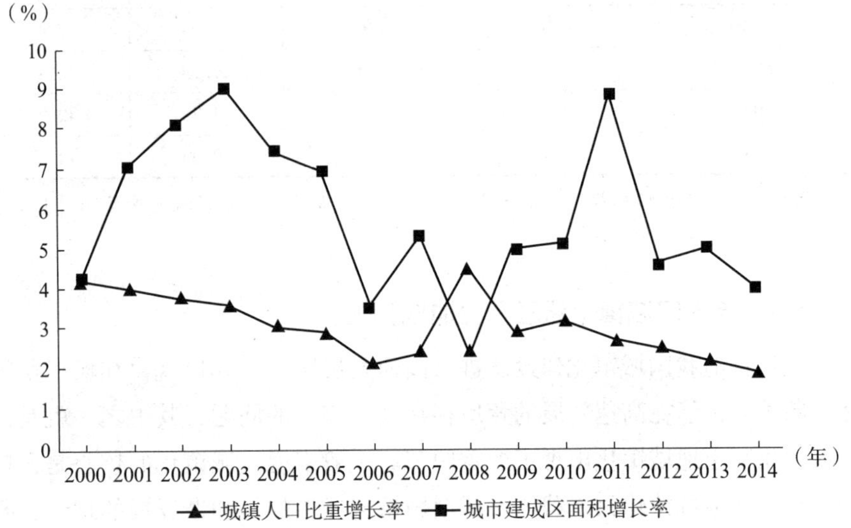

图5-4 2000—2014我国人口城镇化和土地城镇化率

数据来源：中国统计年鉴。

5.2 我国新型城镇化发展质量的测算与评价

新型城镇化与传统城镇化最大的区别在于不再简单地以城市人口比例的增加作为衡量其发展程度的唯一指标。新型城镇化是“人”的城镇化，最终要体现在基本公共服务的均等化上（张璐琴，2014）。由于我国提供的教育、医疗、社会保障等公共服务一般是以户籍为依据的，如图5-1所示，我国户籍人口城镇化率远低于常住人口城镇化率，这一差距的背后是

① 魏后凯，王业强，苏红键．“十三五”时期城镇化和区域发展战略研究［M］．北京：社会科学文献出版社，2016：6.

大量“钟摆式”流动的农民工。这些人口虽然一定时期内居住在城市，但在公共服务领域并未享受到与市民同等的权利，使得常住人口城镇化率不能真正体现城镇化发展水平。2015全国“两会”政府工作报告中明确提出，用改革的办法解决城镇化难点问题，有序推进基础设施和基本公共服务同城化的方针，因此以基础设施和公共服务均等化为基础，深层次挖掘新型城镇化质量评价体系，并对我国城镇化质量进行科学的测评对于促进城镇化健康发展具有重要意义。

5.2.1 新型城镇化质量研究综述

城镇化的发展对生态环境、社会和文化产生了重要影响（McDonald et al.，2011），城镇发展层次的不同会通过各种途径影响社会的发展和人们的生活质量（Deguen & Zmirou-Navier，2010）。城镇化质量的测评即评价土地空间、工业经济、产业政策、社会和文化重建及生态的可持续发展（De Zhou，et al.，2015）。近年来，国际上的学者们从城镇化与经济发展（Chen M.，et al.，2014）、人口城镇化（Chen F.，2010）、土地价值及利用（Cho S. H.，et al.，2008；Didit Okta Pribadi，Stephan Pauleit，2015）、生态环境（Fu B.，et al.，2007；Alemulali U.，2013）等角度对城镇化质量进行了评价。近两年涉及比较多的领域是低碳环境下的空气质量和水资源及质量对城镇化的影响。我国城镇化起步较晚，国内学者对其关注也相对较晚。总体来说，我国的城镇化质量不高（李刚、陆贝贝，2015），发展滞后于经济发展水平和非农化进程（简新华、黄锟，2010），且区域差异明显，呈现“东部>中部>西部”的阶梯分布（续亚萍、俞会新，2015）。对城镇化质量的研究领域，国内目前主要涉及经济发展、城乡统筹、公共服务、人民生活、社会发展、生态建设等（王立新，2014；郭施宏等，2015；吕丹等，2014）。在采用方法上，主要有熵值法（杨璐璐，2015）、主成分和聚类分析（郑君焱、孙泰森，2015；卢扬帆、郑方辉，2014）、综合指数法（王博宇等，2013）、专家赋值法（何平、倪苹，2013）、BP神经网络等（曹飞，2014）。

我国新型城镇化强调“以人为本”，即以人的平等化为核心，城镇化发展要与经济发展、人口发展和社会发展相适应，与生态环境相协调，这就要求城镇常住人口要与城镇户籍人口在基础设施和公共服务领域享有相同的权利。目前，学者们虽然从不同角度构建综合指标来衡量新型城镇化的质量，但可操作性不强，而且构建的指标不能很好地体现“以人为本”这一核心。也有部分学者尝试实证分析，但采用主成分分析法对此问题进行分析的较少，而且即使采用了主成分分析法进行分析，大多也是对全国整体状况或者某个省份的情况进行分析。在借鉴前人研究成果的基础上，本书通过构建指标体系，利用主成分分析法提取关键指标，用因子分析法进行实证分析，来解决这一问题。

5.2.2 新型城镇化指标体系构建

国际上构建城市化质量评价体系大多是参考城市发展指数（CDI），涵盖基础设施、生产、教育、人类健康和废物处理等相关领域（United Nations Human Habitat，2002）。还有些人认为，衡量城市发展质量应从经济社会发展、贫富差距、环境治理、管制等角度建立城市指标准则（UIG）（United Nations Human Habitat，2004）。城市发展质量是城市化的核心载体，当城市化质量达到一定程度时，就意味着城市实现了现代化，因此可以从经济现代化、基础设施现代化、人的现代化来衡量城市质量（叶裕民，2001）。[①] 我国目前的新型城镇化不同于过去十多年以划地模式为主导的粗放型发展的旧模式，又有别于国外城市化发展的过程，其核心是人的城镇化，围绕这一核心，如何从“以人为本”的角度考虑，使庞大的农村劳动力在向城市转移过程中的各种需求得到满足，让转移人口与城市居民在社会保障和公共服务领域享有相同的权利，从而使农民工实现真正的市民化，是我国推进新型城镇化过程中的关键，也是对新型城镇化质量进行衡量的标准。因此，笔者认为新型城镇化与传统城镇化的区别突出体现在以下五个层面：第一个层面是经济发展的城镇化，主要表现在经济发展的程度、居民收入和消费水平的高低，以及该地区产业结构的合理性。第二个层面是人口的城镇化，主要指人口的分布结构和就业问题。非农业人口比重能够充分地体现人口的空间分布结构，而年末登记失业率和第二、三产业从业人员比重能较好地体现人口就业规模及结构。第三个层面是基础设施的均等化，表现为居民在道路、交通等相关基础设施领域所享受的均等化水平。一个城市的基础设施不仅表现在道路、交通等硬件基础设施上，更应该体现在居民日常生活的便利上。城市人均拥有道路面积、城市

---

① 叶裕民．中国城市化质量研究［J］．中国软科学，2001（7）：27-31.

每万人拥有公共交通车辆数能较好地体现一个城市硬件设施的均等化水平，而生活污水排放量和城市生活垃圾清运量则体现了一个城市对污水和日常居民生活垃圾的处理能力，也较好地反映了一个城市基础设施的运营能力。第四个层面是公共服务均等化，即居民在教育、养老、医疗、住宅等公共服务领域所享受的均等化水平。城镇职工基本养老、医疗年末参保人数和每万人拥有医生数能较好地体现居民在养老、医疗等领域享有的服务水平，普通高等学校生均财政预算内教育经费支出体现了一个城市对教育的重视程度和居民享有教育资源的多少，城镇人均住宅面积体现了居民在生活领域享有的均等化水平。第五个层面是生活质量城镇化，即公民在基本生活、环境健康等领域所享受的水平。城市用水和燃气普及率能较好地反映城市居民在生活设施领域享有的水平；城镇居民家庭平均每百户家用电脑拥有量反映家庭在互联网等信息领域享有的水平；二氧化硫排放量体现一个城市的生活环境的好坏，即在生活环境健康领域居民所享有的健康水平。根据上述标准，在分析传统城镇化指标体系的局限性，并参考国内外相关研究成果及我国各地出台的相关指标的基础上，本书按照可操作性原则，从经济发展、人口发展、基础设施、公共服务和生活质量五个方面构建了衡量我国新型城镇化水平的指标体系。具体见表 5-5。

表 5-5 衡量我国新型城镇化水平的指标体系

经济城镇化水平	人均地区生产总值（X_1）
	城镇居民平均每人全年可支配收入（X_2）
	城镇居民人均消费性支出（X_3）
	第三产业占 GDP 比重（X_4）
人口城镇化水平	非农业人口比重（X_5）
	年末城镇登记失业率（X_6）
	第二、三产业从业人数比重（X_7）
基础设施均等化水平	城市人均拥有道路面积（X_8）
	城市每万人拥有公共交通车辆数（X_9）
	生活污水排放量（X_{10}）
	人均公园绿地面积（X_{11}）
	城市生活垃圾清运量（X_{12}）

续表

公共服务均等化水平	城镇职工基本养老保险年末参保人数（X_{13}）
	城镇职工基本医疗保险年末参保人数（X_{14}）
	每万人拥有医生数（X_{15}）
	普通高等学校生均财政预算内教育经费支出（X_{16}）
	城镇人均住宅建筑面积（X_{17}）
生活质量城镇化水平	城市用水普及率（X_{18}）
	城镇居民家庭平均每百户家用电脑拥有量（X_{19}）
	二氧化硫排放量（X_{20}）
	城市燃气普及率（X_{21}）

5.2.3 新型城镇化发展质量测算

5.2.3.1 数据来源及采用方法

本书以我国31个省份作为研究对象，依据表5-5构建的指标体系，收集了各省2000—2014年共15年的数据。数据主要来源于《中国统计年鉴》及各省（市、自治区）统计年鉴；2000—2008年的每万人拥有医生数来源于《新中国六十年统计资料汇编》，2009—2014年的该指标数据来源于《中国卫生统计年鉴》；普通高等学校生均财政预算内教育经费支出数据来源于《中国第三产业统计年鉴》；城镇人均住宅建筑面积数据来源于《中国区域统计年鉴》《中国城乡建设统计年鉴》。此外，还有部分数据来源于中经网和各省（市、自治区）统计公报及政府工作报告，部分数据如第二、三产业从业人员、每万人拥有医生数等经过简单计算得出，部分缺失数据采用5年移动平均法计算得出。

本书采用因子分析法，利用SPSS18软件，对所构建的21个指标进行降维处理，提取关键指标，从而使提取的关键指标既相互独立，又能尽可能多地反映所构建的21个原始指标所代表的信息，根据特征值来确定各主成分的方差贡献率，计算出各主成分的得分，进而计算出我国31个省份城镇化质量的综合得分。在计算出的各指标的得分中，正向指标表明该指标与城镇化质量呈正向相关关系，负向指标则表明该指标与城镇化质量呈负相关关系。为了消除数据的差异性，本书对数据进行了无量纲化处理，处理公式分别为：

当指标与城镇化质量呈正向关系时，$\dfrac{X_{it}-\min X_t}{\max X_t-\min X_t}$；

当指标与城镇化质量呈反向关系时，$\frac{\max X_t - X_{it}}{\max X_t - \min X_t}$。

以上两式中，X_{it}为第 i 行第 t 列数据，$\min X_t$ 为第 t 列数据的最小值，$\max X_t$ 为第 t 列数据的最大值。X_{it}为处理后的变量值。

5.2.3.2　主成分的提取

根据计算，KMO 值为 0.855，大于 0.5，Bartlett 球形检验的大约卡方分布值为 11655.368，Sig. 值为 0.000，小于显著性水平，因此拒绝原假设，表明我们所选取的变量间有很强的相关性，适合做因子分析。

从表 5-6 可以看出，前 7 个主成分的累计贡献率为 86.175%，表明前 7 个主成分已包含原始的 21 个指标 86.175%的数据信息量，能够很好地拟合 21 个原始变量，很充分地解释所构建的 21 个指标所含的信息，因此，我们可以提取 7 个主成分，分别记为 F_1、F_2、F_3、F_4、F_5、F_6、F_7 来代替原来的 21 个指标，它们的贡献率分别为 42.185%、16.108%、10.054%、6.143%、4.428%、4.093%、3.163%，表明它们分别解释了原始变量42.185%、16.108%、10.054%、6.143%、4.428%、4.093%、3.163%的信息。

表 5-6　解释的总方差

成分	特征值	贡献率（%）	累计贡献率（%）
1	8.859	42.185	42.185
2	3.383	16.108	58.294
3	2.111	10.054	68.348
4	1.290	6.143	74.491
5	0.930	4.428	78.919
6	0.860	4.093	83.012
7	0.664	3.163	86.175
8	0.559	2.662	88.837
9	0.472	2.248	91.085
10	0.386	1.837	92.922
11	0.305	1.450	94.372
12	0.292	1.388	95.761
13	0.238	1.135	96.896
14	0.209	0.994	97.889
15	0.129	0.612	98.502
16	0.103	0.493	98.994

续表

成分	特征值	贡献率（%）	累计贡献率（%）
17	0.094	0.446	99.441
18	0.057	0.272	99.713
19	0.029	0.140	99.853
20	0.022	0.105	99.957
21	0.009	0.043	100.00

由表5-7可以看出，主成分 F_1 在 X_2、X_3、X_1、X_{19} 指标上的载荷均超过了0.9，表明第一主成分与这些指标相关性很高，能够充分地反映城镇居民平均每人全年可支配收入、城镇居民人均消费性支出、人均地区生产总值所代表的经济城镇化以及城镇居民家庭平均每百户家用电脑拥有量所代表的生活质量城镇化水平。主成分 F_2 在 X_{20}、X_4 指标上载荷较大，能够反映二氧化硫排放量所代表的生活质量城镇化水平和第三产业占GDP比重所代表的经济城镇化水平。主成分 F_3 在 X_{12}、X_{17} 指标上载荷的绝对值较大，能比较充分地反映城市生活垃圾清运量所代表的基础设施均等化水平和城镇人均住宅建筑面积所代表的公共服务均等化水平。主成分 F_4 在 X_5 指标上载荷较大，能够充分反映非农业人口比重所代表的人口城镇化水平。主成分 F_5 在 X_6 指标上的载荷较大，能较充分地反映年末城镇登记失业率所代表的人口城镇化水平。主成分 F_6 在 X_9 指标上载荷的绝对值较大，能够反映城市每万人拥有公共交通车辆数所代表的基础设施均等化水平。主成分 F_7 在 X_{18} 指标上的载荷较大，能较充分地反映城市用水普及率所代表的生活质量城镇化水平。

表5-7　各主成分载荷矩阵

指标	F_1	F_2	F_3	F_4	F_5	F_6	F_7
X_2	**0.926**	0.084	-0.183	0.108	-0.192	-0.111	-0.062
X_3	**0.926**	0.091	-0.155	0.090	-0.219	-0.088	-0.056
X_1	**0.917**	0.201	-0.024	-0.069	-0.132	-0.061	-0.120
X_{19}	**0.910**	-0.003	-0.184	0.026	-0.213	-0.150	0.008
X_7	0.762	0.214	0.300	-0.236	-0.015	-0.080	0.113
X_{14}	0.750	-0.482	0.142	0.129	-0.062	0.122	0.070
X_{11}	0.737	-0.140	-0.354	-0.040	0.283	0.000	-0.223
X_{13}	0.708	-0.551	0.368	0.079	-0.012	0.140	0.059
X_{10}	0.625	-0.593	0.347	0.194	-0.001	0.106	0.148

续表

指标	F_1	F_2	F_3	F_4	F_5	F_6	F_7
X_{16}	0.609	0.571	0.096	0.277	-0.071	0.183	-0.100
X_{15}	0.585	0.511	0.277	-0.302	0.160	-0.130	-0.199
X_{21}	0.585	-0.146	-0.474	-0.301	-0.215	-0.113	0.075
X_5	0.577	0.253	0.373	**-0.556**	0.045	0.052	-0.145
X_{18}	0.569	0.068	-0.246	-0.328	0.342	-0.101	**0.530**
X_{20}	-0.011	**0.713**	-0.152	0.146	-0.136	0.205	0.242
X_4	0.310	**0.639**	0.333	0.386	-0.098	0.006	-0.013
X_9	0.508	0.513	-0.115	0.087	0.172	**0.461**	0.216
X_{12}	0.515	-0.560	**0.566**	0.013	0.022	0.112	0.039
X_{17}	0.480	-0.323	**-0.524**	0.304	-0.059	-0.171	0.056
X_8	0.436	-0.248	-0.497	-0.002	0.343	0.447	-0.287
X_6	0.380	0.194	0.166	0.450	**0.569**	-0.435	-0.012

5.2.3.3　计算各主成分得分及综合得分

用表 5-7 中各成分的载荷向量除以表 5-6 中的 7 个主成分中每个主成分特征值的算数平方根计算出各指标的相关系数，然后用各指标标准化后的数据计算 7 个主成分的得分，计算公式为

$$SF_j = \sum_{i=1}^{21} \partial_{ij} \cdot X_i \tag{5-1}$$

式（5-1）中，SF_j 为所提取的 7 个主成分中第 j 个主成分的得分，$j=1, 2, \ldots, 7$，∂_{ij} 为主成分和各指标的相关系数，X_i 为指标标准化后的值。

由主成分的载荷矩阵，可得出 7 个主成分的得分矩阵，进而求出我国新型城镇化发展质量的综合得分，计算公式为

$$Y_i = \sum_{m=1}^{7} a_m \cdot SF_{im} \tag{5-2}$$

式(5-2)中，Y_i 为第 i 个省(市、自治区)的综合得分，a_m 为第 m 个主成分的贡献率，SF_{im} 为第 i 个省(市、自治区)第 m 个主成分的得分。

由我们提取的主成分的特征值计算出的主成分得分，可得出我国各省新型城镇化的综合得分，计算公式为

$$Y_i = 0.490SF_{i1} + 0.187SF_{i2} + 0.117SF_{i3} + 0.071SF_{i4} + 0.051SF_{i5} + 0.048SF_{i6} + 0.037SF_{i7} \tag{5-3}$$

式(5-3)中，Y_i 为第 i 个省(市、自治区)的综合得分，SF_{ij} 为第 i 个省(市、自治区)第 j 个主成分的得分，$i=1, 2, \ldots, 31$，$j=1, 2, \ldots, 7$。将各主成分值代入式(5-3)，可得出各地市的综合得分，具体见表 5-8。

表 5-8　2000—2014 年我国各省份新型城镇化质量得分

省份	2000	2001	2002	2003	2004	2005	2006	2007	2008	2009	2010	2011	2012	2013	2014
北京	2. 256	2. 762	2. 598	3. 028	3. 054	2. 864	3. 336	3. 599	3. 978	4. 423	4. 243	5. 083	5. 652	6. 156	6. 732
广东	-0. 006	0. 186	0. 115	0. 472	0. 844	1. 097	0. 996	1. 579	2. 182	2. 646	2. 779	3. 754	4. 287	4. 583	4. 941
上海	1. 409	1. 636	1. 134	1. 268	1. 665	1. 644	1. 813	2. 091	2. 374	2. 787	2. 800	3. 371	3. 756	3. 868	4. 375
江苏	-0. 647	-0. 868	-0. 879	-0. 614	-0. 325	0. 099	0. 486	0. 972	1. 399	1. 670	2. 025	2. 608	3. 070	3. 407	3. 941
浙江	-0. 574	-0. 410	-0. 533	-0. 117	0. 078	0. 303	0. 203	0. 913	1. 292	1. 736	1. 997	2. 501	2. 901	3. 322	3. 849
天津	0. 317	0. 373	0. 136	0. 252	0. 526	0. 587	0. 804	0. 966	1. 149	1. 541	1. 808	2. 163	2. 461	2. 778	2. 904
山东	-1. 037	-1. 285	-1. 280	-1. 037	-0. 701	-0. 833	-0. 098	0. 260	0. 614	0. 883	1. 229	1. 582	1. 971	2. 549	2. 682
辽宁	-0. 511	-0. 787	-1. 138	-0. 885	-0. 639	-0. 541	-0. 222	0. 153	0. 536	0. 754	0. 961	1. 203	1. 511	1. 706	2. 002
福建	-0. 855	-1. 144	-1. 258	-0. 899	-0. 552	-0. 385	-0. 403	-0. 176	0. 209	0. 586	0. 717	1. 121	1. 436	1. 683	1. 954
重庆	-1. 539	-1. 907	-2. 094	-1. 856	-1. 651	-1. 277	-0. 966	-0. 940	-0. 651	-0. 366	-0. 233	0. 280	0. 870	1. 280	1. 724
湖北	-0. 839	-1. 206	-1. 404	-1. 153	-0. 917	-0. 839	-0. 397	-0. 091	0. 081	0. 307	0. 282	0. 640	0. 961	1. 240	1. 537
内蒙古	-1. 358	-1. 316	-1. 555	-1. 646	-1. 425	-1. 306	-1. 159	-0. 869	-0. 546	-0. 253	-0. 055	0. 370	0. 709	1. 083	1. 474
四川	-1. 642	-2. 056	-2. 325	-1. 412	-1. 313	-1. 229	-1. 253	-0. 858	-0. 607	-0. 176	0. 024	0. 463	0. 817	1. 154	1. 416
宁夏	-1. 550	-1. 636	-1. 876	-1. 741	-1. 680	-1. 626	-0. 986	-0. 640	-0. 414	0. 033	0. 346	0. 499	0. 734	1. 139	1. 410
海南	-1. 093	-0. 844	-1. 280	-1. 501	-1. 212	-1. 123	-1. 055	-0. 893	-0. 699	-0. 394	0. 005	0. 694	0. 857	1. 107	1. 407
陕西	-1. 273	-1. 516	-1. 448	-1. 395	-1. 409	-1. 384	-1. 012	-0. 704	-0. 389	0. 012	0. 091	0. 540	0. 743	0. 950	1. 315

续表

省份	2000	2001	2002	2003	2004	2005	2006	2007	2008	2009	2010	2011	2012	2013	2014
新疆	-0. 913	-0. 718	-0. 935	-0. 930	-0. 802	-0. 734	-0. 643	-0. 311	-0. 325	-0. 136	0. 063	0. 404	0. 617	0. 878	1. 284
吉林	-1. 140	-1. 041	-1. 228	-1. 181	-0. 988	-0. 882	-0. 673	-0. 348	-0. 112	0. 109	0. 385	0. 592	0. 861	1. 071	1. 253
黑龙江	-1. 091	-1. 190	-1. 280	-1. 046	-0. 978	-0. 970	-0. 722	-0. 489	-0. 270	0. 096	0. 238	0. 523	0. 769	0. 964	1. 235
湖南	-1. 342	-1. 226	-1. 623	-1. 452	-1. 224	-1. 062	-0. 946	-0. 648	-0. 350	-0. 113	0. 005	0. 238	0. 484	0. 736	1. 127
河北	-1. 401	-1. 246	-1. 504	-1. 363	-1. 260	-1. 162	-0. 847	-0. 628	-0. 361	-0. 080	0. 176	0. 441	0. 695	0. 841	1. 105
安徽	-1. 622	-1. 646	-1. 931	-1. 654	-1. 391	-1. 336	-1. 143	-0. 842	-0. 577	-0. 428	-0. 195	0. 135	0. 400	0. 634	0. 958
河南	-1. 589	-1. 740	-1. 818	-1. 462	-1. 441	-1. 322	-1. 189	-0. 972	-0. 791	-0. 515	-0. 278	0. 064	0. 376	0. 559	0. 936
青海	-0. 988	-1. 045	-1. 213	-1. 229	-1. 067	-0. 957	-0. 646	-0. 403	-0. 362	-0. 212	-0. 135	-0. 008	0. 351	0. 446	0. 902
山西	-1. 109	-1. 270	-1. 474	-1. 380	-1. 260	-1. 093	-1. 024	-0. 803	-0. 506	-0. 373	-0. 161	0. 085	0. 403	0. 621	0. 829
江西	-1. 569	-1. 568	-1. 620	-1. 479	-1. 383	-1. 236	-1. 142	-0. 775	-0. 504	-0. 354	-0. 201	0. 222	0. 467	0. 577	0. 800
甘肃	-1. 617	-1. 709	-1. 936	-1. 547	-1. 416	-1. 361	-1. 521	-1. 284	-0. 894	-0. 785	-0. 797	-0. 506	-0. 147	0. 290	0. 605
广西	-1. 243	-1. 470	-2. 006	-2. 042	-1. 818	-1. 689	-1. 501	-1. 061	-0. 885	-0. 552	-0. 567	-0. 159	0. 065	0. 351	0. 547
云南	-1. 492	-1. 441	-1. 837	-1. 834	-1. 809	-1. 618	-1. 670	-1. 255	-0. 998	-0. 841	-0. 678	-0. 387	-0. 164	0. 178	0. 454
西藏	-0. 672	-1. 149	-0. 896	-0. 259	-0. 382	-0. 562	-0. 708	-0. 290	-0. 388	-0. 207	0. 082	-0. 148	-0. 192	0. 023	0. 231
贵州	-1. 723	-2. 503	-2. 412	-2. 267	-2. 065	-1. 667	-1. 770	-1. 393	-1. 080	-0. 988	-0. 946	-0. 807	-0. 666	-0. 309	-0. 001

5.2.4 我国新型城镇化发展质量的整体评价

由表 5-8 可知：从增量来看，我国新型城镇化质量 2000 年以来逐年提高。从增速来看，北京最快，广西最慢。从存量来看，这 15 年，北京、广东、上海和天津的新型城镇化质量整体上一直处于我国的高位水平；而且这四个省（市）的城镇化质量一直大于 0，表明同一年份这些地区新型城镇化质量都高于我国平均水平。云南、西藏和贵州的新型城镇化质量最低，而且贵州的新型城镇化质量长期以来低于我国的平均水平。总体来看，我国的新型城镇化质量呈阶梯分布，东部地区较高，西部地区较低。按照 2014 年新型城镇化质量发展水平，本书将我国省份划分为四类。

第一类：新型城镇化发展质量最高的地区——北京、广东、上海。

如图 5-5 所示：2014 年这三个地区的新型城镇化质量都大于 4，且 2000 年以来这三个地区一直是我国新型城镇化质量最高的地区。在这三个地区中，北京的新型城镇化质量一直远远高于其他两个地区。2011 年以前，上海的城镇化质量高于广东；2011 年以后，广东超过上海，成为新型城镇化质量排名第二的地区。北京和上海的经济城镇化和人口城镇化质量一直位于我国的高水平，突出表现在：2014 年，北京是我国城镇居民平均每人全年可支配收入、第三产业占 GDP 比重、城市用水普及率最高的地区；人均地区生产总值，第二、三产业从业人数比重，城镇居民人均消费性支出，非农业人口比重，每万人拥有医生数，城市燃气普及率一直位于我国的高位水平。但基础设施均等化水平较低，突出表现在城市人均拥有道路面积、城市每万人拥有公共交通车辆数都位于我国低位水平，而二氧化硫排放量位于我国的高位水平。2014 年，上海是我国非农业人口比重，第二、三产业从业人数比重，城镇居民人均消费性支出，城市用水普及率最高的地区，城镇居民平均每人全年可支配收入是除北京之外我国最高的地区。但上海的城市人均拥有道路面积、城镇人均住宅建筑面积位于我国的低位水平。广东的基础设施运营能力较强，突出表现在：它是我国污水和垃圾处理能力最强的地区，也是我国城镇职工养老和医疗年末参保人数最多的地区，城市用水和燃气普及率也处于我国高位水平；但城市每万人拥有公共交通车辆数、人均拥有道路面积处于我国的低位水平。

第二类：新型城镇化质量较高的地区——江苏、浙江、天津、山东、辽宁。

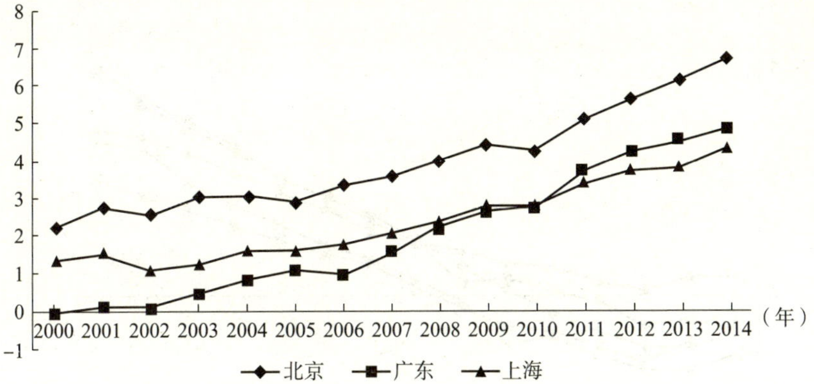

图 5-5　2000—2014 年三省（市）新型城镇化质量

如图 5-6 所示：2014 年这五个地区的城镇化质量为 2~4，是我国城镇化质量较高的地区。江苏的人口城镇化和生活质量城镇化质量较高；第二、三产业从业人员比重，非农业人口比重，城市人均拥有道路面积，人均公共绿地面积都处于我国中高水平；城市用水、燃气普及率位于我国的高位水平。在经济城镇化水平中，江苏的人均地区生产总值也位于我国中高水平，但第三产业占 GDP 比重、城市每万人拥有公共交通车辆数较低。浙江的第二、三产业从业人员比重，城镇居民平均每人全年可支配收入，城市用水和燃气普及率都处于我国的高位水平；但生活污水的处理能力较弱，非农业人口比重较低。2014 年，天津是我国人均地区生产总值最高的地区；第二、三产业从业人员比重，城市用水，燃气普及率也位于高位水平；但生活污水和垃圾清运能力较弱，而且城镇职工在基本养老、医疗方面的参保人数较低。山东的城市用水、人均绿地面积、燃气普及率均位于我国的高位水平，人口城镇化整体上处于中高水平，但经济城镇化水平不高。辽宁的人口城镇化水平位于中等偏上水平，但经济城镇化和基础设施均等化水平不高。

第三类：新型城镇化质量发展较低的地区——福建、重庆、湖北、内蒙古、四川、宁夏、海南、陕西、新疆、吉林、黑龙江、湖南和河北。

这些地区的新型城镇化质量为 1~2，是我国城镇化发展质量较低的地区。在这些地区中，除了内蒙古和福建的人均地区生产总值以及城镇居民平均每人全年可支配收入在全国位于中等偏上水平，经济城镇化的其他指

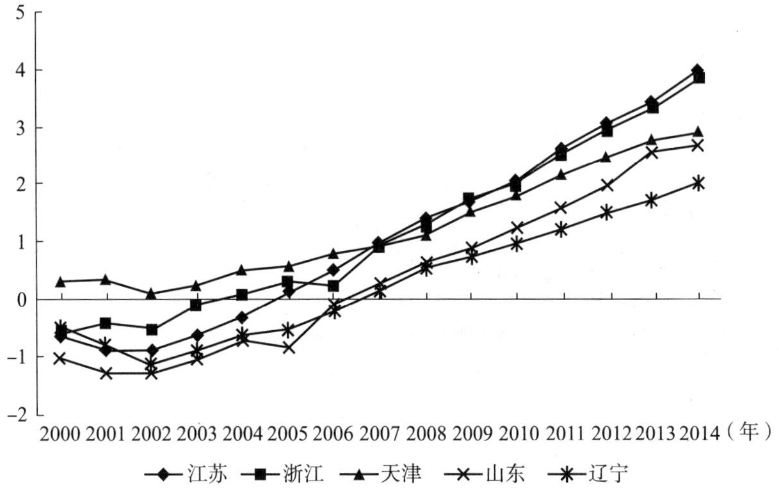

图 5-6　2000—2014 年五省（市）新型城镇化质量变动

标都很低。相对来说，这些地区的人口城镇化水平处于中等水平。海南、吉林、湖北、重庆、陕西、新疆、内蒙古的非农业人口比重处于我国中等偏上水平，年末城镇登记失业率也低于全国平均水平。黑龙江的非农业人口比重位于中高水平。这些地区的基础设施和公共服务均等化水平较低。2014 年，内蒙古是我国人均公共绿地面积最高的地区，重庆、宁夏处于中高水平，河北、福建、海南、吉林、湖北、黑龙江、四川、陕西、新疆位于中等偏上水平，同时河北、海南、宁夏、内蒙古的城市人均拥有道路面积也位于我国中等偏上水平。在公共服务均等化方面，吉林、湖北、黑龙江、四川、新疆、内蒙古除了每万人拥有医生数位于我国中等偏上水平，其他各项指标都低于我国平均水平。在生活质量城镇化各项指标中，这些地区的城市用水普及率和燃气普及率已超过 80%；海南、福建、宁夏的二氧化硫排放量很低，表明这三个地区的空气质量很好；除河北和内蒙古外，其他地区的二氧化硫排放量也位于中等偏低或中等水平。

第四类：新型城镇化质量发展最低的地区——安徽、河南、青海、山西、江西、甘肃、广西、云南、西藏、贵州。

这 10 个地区是我国城镇化质量最低的地区，其中 6 个省份位于西部地区。贵州的城镇化质量得分一直是负数，表明其新型城镇化质量位于我国平均水平以下。贵州和西藏除了部分年份的第三产业占 GDP 比重略高于我国平均水平，整体上经济城镇化水平各项指标均处于低位，在人口城镇化水平中，年末登记失业率位于中等偏下水平。山西、安徽、河南、江西、青海除了部分年份第二、三产业从业人数比重略高之外，其他各项指标都位于低位。在基础设施均等化方面，安徽的城市人均拥有道路面积，青海的城市每万人拥有公共交通车辆数，山西、安徽、江西、云南、青海、广西部分年份的人均公共绿地面积略高于我国平均水平，其他各项指标都处于低位水平。在公共服务均等化方面，大部分地区的每万人拥有医生数、城镇人均住宅面积处于中等或者中等偏下的水平，城镇职工基本养老、医疗年末参保人数、普通高等学校生均财政预算内教育经费支出都处于我国最低水平。在生活质量城镇化水平方面，这些地区的空气质量整体很好。长期以来，西藏是我国二氧化硫排放量最低的地区；江西、云南、甘肃、广西的二氧化硫排放量处于我国中低水平；在这 10 个地区中，除上述地区外，其他地区的二氧化硫排放量均处于中等偏高水平；大部分地区的城市用水和燃气普及率已超过 70%。相对来说，这些地区的信息化水平较低，除广西外，其他地区的城镇居民家庭平均每百户家用电脑拥有量均处于我国低位或者中等偏低水平。

总体来看，我国东、中部地区的经济城镇化和人口城镇化水平较高，西部地区人口城镇化和生活质量城镇化水平要高于经济城镇化、基础设施均等化和公共服务均等化水平。西部地区重点需要从经济发展、公共交通、养老和医疗保险、教育领域提高经济城镇化、基础设施均等化和公共服务均等化水平，进而从整体上提高西部地区的新型城镇化质量。

5.3　新型城镇化建设中金融支持效应的实证分析

中共十八届三中全会将新型城镇化建设确立为国家发展战略，“十三五”规划将推进新型城镇化写入其纲要，目前，我国的城镇化建设已经进入关键期，金融成为推动其发展的重要因素。但我国城镇化建设需要大量的资金，根据《国家新型城镇化规划（2014—2020 年）》，到 2020 年，我国要在城镇落户 1 亿左右的农业转移人口和其他常住人口。据统计，一个农民工转移到城镇所需投资成本约为 15 万元，而全国每年的城镇人口增长为 2000 万左右，按此标准计算，每年需要投资的总费用约为 3 万亿元。根据国务院发展研究中心金融研究所陈道富、朱鸿鸣的测算，2013—2020

年，我国新型城镇化建设所需的静态资金和动态资金分别为 20.43 万亿元和 35.07 万亿元，静态资金供给能力和动态资金供给能力分别为 15.52 万亿元和 23.97 万亿元，静态和动态融资缺口分别为 4.91 万亿元和 11.11 万亿元。① 目前，我国的投融资渠道主要有预算内财政、预算外土地出让金和银行贷款等。随着我国经济进入“次高速增长”的换挡期，预算内财政收入会加速回落。靠政府获得的土地出让金来解决城镇化资金需求问题也随着土地的严格管制、土地储备成本的上升以及房地产的调控和整个行业的持续回落难以持续。随着利率市场化的不断推进，存款利率不断上升，银行的利润空间在不断缩小，不良贷款率有持续上升的趋势，不良贷款拨备覆盖率也大幅度降低，银行风险进一步加大，因此单纯依靠银行贷款获得资金的这种方式也会逐渐减弱。探索新的融资方式，并对我国金融体系进行改革和创新，对新型城镇化的持续健康发展具有重要意义。本书采用新型城镇化综合指标，从金融规模、金融结构、金融效率三个维度对我国新型城镇化建设中的金融支持效应进行了实证，为新型城镇化建设中金融支持政策的调控提供了理论依据和实证参考。

国内外学者对金融发展能否促进经济增长也进行了相关研究，虽然仍未达成共识，但普遍认为金融发展与经济增长有一定的关系。很多学者对城镇化发展水平的衡量采用单一指标，这与我国新型城镇化的概念并不相符。虽然部分学者也采用了综合指标，并采用不同的计量方法实证分析我国金融发展与新型城镇化之间的关系，但大多是基于全国或者某个省份的研究，采用省级面板数据分析的较少，而且我国东、中、西部和东北地区经济发展呈梯度分布，新型城镇化质量各不相同，且各地区金融发展也很不均衡，因此得出的结论未必适用于所有地区。杨慧、倪鹏飞（2015）虽然也采用了省级面板数据，从人口城镇化、产业城镇化、空间城镇化、生活城镇化、资源环境城镇化和城乡一体城镇化六个维度构建新型城镇化综合指标，采用协调度模型实证了我国新型城镇化与金融发展的协调程度，但在计算城镇化综合得分和金融支持综合得分时采用赋值法确定各指标的权重，而且各指标的权重设置相同，因此带有一定的主观性。我国城镇化

① 陈道富，朱鸿鸣．中国 2013—2020 年新型城镇化融资缺口测算［N］．中国经济时报，2014-12-4（005）．

的推进模式与西方国家存在差异，金融制度和发展程度也有中国自己的特色，因此，如何合理并正确判断我国各省新型城镇化的质量及金融支持的作用，是进行金融改革和创新、提升城镇化质量的前提和基础。

5.3.1 基本假设、模型建立及指标选取

5.3.1.1 基本假设

由第 3 章的分析可知，新型城镇化中的“新型”主要是突出与过去粗放型的重数量、重规模、重速度的城镇化发展的不同，强调城镇化建设中多种要素的优化配置和协调发展问题。这些要素不仅指人力要素，还包括自然资源和金融资源等。“金融支持”指通过合理的金融制度设计和金融资源配置来促进产业和人口的聚集，并实现规模效应，从而促进各要素的优化配置，实现新型城镇化。如果能通过金融功能实现资本的有效供给，满足新型城镇化的资金需求，就能推进新型城镇化的发展；如果资源配置无力，就会形成资金瓶颈，阻碍新型城镇化的发展。金融支持新型城镇化建设的途径有两种：一种是供给导向型的，主要是通过银行或民间金融等金融机构控制信贷资金这种间接融资方式对金融资源进行分配，通过国家政策性银行形成资金导向作用，通过资本市场控制企业的直接融资途径。这些金融要素的配置通过资金形成机制、资金导向机制、信用催化和风险管理机制对实体经济进行支持，形成了实体经济各种金融资源的供给。另一种是需求导向型的，主要体现在新型城镇化的发展要以“人”为核心，即以产业为依托，以实现人的各种需求为最终目的，尤其是转移人口对基础设施和公共服务的规模化需求，要求大量资金投入，这就要求金融规模要适度扩张。城镇化发展模式的转变要求产业不断调整和升级，导致新产业的出现和不适应发展方向的旧产业的逐步淘汰，相应地，对企业投资领域及居民消费结构也会产生很大的影响，这些需要对金融结构进行相应调整。城镇化的快速发展、居民消费结构的升级和互联网技术的不断发展也会对金融创新产生需求，要求金融机构及市场不断对其制度和产品进行改革和创新，以适应新型城镇化的需要。

由此我们得出结论：金融规模、金融结构、金融效率及创新对城镇化发展至关重要。本书提出以下假说：

假说 5.1：金融规模的扩张对我国及地区新型城镇化质量的提高影响显著。

假说 5.2：金融结构失衡，抑制了部分地区新型城镇化质量的提升。

假说 5.3：金融效率的提升，对新型城镇化质量的拉动效应明显。

5.3.1.2 模型建立及指标选取

由上述分析和假说，本书设定如下两种模型：

$$UQ_{it} = \alpha_0 + \alpha_1 FS_{it} + \sum \beta_i X_{it} + \nu_i + \mu_t + \varepsilon_{it}$$

$$i=1, 2, 3, \ldots, 31; \ t=2000, 2001, \ldots, 2014 \quad (5-4)$$

式（5-4）中，UQ_{it}表示第 t 年第 i 个省份的新型城镇化质量，α_0 为截距项，β_i 表示各指标的系数，X_{it}为其他解释变量和控制变量，ν_i 为个体效应，μ_t 为时间效应，ε_{it}为随机误差项。其他指标含义如下文所示。

新型城镇化质量的提升是一个动态且连续的过程，本期城镇化质量的提升不仅受本期相关因素的影响，而且受上一期城镇化质量的影响，因此本书对式（5-4）进行修正，建立了动态面板数据模型，具体如下：

$$UQ_{it} = \alpha_0 + \alpha_1 FS_{it} + UQ_{it-1} + \sum \beta_i X_{it} + \nu_i + \mu_t + \varepsilon_{it} \quad (5-5)$$

我国新型城镇化质量（UQ）的数据采用表 5-8 的计算结果，作为被解释变量，为综合数据。

国际上通常将金融规模作为衡量一个国家金融发展程度的重要指标，因此解释变量在指标选取方面，采用衡量金融规模的指标。这类指标通常有两类：一类是从金融资产规模方面来衡量；另一类是从人力资本在金融部门与其他部门之间的配置状况来衡量。相对于第一类指标，第二类指标既能反映金融规模，又能衡量金融发展成本①，因此用来衡量我国金融规模更为有效。本书采用第二类指标，以金融从业人员占比衡量我国的金融规模，作为模型的解释变量，简记为 FS。

本章研究金融支持新型城镇化的程度，被解释变量是新型城镇化质量，考虑到估计结果的稳健性，将金融结构和金融效率作为重要的因素纳入模型，分别考虑了银行、股票、债券和保险市场在新型城镇化融资中的重要作用。具体指标及选取原则如下：

---

① 沈军，白钦先．中国金融体系效率与金融规模［J］．数量经济技术经济研究，2013（8）：35-50.

在金融结构的指标选取方面，Raymond W. Goldsmith（1969）认为，金融相关比率是衡量金融结构的一个重要指标，通常用某一时点上现存的金融资产总额与 GDP 的比重来衡量。20 世纪 90 年代以前，金融行业主要以银行为主，因此学者们经常用银行存贷款余额来代表金融资产总额，但随着我国股票市场的逐渐完善，这一指标范围被拓宽。Kunt 和 Levine（1999）加入了证券市场因素，认为一国的金融结构是由银行部门与证券市场相比较来决定的。保险市场的建立和逐渐完善，使得这一指标并不能完全反映金融结构，因而应将保险行业也考虑在内。我国债券市场规模较小，因此可以忽略。基于此，本书以金融机构储蓄存款余额作为金融机构资产，以保险机构保费收入作为保险行业资产，以股票成交额代表证券市场资产，用这三部分之和除以 GDP，得出我国金融结构的一种衡量指标，简记为 FIR。保费收入是保险市场发挥分散风险和经济补偿功能的基本载体，也是衡量保险市场规模的最佳指标。在保险市场中，占主体地位的是人身险保费收入，因此可以用人身险保费收入/保费总收入来衡量我国保险市场的结构，简记为 IE。

金融效率体现了金融功能的深层次发展，金融效率越高，则表明金融资源得到了更优的配置和更有效的利用。金融效率的高低是判定金融结构合理性的标准。金融效率不仅包括金融机构的经营效率，还包括金融市场的运作效率。我国的金融行业由银行、证券、保险、信托和租赁等行业构成，由于信托和租赁行业涉及金额较少，且数据统计不全，因此本书采用银行、证券、保险行业数据来衡量我国的金融运行效率。金融行业从业人员人均金融业增加值在一定程度上反映了我国金融机构人员的工作效率和金融机构的运营效率，简记为 PFDV。我国债券市场发展还不完善，企业债发行量很低，股票成交额是反映证券市场规模大小的最佳指标，股票成交额在 GDP 中所占的比重能在一定程度上反映我国整个证券市场的运营效率，简记为 STPG。保险赔款给付支出反映了保险市场经济补偿额度的大小，它在保费总收入中所占的比重反映了我国保险市场运营效率的高低，简记为 IIR。

除了金融，还有其他很多因素会影响新型城镇化的质量，如一个地区劳动力的数量和质量、投资水平、地区经济发展水平、产业结构、政府工作能力及绩效、制度设计等。本书重点考察的是金融因素对新型城镇化的影响，在构建新型城镇化的指标体系时，上述多数因素已经包含在内，未包含的重要因素较少。本书将未包含的因素放在随机扰动项中。

我们常用的面板模型主要有混合估计模型、变截距模型和变系数模型，它们的不同之处在于系数、截距以及随机误差的假设不同。因此，根据截面向量 α 和系数向量 β 的不同限制，在对模型进行估计前，要先检验样本数据适合哪种模型。F 统计量是常用的检验方法，该检验的原假设与备择假设分别为：

变截距模型 H_1：$\beta_1=\beta_2=\cdots=\beta_N$。

即模型中不同截距个体的回归系数相同，但截距不同。

混合估计模型 H_2：$\alpha_1=\alpha_2=\cdots=\alpha_N$；$\beta_1=\beta_2=\cdots=\beta_N$。

即不同个体的截距和回归系数均相同。

进行检验假设一般用 F 统计量。

F 统计量的定义为

$$F_1=\frac{(S_2-S_1)/[(N-1)k]}{S_1/[NT-N(k+1)]}\sim F[(N-1)k,\ N(T-k-1)]$$

$$F_2=\frac{(S_3-S_1)/[(N-1)(k+1)]}{S_1/[NT-N(k+1)]}\sim F[(N-1)(k+1),\ N(T-k-1)]$$

其中，S_1 为变系数模型中回归残差的平方和，S_2 为变截距模型中回归残差的平方和，S_3 为混合估计模型中回归残差的平方和，N 代表截面数，T 为样本期，k 为解释变量个数。

如果通过计算得出的 F 统计量的值与给定置信区间对应的临界值相比不能拒绝假设 H_2，则模型更适合混合估计模型，检验到此结束。如果拒绝了 H_2，则需检验假设条件 H_1：如果接受了 H_1，则模型为变截距模型；如果拒绝了 H_1，则应该选择变系数模型。①

本书中的金融相关数据来源于中经网、中国人民银行、中国金融年鉴、各省金融运行报告和各省统计公报，部分数据经计算得出，部分缺失数据采用 5 年移动平均法计算得出。面板数据的处理采用 Eviews8.0 软件。

① 高铁梅．计量经济分析方法与建模［M］．北京：清华大学出版社，2009：321-323.

5.3.2　金融支持新型城镇化的实证检验

5.3.2.1　面板数据的单位根检验

为了避免面板数据中存在单位根，造成伪回归现象，本书同时采用 LLC、IPS、ADF-Fisher 和 PP-Fisher 方法，检验面板数据的平稳性，结果见表 5-9。结果显示，在对所有变量进行一阶差分之后，各检验值的相伴概率均小于 0.05。这表明，经一阶差分后，各变量在 5%的显著性水平下拒绝存在单位根的原假设，说明变量均为一阶单整序列。

表 5-9　面板数据的单位根检验

变量	LLC	IPS	ADF-Fisher	PP-Fisher	是否存在单位根
UQ	15.2392 (1.0000)	17.3971 (1.0000)	1.0365 (1.0000)	0.4607 (1.0000)	是
ΔUQ	−12.2466 (0.0000)	−7.8778 (0.0000)	172.6190 (0.0000)	236.1940 (0.0000)	否
FS	−2.6775 (0.0037)	0.8075 (0.7903)	64.2304 (0.3983)	60.6892 (0.5233)	是
ΔFS	−21.7986 (0.0000)	−17.0109 (0.0000)	337.2550 (0.0000)	471.4310 (0.0000)	否
FIR	−3.5519 (0.0002)	−2.9860 (0.0014)	91.2459 (0.0092)	90.8160 (0.0100)	否
ΔFIR	−21.2613 (0.0000)	−18.6001 (0.0000)	364.2440 (0.0000)	377.5170 (0.0000)	否
IE	−2.3523 (0.0093)	−2.3982 (0.0082)	92.7548 (0.0069)	92.9272 (0.00670)	否
ΔIE	−12.2679 (0.0000)	−9.4814 (0.0000)	196.8020 (0.0000)	221.0220 (0.0000)	否
PFDV	16.6709 (1.0000)	16.8161 (1.0000)	38.9017 (0.9905)	35.7622 (0.9970)	是
ΔPFDV	−3.4846 (0.0002)	−2.1662 (0.0151)	124.3810 (0.0000)	181.0390 (0.0000)	否
IIR	−1.8159 (0.0347)	−3.4401 (0.0003)	99.2238 (0.0019)	69.8032 (0.2319)	是
ΔIIR	−14.8237 (0.0000)	−12.5370 (0.0000)	252.6400 (0.0000)	265.1810 (0.0000)	否

续表

变量	LLC	IPS	ADF-Fisher	PP-Fisher	是否存在单位根
STPG	-3.5399 (0.0002)	-3.0614 (0.0011)	88.3971 (0.0155)	86.8731 (0.0203)	否
ΔSTPG	-20.5365 (0.0000)	-17.9312 (0.0000)	353.3530 (0.0000)	363.5360 (0.0000)	否

注：Δ表示一阶差分，小括号内为 p 值。

5.3.2.2 面板数据的协整检验

为了考查变量间是否存在长期均衡关系，本书采用面板数据常采用的两种方法，即 Pedroni 和 Kao 检验方法，对面板数据进行协整关系检验。检验结果见表 5-10。从检验结果可以看出，在 5%的显著性水平下，Panel ADF 和 Kao ADF 均拒绝面板所有纵剖面时间序列不存在协整关系的原假设，表明各变量间存在长期的协整关系，可进行回归分析。

表 5-10 面板数据的协整关系检验

检验类型	各指标	T-Statistic 数值	p 值
Pedroni 检验	Panel v-Statistic	-2.9701	0.9985
	Panel rho-Statistic	5.7190	1.0000
	Panel PP-Statistic	-4.9017	0.0000
	Panel ADF-Statistic	-4.0637	0.0000
	Grouprho-Statistic	7.4225	1.0000
	Group PP-Statistic	-13.4719	0.0000
	Group ADF-Statistic	-2.7444	0.0030
Kao 检验	ADF	-1.8660	0.0310

5.3.2.3 面板模型的估计

根据协整关系的检验结果，同时考虑实证结果的稳定性，本章利用式（5-4）和式（5-5）对样本进行分类，分别从全国样本，以及东、中、西部和东北地区分五类采用静态面板模型 OLS 和动态面板模型 GMM 方法进行估计。我国中部和东北地区省份数量较少，导致截面数量较少，因此在进行 OLS 的 Hausman 检验和 GMM 矩估计时排除了这两个地区。

对模型中个体影响与解释变量间相关性的检验，Hausman 提出了一种方法，该检验方法的原假设是“随机影响模型中，个体影响与解释变量不相关”。Hausman 通过构造 W 统计量来检验，其表达式为 $W=[b-\hat{\beta}]'\mathrm{var}[b-\hat{\beta}]^{-1}[b-\hat{\beta}]$。式中，$b$ 是固定效应模型回归系数的估计值，$\hat{\beta}$ 是随机效应模型回归系数的估计值。Hausman 证明，在原假设条件下，统计量 W 服从于自由度为 k 的 χ^2 分布，其中 k 代表解释变量个数。

对固定效应模型的冗余性进行检验。由表 5-11 可知，根据似然比（LR）的检验结果，在 1%的显著性水平下均拒绝原假设，因此应舍弃混合回归模型。Hausman 的检验结果也表明，在 1%的显著性水平下，全国及西部地区拒绝原假设，在 10%的显著性水平下，东部地区也拒绝原假设，因此选择固定效应模型更合适。因此，我国新型城镇化发展中金融支持模型采用固定效应模型是合理的，估计结果见表 5-11。

表 5-11　全国及不同地区静态面板数据回归结果

变量名称	全国	东部地区	中部地区	西部地区	东北地区
c	-1.2689*** (0.0000)	-0.0441 (0.9084)	-3.0329*** (0.0000)	-3.3196*** (0.0000)	0.5520 (0.4159)
FS	225.8737*** (0.0000)	177.3059*** (0.0000)	283.0929*** (0.0000)	542.9221*** (0.0000)	128.5885** (0.0282)
FIR	0.1072* (0.0769)	0.0980 (0.3037)	-0.4796* (0.0722)	-0.7953*** (0.0011)	-3.1813*** (0.0000)
IE	-1.9342*** (0.00000)	-2.0041*** (0.0003)	0.4383 (0.5263)	-0.8743** (0.0386)	0.0098 (0.9830)
PFDV	0.9443*** (0.0000)	0.6261*** (0.0000)	4.2714*** (0.0000)	1.8358*** (0.0000)	5.2986*** (0.0000)
IIR	2.1347*** (0.0000)	1.8016* (0.0895)	0.6291 (0.2595)	1.3666** (0.0201)	-0.8200* (0.0917)
STPG	-0.0463 (0.3773)	-0.0223 (0.7444)	0.5892** (0.0220)	0.8061*** (0.0009)	3.2393*** (0.0000)
R^2	0.7990	0.7742	0.9359	0.8765	0.9624
LR	10.2862 (0.0000)	9.4385 (0.0000)	7.8476 (0.0000)	25.2729 (0.0000)	6.1333 (0.0051)
Hausman	33.3670 (0.0000)	11.0739 (0.0861)	NA	105.2631 (0.0000)	NA

注：小括号内为 p 值，***、**、* 分别表示在 1%、5%、10%的显著性水平下显著。由于中部和东北地区省份较少，截面数量过少，无法进行 Hausman 检验，表中以“NA”表示。

新型城镇化的发展直接或间接地影响着金融规模的扩张、金融结构的调整和金融效率的提高，而上述金融因素的变化又有利于新型城镇化质量的提升，因此新型城镇化发展中的金融支持面临着内生性解释变量的问题。数量经济学上可以通过选取工具变量来解决这一问题，但在实际操作中，寻找合适的工具变量非常困难。在实证研究中，通常的做法是采用内生解释变量的一阶滞后项作为工具变量。本章和之后的章节也采用此方法解决内生性问题。

为了消除面板数据的内生性问题，本章采用广义矩估计 GMM，将所有滞后期的变量作为工具变量，按照式（5-5）对模型进行矩估计。先对工具变量使用 J 统计量进行 Sargan 检验，表 5-12 中 Sargan 的 p 值均大于 0.05，因此在 5%的显著性水平下，结果拒绝不了原假设（模型过度约束正确），我们选择的工具变量和误差项不相关，工具变量不存在过度识别的问题，模型设定是正确的。为了保证回归结果有效，对式（5-5）进行自相关检验，由 AR（2）值可以看出，不存在二阶自相关，这说明我们选取的模型符合 GMM 估计所要求的不存在二阶自相关的前提条件。

表 5-12　全国及不同地区动态面板数据回归结果

变量名称	全国	东部地区	西部地区
FS	23.995** (0.0271)	342.3689** (0.0245)	339.7955*** (0.0019)
FS（-1）	-13.8720 (0.1329)	65.7755 (0.2355)	NA
FIR	0.0183 (0.1785)	-0.3389 (0.8886)	0.2407 (0.8889)
IE	-0.6780*** (0.0000)	-0.2052 (0.9417)	3.2208 (0.2413)
PFDV	0.0314 (0.3135)	9.3329*** (0.0096)	1.3565 (0.5802)
IIR	0.5224*** (0.0025)	1.1134 (0.8581)	4.7830 (0.1488)
STPG	0.0184 (0.1918)	-0.8308 (0.3916)	-0.2834 (0.8677)

续表

变量名称	全国	东部地区	西部地区
UQ（-1）	1.0662*** （0.0000）	-0.3428 （0.4795）	0.8559*** （0.0001）
UQ（-2）	-0.0533*** （0.0029）	-0.2309 （0.7058）	NA
AR（2）	0.2689	0.8850	0.9829
Sargan 检验	0.1723	0.0684	0.5235

注：小括号内为伴随概率，***、**、*分别表示在 1%、5%、10%的显著性水平下显著；UQ（-1）和 UQ（-2）为新型城镇化质量的一阶和二阶滞后项；工具变量为解释变量的滞后项；由于中部和东北地区省份较少，截面数量过少，而我们选择的变量个数较多，无法进行 GMM 估计，因此，本表仅对这三个区域进行分析；“NA”表示无值；AR（2）的值表示差分后的残差不存在二阶自相关检验的 p 值；Sargan 检验值为模型过度识别检验的 p 值。

5.3.3　金融支持新型城镇化的回归结果分析

从表 5-11 静态面板数据的回归结果可以看出，除了个别指标，无论是全国还是不同地区，系数在 10%的显著性水平下都通过检验，这也从理论上验证了我国金融规模、金融结构和金融效率与新型城镇化质量存在长期均衡关系，且选取的多数指标对我国新型城镇化质量的影响是显著的，全国及各地区的拟合优度较好，表明我们所构建的模型能很好地拟合原始值。从不同地区的系数差异性可以看出，金融规模、金融结构、金融效率对不同区域新型城镇化质量的影响也存在差异。从表 5-12 动态面板数据的回归结果可以看出，金融规模对全国和不同地区新型城镇化质量具有动态累积效应，而金融结构对其影响不显著，金融效率对部分地区新型城镇化质量的影响显著，相对来说，金融机构运行效率和股票市场运行效率较低，对我国新型城镇化质量的动态累积效应不显著。

5.3.3.1　基于全国范围的分析

5.3.3.1.1　金融规模的扩张与新型城镇化质量正相关

从表 5-11 和表 5-12 可以看出，无论是静态面板模型还是动态面板模型，在 5%的显著性水平下，我国金融规模的扩张对新型城镇化质量的提升影响都很显著，而且均呈正向相关关系。在动态面板数据模型中，金融规模对滞后一期和二期的新型城镇化质量影响都很显著，这也说明金融规模对新型城镇化质量的动态累积效应很明显。从系数的大小可以看出，其对当期影响较大，随着时间的推移，这种累积效应在逐渐减弱。这说明我国金融规模的扩张对新型城镇化质量的提升影响很大。

5.3.3.1.2　金融结构对新型城镇化质量影响较为显著

在静态面板数据模型中，在10%的显著性水平下，金融结构（FIR）对新型城镇化质量的影响系数达到0.1072，从动态面板数据可以看出，其累积效应并不显著。这是由于我国金融结构失衡，金融资源过度集中在一些大型金融机构和中心城市，中小金融机构发展不均衡，资金多流向一些大型企业，吸纳就业人口较多的中小微企业获取资金困难。同时，民间金融机构发展落后，民间资金供需的对接较为困难。我国金融工具的开发和应用也落后于实体经济的需求，使得金融服务与城镇经济结构不匹配。而在金融结构中，无论是静态还是动态面板，在1%的显著性水平下，保险市场结构（IE）对新型城镇化质量的影响都很显著，均呈负向相关关系。这是由于我国大部分省份人身保险比例过高，其他险种数额较低，保险市场结构不合理，与我国新型城镇化质量呈现负相关关系。

5.3.3.1.3　金融效率的提升对新型城镇化的影响具有差异性

从静态面板数据可以看出，在1%的显著性水平下，我国金融机构运行效率（PFDV）、保险市场运行效率（IIR）对新型城镇化质量的影响都很显著，影响系数分别达到了0.9443和2.1347，但股票市场效率（STPG）对其影响不显著。从动态面板数据可知，保险市场的动态累积效应明显，而金融机构和股票市场效率对其累积效应不显著。这是由于我国保险市场正处于逐步完善中，运行效率提高，险种越来越多，业务覆盖人群也越来越宽，一定程度上使城镇居民能够享受到更好的服务，促进了新型城镇化质量的提升。但我国股票市场运行效率较低，服务实体经济的力度不够，对新型城镇化质量的拉动效应并不显著。

5.3.3.2　基于东部地区的分析

从OLS模型可知，无论是金融规模的扩张、保险市场结构的提升，还是金融机构运行效率和保险市场运行效率的提高，对我国东部地区新型城镇化质量的影响都很显著。而从 GMM 模型可以看出，金融规模的扩张和金融机构运行效率的提升对其动态影响都很显著，尤其是金融规模的扩张。这是由于我国东部地区经济发展快，资金的投资回报率高，金融机构规模随之扩大，储蓄能力较强，金融机构运行效率也高，带动了经济的快速发展，同时也吸引了大量人口，从而使得经济城镇化和人口城镇化水平快速提高。但东部地区金融相关比率（FIR）影响不显著，这是由于东部地区金融结构失衡：北京、上海、广东的金融相关比率较高，这意味着这些地区的金融化程度较高；天津、福建的金融化程度较低；多数省份在 2008 年、2009 年和 2010 年金融相关比率达到最高之后开始下降，这些因素导致了影响不显著；同样，东部地区通过股票市场筹资来支持实体经济，促进城镇化质量提升的效应并不显著。

5.3.3.3　基于中西部地区的比较分析

从 OLS 模型估计结果可以看出，金融规模的扩张、金融结构的调整、金融机构运行效率和股票市场效率的提高对我国中西部地区新型城镇化质量的提升作用都很显著，尤其是西部地区。这表明我国西部地区主要还是依靠金融规模的扩张来带动城镇化的发展，尤其是基础设施建设的资金投入，金融规模每扩张 1 个百分点，新型城镇化质量提升 542.9221 个百分点。其次是金融机构人员的效率。金融机构人均金融业增加值每提高 1 个百分点，分别促进中、西部地区新型城镇化质量提升 4.2714 个和 1.8358 个百分点，其影响力要大于东部地区。中西部地区股票市场对新型城镇化的拉动作用也很显著，这也说明中西部地区开始逐渐重视股票市场融资这种直接融资方式，且这种方式在中西部地区新型城镇化建设中发挥的作用越来越大。但中西部地区的金融结构对新型城镇化质量的提高具有抑制效应，这从侧面反映出我国中西部地区金融结构不合理现象严重，过度依赖银行等金融机构的间接融资，直接融资市场不发达，融资比例过低。而从 GMM 模型估计结果可以看出，西部地区金融规模的扩张对新型城镇化质量提升的累积效应比较显著。

5.3.3.4　基于东北地区的比较分析

从 OLS 模型估计可以看出，金融规模的扩张对东北地区新型城镇化质量的提升效果显著，但影响力弱于我国其他地区；金融结构的调整会产生抑制作用；金融机构效率和股票市场运行效率的提升会产生正向促进作用，且效果显著。这是因为长期以来我国东北地区重视工业，国有经济成分突出，体制僵化，主要依靠银行贷款和财政投资来促进经济增长，而近几年的过度投资导致产能过剩问题突出，使得资金的使用效率严重降低。东北地区的金融业在结构和创新程度方面都相对滞后，从而对实体经济产生了抑制作用。随着股票市场的逐渐发展，企业融资的途径不断增加，也在一定程度上促进了该地区新型城镇化质量的提升，而且其提升作用大于我国其他地区。

5.4 本章小结

虽然近年来我国城镇化发展速度有了很大提高，规模在不断扩大，城镇化率在逐年提高，但与此同时，也出现了整体不协调、质量不高等问题，怎样合理地提升城镇化质量成为目前我国城镇化建设中的重要任务。我国长期实施“城乡二元”结构，在此背景下，不同户籍意味着福利待遇的差别。随着大量转移人口的出现，农民工已经成为产业工人的主体，但由于受户籍制度的影响，转移人口在城市公共服务领域未能享受到户籍城镇人口的待遇，而且长期以来，我国城市与产业、产业聚集与人口转移、城镇化与工业化均未能同步发展，在城镇内部出现了新的“二元”结构矛盾。2016 年开始，国家对部分城市的户籍进行改革，逐渐分类放宽户籍的限制，取消了农业人口和非农业人口的区分，但要真正实现不以户籍人口为依据的公共服务的同等化，即“一元化”，还需要很长时间的探索。我们倡导的未来城镇化是“以人为核心”的城镇化，而要使人口城镇化居于核心地位，就要满足人口城镇化所必须的条件。首先，经济和产业要实现聚集和分工效应，这样才能促进人口的转移，在满足转移人口就业需求的同时促进经济的发展，从而带动人口的消费。其次，人口城镇化不仅体现在人口能够居住在城市，本质上还要在职业和生活方式方面实现彻底的城镇化，这就要求转移人口突破户籍制度的限制，不仅在就业方面要与城镇人口实现“同工同酬”“同等待遇”，在基础设施和公共服务领域，也要实现与城市居民的均等化和平等化。我国城镇化的推进模式和要求，对基础设施和公共服务领域产生了新的需求，这就需要财政部门和金融领域提供大量的资金支持。我国金融结构存在失衡问题，造成这种现象的原因：一是制度方面的问题。我国金融制度结构性过剩，大量的“高级”金融创新不符合我国“初级”信贷市场的需求，使得创新无效，而且金融市场体系、金融结构体系和金融产品体系的设计超前于我国经济发展的主体需求。[①] 二是金融机构自身的问题。虽然以前中国的财政金融体系支撑了大规模城市基础设施和公共服务的融资，但随着转移人口的逐渐增加和我国经济增速的放缓，财政收入势必受到影响，而且随着利率市场化的逐步推进，金融机构的利润空间在逐渐缩小，风险在逐渐增大，目前的财政金融体系已经满足不了城镇化建设的大量资金需求，因而探索新的可持续的金融支持体系，在提高金融支持效率的同时，拓宽融资渠道，实现新型城镇化各主体的和谐发展成为当前金融改革和创新的重点。

① 范立夫．金融支持农村城镇化问题的思考［J］．城市发展研究，2010（7）：63-66.

第 6 章　新型城镇化发展中金融支持产业的产出效应
——以高新技术产业为例

创新是一个国家持续发展的动力，根据 2016 年全球创新指数排名，我国的创新指数得分为 50.57 分，在全球排名为第 25 位，在中高收入国家中排在首位，在东南亚、东亚和大洋洲排名为第 7 位；创新效率比[①]为 0.9，在全球排名为第 7 位。[②] 高新技术产业作为国家重点支持的行业，在我国新型城镇化建设中发挥着重要作用，也是我国创新的主力军，被纳入我国的发展规划。例如：国务院在 2012 年 7 月印发了《“十二五”国家战略性新兴产业发展规划》，规划中提出“加快培育和发展节能环保、新一代信息技术、生物、高端装备制造、新能源、新材料、新能源汽车等战略性新兴产业”。2016 年 6 月，关于战略性新兴产业的“十三五”发展规划中提出，要发展壮大新能源、新技术等相关产业，并实现先进半导体、智能系统、精准医疗等相关产业在新兴前沿领域的创新和产业化，形成一批新增长点。在国内生产总值中，战略性新兴产业的增加值所占比重达到 15%。这两个规划中的新兴产业大多是高新技术产业，而高新技术产业大多是资本和技术密集型产业，充分且有效的金融支持对其持续健康发展具有重要意义。

6.1　高新技术产业与新型城镇化的作用机制

6.1.1　高新技术产业的概念及发展现状

6.1.1.1　高新技术产业的概念

高新技术产业，国外通常称为高技术产业，由于各国差异较大，目前还未形成明确的定义。[③] 美国以研发费用占比和科研人员占比来定义高新

---

① 创新效率比是产出次级指数得分与投入次级指数得分之比，它表明了某一国家（地区）的投入所获得的创新产出。

② https：//www.globalinnovationindex.org/.

③ 本书中，对高新技术产业（企业）、高技术产业（企业）不作严格区分。

技术产业，认为高新技术产业是研发费用占总附加值的 10%以上，科学家与工程师占职工比重 10%以上的产业。按照美国的划分标准，高技术产业包括高技术制造业、软件及计算机等相关服务业、通信服务业三大产业的 13 个领域。日本将高技术产业视为尖端技术，日本通产省界定高技术产业为“R&D 经费超过价格增加额 10%或高科技人员超过 10%的产业部门”。经济合作与发展组织（OECD）将高技术产业定义为“R&D 占总产值比例远高于各产业平均水平的产业”，并按照这一标准，将高技术产业分为航空航天制造业、电子计算机及办公设备制造业、电子及通信设备制造业、医药制造业、医疗设备及仪器仪表制造业。在我国 2002 年公布的《高技术产业统计分类目录》里，除 OECD 分类的五大类外，高技术产业还包括核材料加工业、信息化学品制造业、公共软件服务业。由于统计数据的需要，也为了与国际保持一致，本书沿用 OECD 的分类标准。

高新技术企业是高新技术产业的微观部分。我国科技部、财政部和国家税务总局印发了《高新技术企业认定管理办法》，其中对高新技术企业进行了明确定义，认为高新技术企业是指：“在国家重点支持的高新技术领域内，持续进行研究开发与技术成果转化，形成企业核心自主知识产权，并以此为基础开展经营活动，在中国境内（不包括港、澳、台地区）注册的居民企业。”根据国科发火〔2016〕32 号文的规定，国家重点支持的高新技术领域包括生物与新医药、航空航天、电子信息、高技术服务、先进制造与自动化、新材料、新能源与节能、资源与环境这八大领域。由定义可以看出，技术创新是高新技术企业最明显的优势，它以资源投入尤其是知识的投入为主要生产手段，注重高新技术的积累以及商业化的运用，通过这些手段，可以充分发挥区域经济的集聚效应，实现规模经济，从而对经济的推动起到乘数效应。2008 年 4 月，《高新技术企业认定管理办法》（以下简称高企认定办法）出台，其中明确规定“经认定的拥有核心自主知识产权的高新技术企业将享受 15%的企业所得税优惠”。该规定旨在通过税收优惠撬动企业自主创新和技术研发的活力。

6.1.1.2　高新技术产业发展现状

6.1.1.2.1　高新技术产业分布状况

在国家政策的支持下，高新技术产业迅速发展，企业综合实力得到很大提升。由图 6-1 可以看出，2005 年以后，我国高新技术产业企业数量增长很快，但也表现出了阶段性特征。2004—2010 年为第一阶段，这一阶段增长速度较快，年均增长率达到 7.86 个百分点；第二个阶段是 2011 年至今，根据 2008 年 7 月颁发的《高新技术企业认定管理工作指引》（国科发火〔2008〕362 号）的规定，“高新技术企业资格自颁发证书之日起生效，有效期为三年，期满前三个月内企业应提出复审申请，复审不合格的高新技术企业资格到期自动失效”。我国在对 2008 年以来认定的高新技术企业进行资格审查时发现：2011 年的企业数量较 2010 年下降了 23.08 个百分点，但 2011 年以后，高新技术企业又进入快速增长期，年均增长率保持在 8.82 个百分点的水平。

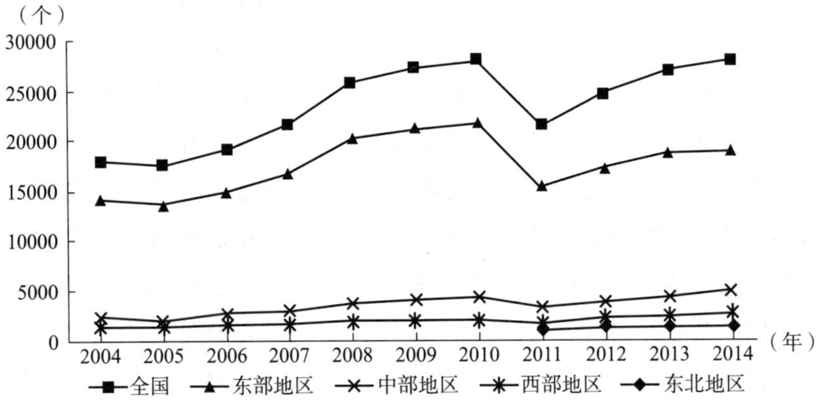

图 6-1　2004—2014 年全国及各地区高新技术企业数量

数据来源：中国高新技术产业数据库。

从局部来看，高新技术企业阶梯分布明显，主要集中在我国东部地区，2004—2014 年，均占到了全国的 68%以上。其中：2004 年已经占到了 79.49%，之后比例逐渐下降，但到 2014 年，东部地区仍占到全国的 68.25%。随着东部地区高新技术企业比例的逐年下降，中西部地区出现了反向变化，中部地区占比从 2004 年的 12.62%增长到 2014 年的 17.36%，西部地区占比从 2004 年的 7.89%增长到 2014 年的 9.87%。这也表现出我国高新技术企业正在由东部地区向中西部地区迁移的变动趋势。东北地区高新技术企业数量有下降趋势，占比从 2012 年的 5.25%下降到 2014 年的 4.52%。从变动趋势来看，东部地区高新技术企业数量变动趋势与全国保持一致，其他地区也受到全国趋势的影响，但由于企业数量占比较小，影响力较小。图 6-1 反映出我国高新技术企业集聚的特点，通过集聚，可以享受彼此的技术溢出效应，而且我国高新技术企业的集聚度越来越高，东部地区的聚集度远远高于中西部和东北地区。从企业数量变动的差距来看，东部地区集聚度较其他地区仍然有增大的趋势。

6.1.1.2.2　高新技术产业经营状况

图 6-2 反映了我国高新技术产业的经营状况，由图可知，2009—2014 年，我国高技术产业无论是在资产总额，还是在主营业务收入、利润总额和出口交货值上，增长都很快，年均增长率分别达到了 28%、16%、20% 和 11%。由此可见，这 6 年内，我国高新技术产业资产增长和利润增长都很快，但相对来说，出口创汇能力增长较慢。从各指标的占比来看，利润占到资产总额的 8%左右、主营业务收入的 6%左右，这也从侧面反映出我国高技术产业的盈利能力相对较低。

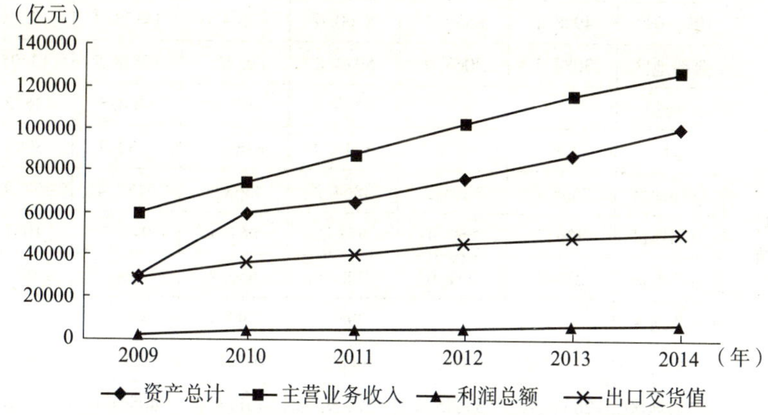

图 6-2　2009—2014 年我国高新技术产业整体经营状况

数据来源：由计算得出，原始数据来源于中国高技术产业数据库。

表 6-1 反映出我国高新技术产业不同地区间的经营状况，与高新技术产业企业数量分布相对应，其生产经营状况大体上也呈阶梯分布格局。具体来说，在资产总计中，东部地区的高新技术产业资产占全国高新技术产业资产总额的比例超过了 70%，中、西部地区几乎相等，占到了 13%左右，中部地区高于西部地区 1 个百分点，东北地区占到了整个高新技术产业的 4.4%；与资产在不同地区间的分布比例相对应，主营业务收入、利

润总额的分布情况与资产分布大致相同；而在出口交货值方面，我国东部地区高新技术产业在全国高新技术产业出口交货值中的占比超过了82%，中部地区占比为9%，西部地区占比为8%，而东北地区占比低于1%。由此也可以得出结论：我国高新技术产业在区域间的竞争力也呈阶梯分布，具体来说，东部地区最强，中部次之，东北地区最弱。

表6-1　2009—2014年高新技术产业分地区生产经营状况　　单位：亿元

指标	地区	2009	2010	2011	2012	2013	2014
资产总计	全国	29499.73	59408.4	64911.2	76596.9	87177.9	100316.5
	东部地区	28621.86	45914.0	50510.4	55743.3	61966.8	70758.7
	中部地区	502.50	6444.2	8174.6	9064.3	10687.7	13204.9
	西部地区	375.34	5050.2	6226.2	8390.5	10649.7	11938.5
	东北地区				3398.9	3873.7	4414.4
主营业务收入	全国	59566.7	74482.8	87527.2	102284.0	116048.9	127367.7
	东部地区	51530.5	63869.3	70102.4	78350.3	85972.2	92205.9
	中部地区	4948.1	6550.4	8160.6	11104.0	14123.3	17014.1
	西部地区	3088.1	4063.0	5974.8	8952.7	11548.8	13495.7
	东北地区			3289.3	3877.0	4404.5	4652.0
利润总额	全国	3278.5	4879.7	5244.9	6186.3	7233.7	8095.2
	东部地区	2635.6	3895.2	3864.3	4368.3	5157.4	5729.0
	中部地区	406.7	652.9	673.7	867.4	949.5	1061.9
	西部地区	236.2	331.6	408.4	650.7	789.7	919.3
	东北地区			298.5	299.9	337.2	385.0
出口交货值	全国	29499.7	37001.6	40600.3	46701.1	49285.1	50765.2
	东部地区	28656.0	35645.2	37209.3	40173.1	40541.6	41718.6
	中部地区	508.1	745.2	1341.3	2947.2	3745.0	4525.5
	西部地区	335.6	611.2	1610.3	3086.8	4548.3	4102.8
	东北地区			439.4	494.0	450.2	418.3

数据来源：经计算得出，原始数据来源于中国高技术产业数据库，东北地区数据从2012年开始单独统计。

6.1.2　高新技术产业与新型城镇化的内在关系

高新技术产业对新型城镇化的作用主要体现在高新技术产业的技术创新产生的技术溢出效应会促进产业的聚集，进而促进产业结构的升级，而产业结构升级会导致就业结构的变化和就业质量的提高。同时，高新技术产业多为高附加值的产业，其技术创新和应用在一定程度上也会提升社会整体创新能力（Gridiches，1979；Scherer，1982），从而促进资源的有效配置，提升城镇化质量。高新技术产业与新型城镇化的内在关系及作用机制如图 6-3 所示。

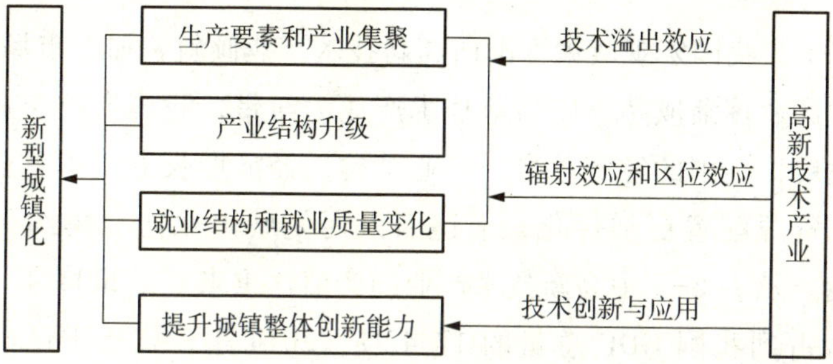

图 6-3　高新技术产业与新型城镇化的内在关系及作用机制

6.1.2.1　高新技术产业促进了城镇化质量的提高

一个国家的技术创新能力与产业竞争力存在着显著的相关关系，创新研发能力对产业成长竞争力的影响尤为显著。技术创新是高新技术产业最明显的优势，高新技术产业雄厚的开发实力和比重较大的科技人员，使得它在新知识、新技术创新方面较传统产业有很大的优势，发展能力也很强。高新技术产业具有两大特点：技术密集型和高附加值。这两大特点使其依赖资源环境的程度较低，相比其他产业，更容易形成集聚。马歇尔在《国家竞争优势》一书中指出，产业集聚能够产生空间外部性。高新技术产业通过它的集聚效应、辐射效应和区位效应，使社会生产要素和产业集中，从而促使产业结构升级，产生新需求并提供更多的就业机会，因此，高新技术产业的发展会产生更具竞争力的外部性，推动城镇功能的强化，提高城镇的承载力。高新技术产业在区域上的集聚会带动人口增加和产业聚集，进而促进城市规模的扩大和城市群的形成。因此，产业集聚与结构转换是城镇化发展的基本动力之一，而产业集聚为新型城镇化奠定了经济基础，并为其可持续发展提供了动力。我国高新技术产业在区位上的阶梯分布与我国城镇化率的阶梯分布完全一致，均呈现出“东部>中部>西部”的分布格局，这也进一步证明了高新技术产业与我国城镇化的密切关系。

袁丹、雷宏振（2015）利用空间面板模型，采用 Moran's I 指数对我国城镇化空间分布特征进行了分析，认为我国城镇化水平在空间分布上具有显著的正相关关系；同时对高技术产业集聚对城镇化水平的影响进行了实证分析，认为高技术产业集聚对促进一个地区城镇化率的提高效应非常显著，城镇化的正向空间效应能够促进临近地区城镇化率的提高，缩小区域间城镇化水平的差距。

近年来，我国宏观政策逐渐向高新技术产业倾斜，加上市场的驱动，高新技术产业逐渐成熟。以高新技术产业为纽带，我国支柱产业也得到了快速发展，全国的经济总量、产业结构、经济增长方式和就业逐渐发生变化，资源配置更加优化，上述因素促使城镇化向“集约”和“高效”转变。从表 6-2 中高新技术产业的产值比重来看，2004 年，其主营业务收入占到我国 GDP 总量的 17.42%，2014 年，该比重已经达到了 20.01%，而且有继续增大的趋势。不仅如此，高新技术产业渗透性很强，会加速自身产业化向其他各产业的扩散，包括一些传统产业，形成集群化的高新技术产业，同时也会改造传统产业，形成新兴产业群。高新技术产业所具有的“高效”“节能”“绿色”的特点，也正是新型城镇化对“新型”的要求。由此可见，高新技术产业对拉动我国经济增长起到了重要作用，其技术创新带来规模经济效应，提升了我国社会生产力的发展，是推动我国城镇化建设的一股重要力量，也是促进经济可持续发展的推进器。

表 6-2　2004—2014 年我国高新技术产业收入及就业状况

指标	2004	2005	2006	2007	2008	2009	2010	2011	2012	2013	2014
高新技术产业主营业务收入/GDP（%）	17.42	18.34	19.22	18.70	17.75	17.47	18.55	18.50	19.71	20.40	20.01
高新技术产业从业人员年平均人数/全国从业人员数（%）	0.79	0.89	0.99	1.12	1.25	1.26	1.44	1.50	1.65	1.68	1.72

续表

指标	2004	2005	2006	2007	2008	2009	2010	2011	2012	2013	2014
高新技术产业劳动生产率（万元/人）	47.45	51.13	55.86	58.98	58.99	62.21	68.19	76.32	80.62	89.70	96.12
我国劳动生产率（万元/人）	2.15	2.48	2.89	3.53	4.16	4.50	5.28	6.19	6.77	7.39	8.24

注：表中所有数据均经计算得出，高新技术类产业主营业务收入、高新技术产业从业人员年平均人数、高新技术产业劳动生产率原始数据来源于中国高技术产业数据库，高新技术产业劳动生产率=高新技术产业主营业务收入/高新技术产业从业人员年平均人数，我国劳动生产率=GDP/全国从业人员数。

6.1.2.2 高新技术产业提升了城镇就业质量

根据很多国家对高新技术产业的定义，高新技术产业人力资本的投入以及所占比重是促进其发展的核心要素，这些高智商人力资本的存在能够促进技术、产品和制度上的创新。从高新技术产业从业人员的构成来看，如表 6-3 所示，2012 年，大专以上学历人员占年末从业人员数的 48.79%，硕博士毕业人员占比为 4.07%，中高级职称人员占比为 10.93%。余时飞（2014）分别从开放经济和封闭经济来研究人力资本的流动对产业集聚的影响。有关研究发现，如果知识、技术及科研人员能够自由流动，厂商生产技术与异质性劳动力生产技能之间的动态匹配就是推动产业聚集的重要机制。因此，人作为高新技术产业技术创新的主体，在很大程度上将会影响其生产方式和效率，进而影响产业的集聚。反之，高新技术的发展、产业的集聚在一定程度上会促进产业结构的转型升级，高新技术产业产品市场需求的变化对新技术会产生一定的驱动作用，从而对从业人员的素质和质量提出更高的要求，进而在一定程度上提升城镇化的就业质量。从表 6-2来看，在吸纳就业的数量方面，高新技术产业相对较弱，2014 年对就业的贡献在数量上仅达到 1.72%。劳动生产率也可从侧面反映一个行业的就业质量。通常劳动生产率越高，就业人员工资越高，人力资源的利用和配置效率越高，就业质量就越高。从表 6-2 可以看出，高新技术产业在提高就业质量方面发挥了重要作用，其劳动生产率是我国行业平均劳动生产率的 10~20 倍，劳动生产率年均增长达到 7.32 个百分点。

表 6-3　2012 年我国高新技术产业从业人员结构

	人数（万人）	比例（%）
年末从业人员数	1621.3	—
其中：留学归国人员	7.6	0.47
大专以上学历人员	791.0	48.79
中高级职称人员	177.2	10.93
硕士毕业人员	60.0	3.70
博士毕业人员	6.0	0.37

数据来源：高新技术企业认定管理工作网。

近几年，我国越来越重视研发能力的开拓。2000—2014 年，我国用于研发的支出占 GDP 的比重年均增长 0.06 个百分点，2014 年该比重达到 2.05%，高于加拿大（1.61%）和英国（1.7%），但低于美国（2.73%）、德国（2.87%）、日本（3.58%）和韩国（4.29%）的水平。高新技术产业是 R&D 研究的主体，但我国从事 R&D 研究人员的比重相对仍然很低，2014 年我国每百万人中 R&D 研究人员为 1113 人，德国为 4381 人，日本为 5386 人，英国为 4252 人，而美国 2012 年已经达到 4019 人，新加坡 2014 年已经达到 6658 人，韩国 2014 年已经达到 6899 人。因此，研发人员占比较低也是我国高新技术产业发展的一大瓶颈。①

6.1.2.3　高新技术产业的外部性提高了城镇就业数量

城镇化的过程是农业转移人口市民化的过程，也是农民工市民化的过程。从图 6-4 可以看出，我国农民工就业主要集中于第二产业，而在第二产业就业的农民工主要从事制造业和建筑业。2014 年，在这两个行业就业的农民工人口占农民工人口总数的 53.6%，尤其是制造业，虽然农民工就业人口比例在逐年下降，但仍占了农民工就业人口总数的 1/3。我国高新技术产业的发展，尤其是技术创新，产生的正外部性非常明显，一定程度上会带动第二、三产业的发展，第二、三产业的发展又会吸引大量劳动力

① 数据来源：世界银行。

就业，促进农业人口的转移。我国高新技术产业研发的成果最终要通过市场实现价值，而价值实现的前提是必须形成产品，这在一定程度上也会带动制造业的发展，从而进一步吸引人口就业。由此可见，我国高新技术产业的技术创新和技术溢出会产生强烈的外部性，不仅会促进本行业就业数量的提升，也会带动其他行业就业数量的增加，从而直接或间接地提高城镇就业的数量。

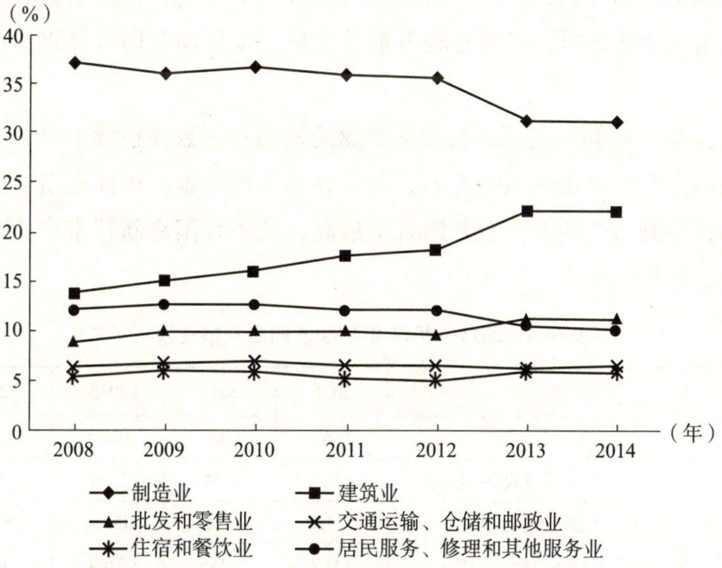

图 6-4　2008—2014 年我国农民工就业的行业分布比例

数据来源：依据农民工监测调查报告整理得出。

6.1.2.4　高新技术产业的技术创新提高了城镇整体创新能力

熊彼特（1912）认为，技术创新是“将一种从未出现过的生产要素‘新组合’引入生产体系的过程”。技术创新是技术进步与应用创新的结果。1999 年 8 月，我国科技部颁布的《中共中央、国务院关于加强技术创新、发展高科技、实现产业化的决定》里也明确，“技术创新是指企业应用创新的知识和新技术、新工艺，采用新的生产方式和经营管理模式，提高产品质量、开发新产品、提供新服务、占据市场并实现市场价值的活动”。由该定义可知，技术创新活动始于技术的研发，终于市场实现，而在技术创新活动中获取超额利润是企业家的根本动力。

技术进步是实现技术创新的一个主导因素。世界银行2001年公布了一项研究报告，该报告中指出，金融对经济长期增长贡献的主要实现途径是企业的技术进步。发明专利是技术研发的科技行为，也是知识产权中的重要部分，它与技术进步和企业自主创新能力有着紧密的关系。在我国一直提倡的让“创新”成为引领发展的第一动力的政策下，在核心技术上拥有发明专利是一个企业或城市在自主创新能力方面的重要体现。国际上说的专利一般指发明专利，而我国的专利则包含发明专利、实用新型和外观设计。在这三个部分里，发明专利占重要地位，是推动我国科技进步的重要力量。

由表6-4可知，我国高新技术产业的发明专利数在持续上升，占到了全国发明专利授权量的10%左右，而且在这些产业里，医药制造业和电子及通信设备制造业的发明专利拥有量最高，处于我国高新技术产业发明专利的核心地位。

表6-4　2011—2014年我国发明专利情况统计

项目		2011	2012	2013	2014
高技术产业发明专利申请数（项）	医药制造业	6968	9050	10475	12620
	航空、航天器及设备制造业	1139	1789	2131	3092
	电子及通信设备制造业	32910	42458	45001	53505
	计算机及办公设备制造业	8187	7345	8404	8165
	医疗仪器设备及仪器仪表制造业	5020	6228	8048	10238
	总计	54224	66870	74059	87620
全国发明专利授权量（项）		526412	652777	825136	928177
高技术产业发明专利申请数/全国发明专利授权量（%）		10.3	10.24	8.98	9.44

数据来源：高技术产业发明专利申请数来源于中国高技术产业数据库，全国发明专利授权量来源于中国统计年鉴。

6.2　金融支持高新技术产业的途径及模式

创新是高新技术产业的本质，是多种因素综合促进的结果，但充分且有效的金融支持是企业自主创新顺利实施的基本前提。我国高新技术产业普遍存在流动资金紧张的问题，主要原因有两个：一是企业资金缺口较大；二是资金来源主要以间接融资为主，通过股票、债券等直接融资获取的资金数额很少。20世纪初，美国经济学家熊波特（1934）在他的《经济发展理论》一文中阐述了货币、信贷等要素对技术创新的作用，肯定了金融支持体系与企业自主创新的正向相关关系。Hellman等（2002）认为，对高新技术产业来说，发展风险投资是促进其发展、鼓励并支持企业自主创新的一项重要的金融政策，同时政府的税收优惠和相关鼓励政策也会起到重要作用。我国《战略性新兴产业“十三五”发展规划》中提出了金融支持的思路，即“创新财税金融支持方式，引导社会资本更多投入新兴产业，加快设立国家新型产业创投引导基金，研究提出引导银行业金融机构加大支持力度的政策措施，支持战略性新兴产业企业通过上市、发债、众筹等方式融资”。高新技术产业发展具有明显的生命周期性特征。其生命周期分为三个阶段：开发阶段、成长阶段、商品化阶段。不同阶段有不同的资金需求，且风险和收益差异很大，从而导致金融支持的重点和力度也不同。通常高新技术产业资本来源主要有企业自有资本、风险资本、银行贷款、国家财政支持和通过证券市场融资等。企业自有资金包括资本金、折旧基金转化的重置投资以及留存收益转化的新投资。企业自有资金的融资能力受到企业盈利能力、资产规模和预期收益等因素的制约，因此只能部分地满足开发阶段和初步成长阶段的资金需求，但中后期的巨额资金投入已经难以满足其需求。因此，高新技术企业经常面临资金短缺问题，影响其发展的关键因素在于产业资本的投入不足。高新技术产业本身也具有公共产品的特性，企业的技术创新在给本企业带来利益的同时，也会给整个行业和社会带来收益，这也使得政策性金融支持具有合理性。政策性金融支持的途径主要有税收优惠、税收返还、财政预算拨款和补贴以及贷款援助。国家财政资金的支持也有一定的局限性，通常起到“催化剂”的作用，有着“杠杆效应”，通过政策性金融投向预示国家政策的指向，从而带动商业银行和民间金融投向该领域。对于高新技术产业所面临的资金缺口，在企业内源融资较少的情况下，能否获得资本市场的金融支持及获得资本的便利程度成为决定高新技术产业发展水平的重要前提。因此，如何引入风险投资，并通过证券市场获得所需资金，以便顺利从开发阶段走向成熟，是高新技术产业发展的关键。

6.2.1 开发阶段的金融支持途径及模式

据有关资料统计，高新技术初创企业5年存活率仅为20%~50%，主要原因在于企业规模小，自有资金不足，且资信水平低，获得外部资金支持的途径很少。高新技术企业在开发阶段的工作主要是项目和产品的构思，无现成设备和生产线，无盈利，而且未来成果在应用方面也可能面临失败，因此这一阶段风险很大，加上由于信息的不对称，风险与收益不对等，使得企业难以达到商业银行信贷标准的要求，因此商业资金进入的可能性很低，这一阶段主要是企业自有资金在支撑。这就要靠政策性金融的支持。

Hicks（1969）认为，在新技术研发和采用时，需要大规模并且连续的资金注入，由此他提出“产业革命发生之前必要发生金融革命”的观点。Hellmann等（2002）对高新技术产业的金融支持进行了研究，认为风险投资是鼓励高新技术产业发展，支持其自主创新的一项重要的金融政策，而政府通过税收优惠和鼓励政策也会起到重要作用。高新技术产业的发展模式主要有两种：一种是政府主导型的，另一种是民间推动型的。政府通过建立高新区和经济技术开发区来推进高新技术产业的集聚，同时在其下属的研究机构以及国有大中型企业投入大量的研发经费和人员。由表6-5可知，我国有限的政策资金引导起到了重大带动作用，2012—2014年我国规模以上高新技术产业部分领域R&D经费内部支出中，政府资金分别占到了企业投入总资金①的8.55%、8.34%和7.99%，也就是说，2012—2014年1单位政府资本拉动企业资金的杠杆效应②分别为10.69、10.99和11.52，不同领域差异较大，其中计算机及办公设备制造业的政府资金杠杆效应更为明显，而航空、航天器及设备制造业的政府资金额度占比较大，拉动企业资金的效应较小。因此，在收益不确定、信息不对称导致股权和债券融资较难的情况下，政府可以通过年度经费预算直接提供资金支持；也可以通过为高新技术企业提供风险补偿、担保和贴息等方式，增强其融资能力，弥补自有资金不足的问题。例如：日本政府利用财政投资贷款资金，通过设立的政府金融机构“两行”（日本开发银行和日本进出口银行）和“十库”（中小企业金融公库、国民生活金融公库等）向企业提供低息

① 企业投入总资金为政府投入资金与企业投入资金的总和。

② 杠杆数据的计算公式为企业资金/政府资金。

贷款；而德国政府则通过提供风险担保促使银行为高新技术企业提供贷款，并对科研开发提供贷款贴息。另外，税收优惠也一直是国家支持高新技术企业的方式。例如：印度在 20 世纪 90 年代以后信息产业发展迅速，尤其是 1994—1999 年，年均增长率超过 40%，政府实施的其中一个策略就是针对企业投资和进出口等实行税收和金融优惠政策；而在我国，根据《高新技术企业认定管理办法》的规定，“经认定的拥有核心自主知识产权的高新技术企业将享受 15%的企业所得税优惠”，也是一种政府财政的变相支持，通过税收优惠鼓励并刺激企业投资的增加，促使企业自主创新。

表 6-5　2012—2014 年我国规模以上高新技术产业 R&D 经费内部支出构成

行业	2012 年			2013 年			2014 年		
	政府资金（万元）	企业资金（万元）	比例（%）	政府资金（万元）	企业资金（万元）	比例（%）	政府资金（万元）	企业资金（万元）	比例（%）
医药制造业	180560	2608510	6. 47	204243	3223942	5. 96	196646	3676105	5. 08
航空、航天器及设备制造业	693772	951456	42. 17	708364	973100	42. 13	908589	958417	48. 67
电子及通信设备制造业	458143	8906745	4. 89	580030	10905708	5. 05	519851	12519807	3. 99
计算机及办公设备制造业	39929	1632866	2. 39	42543	1418165	2. 91	39436	1469584	2. 61
医疗仪器设备及仪器仪表制造业	81688	1444005	5. 35	128336	1763736	6. 78	121265	1941600	5. 88
总计	1454092	15543582	8. 55	1663516	18284651	8. 34	1785787	20565513	7. 99

数据来源：中国高技术产业数据库。

注：比例=政府资金/(政府资金+企业资金)×100%。

6. 2. 2　成长阶段的金融支持途径及模式

高新技术产业也具有高增值性和高成长性的特征，其生存和发展模式就是利用它的技术创新去开拓市场，而技术更新的速度和科技成果转化的复杂性也使得高新技术产业成为高风险行业。在高新技术产业的成长阶段，企业的自有资金以及自身产业资本的积累速度和持续投入已经满足不了产业因迅速发展而扩张的投资需求，因此在这一阶段，高新技术企业可采用的融资方式有政府投入、风险投资、商业贷款和资本市场融资。但政府财力有限，只能发挥辅助性作用，而这一阶段企业的获利能力仍然很差，发展前景仍不明朗，信息不对称以及企业产品尚未被市场完全接受，使得高新技术企业获取商业贷款的可能性很低。为了回避风险，商业银行即使能够贷款，额度也不高，因此企业需要通过金融市场获得长期的资本投入。以市场为导向的融资环境与银行导向型的融资环境相比有自身的优势：一是金融市场能够提供高效率、公开透明的融资环境，使资金配置到效率更高的领域。如股票市场的发展，能为高新技术企业提供长期的资本供给。二是发达的金融市场能够推动风险投资的良性发展。如美国的高新技术企业发展很快，主要得益于本国的风险投资，风险投资规模的日益扩大提供了美国高新技术企业发展的主要资金支持，而完善的资本进入和退出渠道则为引入风险资本提供了重要保障。三是金融市场通过资本运用为高新技术企业提供了发展平台，在金融市场中，企业可以进行并购并实现多次融资，满足其大量资金需求。① 如果本阶段高新技术企业的成长前景好，市场对其价值的预期就会高，广大股东接受的可能性也会提高，可采用公开募集方式，利用资本市场筹集资金。同时，企业信誉如果良好，可抵押的资产较多，也可以通过引入民间借贷或者金融借贷等方式进行债券融资。中小企业可以尝试捆绑发行债券的方式。对这一阶段的高新技术企业来说，可以通过内部积累、股权和债券融资相结合的方式获取资金。在这一阶段，企业也可以向市场释放良好信誉和前景的信号，探索引入风险投资。例如，2015 年，为了促进战略性新兴产业的发展，中央财政出资不超过 200 亿元，通过吸引地方政府、投资机构、金融机构和一些社会资本，设立了 400 亿元规模的国家创投基金，投向早中期的创新型企业，加快培育和发展智能制造、新能源等新兴产业。②

6.2.3 成熟阶段的金融支持途径及模式

高新技术产业进入成熟阶段后，技术已经成熟，企业产品在市场上已经有一定的份额，销售收入和现金流已经趋于稳定，且大多数企业已经具

---

① 谢沛善．中日高新技术产业发展的金融支持研究［D］．东北财经大学，2010：42.

② 林菁．中国创新创业 2015 年度报告［R］．荣硅创业智库，2016。

有很高的盈利能力，基本已经改变了高风险投资的特点。企业留存收益可以满足企业发展所需的部分资金，企业如果想扩大规模，获得规模经济效应，保持市场的竞争力，仍需要投入大量资金用于研发和拓展市场，可以通过银行贷款、资本市场和债券市场获取资金，政策性金融可以退出该领域。由于有稳定的收入，企业向市场投放的外部信息越来越多，产品已经得到市场的普遍认可，良好的经营记录和较高的市场价值使得这一阶段比在开发阶段和成长阶段获取市场资金更容易些，且获得资金的成本降低。因此，这一阶段高新技术企业应建立良好的信誉，以获取更优惠的银行贷款利率，也可通过发行高价格的股票进行上市融资，同时可进行并购，实施资源整合，从而实现企业的再发展。

6.3　金融发展与高新技术产业产出效应的实证分析

高新技术产业是严重依赖于外部融资的产业。对于金融支持与高新技术产业的关系，国外学者大多从产业层面进行相关研究，他们认为，金融行业越活跃，越有助于高新技术产业的发展，而且金融发展能够促进依赖外部融资的产业，金融体系越发达的国家，依赖外部融资的产业增长越快（Rajan & Zingales，1996）。发达的金融体系能自动识别有前景的产业，为其提供信贷资金的支持，因此，金融中介的规模扩大和功能的完善能促进高新技术企业资本的形成和生产率的提高（King & Levine，1993），尤其是银行的集中，可以使企业更容易获得信贷资金，从而促进依赖外部融资的企业的增长。从资源配置的角度来说，短期内，金融发展可以促使发展机会更好的产业成长，长期来看，发达的金融经济体往往会将更多的金融资源配置给依赖外部融资的企业（Fisman & Love，2004）。金融发展与投资之间呈正相关关系，一个国家的金融市场越发达，越能更有效率地对资源进行配置，这也就意味着能够向具有成长性的产业投放更多的金融资源，同时减少对一些衰退产业的投资。

国内学者从产业的不同领域进行了相关研究，得出的结论也不尽相同。林毅夫等（2003）认为，如果想有效地促进制造业的增长，必须使金融结构与制造业的规模结构相匹配。[①] 段一群等（2009）从资本市场融资和银行贷款两个角度分析了我国装备制造业的情况，认为我国金融体系对该行业的支持效应不高。[②] 宋智文等（2011[③]，2013[④]）认为，金融中介对我国高科技产业的促进作用并不明显。他们还对我国高新技术产业的金融支持进行了实证研究，认为我国金融发展主要仍靠金融规模的扩张，金融功能和效率并未得到同步且有效的提升，从而导致银行体系的发展无法有效促进我国高新技术产业的发展，而股票市场对高新技术产业的发展具有反向效应。翟淑萍、顾群（2013）认为，金融发展可以缓解高新技术企业的融资约束，从而提升高新技术企业研发投资的效率，同时金融中介的作用显著优于股票市场，因此应发展多层次的资本市场来改善企业融资环境。[⑤] 王文华、张卓（2013）利用 2007—2010 年我国高新技术企业上市公司的相关数据，对金融发展对研发融资约束的效应进行了实证分析，认为我国高新技术企业对研发投资现金流非常敏感，而金融发展能显著缓解这种约束。[⑥]

高技术产业是生产高技术产品的产业群，对其他产业的渗透力很强，在推动产业升级、提高劳动生产率和促进经济效益提升方面具有不可替代的作用，已经成为我国经济增长的新引擎，是经济结构调整的重要力量。同时，高技术产业也是知识和技术密集的产业，其研发投资大，也是严重依赖于外部融资的产业。对高技术产业来说，有效的金融支持体系对其持续健康发展具有重要意义。综观国内外的研究，大多是从宏观角度进行分析，部分学者虽然从微观上进行了研究，但多侧重于金融发展与研发融资约束，很少从产出的角度进行研究，而高新技术产业作为我国从事

① 林毅夫，章奇，刘明兴．金融结构与经济增长：以制造业为例［J］．世界经济，2003（1）：3-20.

② 段一群，李东，李廉水．中国装备制造业的金融支持效应分析［J］．科学学研究，2009（3）：389-392.

③ 宋智文，凌江怀．金融中介对高科技产业发展的影响实证研究——基于广东省时间序列数据的协整分析［J］．科技进步与对策，2011（9）：65-68．

④ 宋智文，凌江怀．高技术产业金融支持实证研究——基于省际面板数据的分析［J］．经济问题，2013，（3）：75-80.

⑤ 翟淑萍，顾群．金融发展、融资约束缓解与高新技术企业研发投资效率研究［J］．经济经纬，2013（2）：138-143.

⑥ 王文华，张卓．金融发展、政府补贴与研发融资约束——来自 A 股高新技术上市公司的经验证据［J］．经济与管理研究，2013（11）：51-57.

研发的主要行业，其技术创新和成果应用价值的大小必须通过市场来衡量，突出体现在其产出水平的大小上。目前，我国金融发展、资本投入、技术进步对高技术产业产出的影响究竟如何，本书将进行实证分析。

6.3.1　模型设定及变量选取

6.3.1.1　模型设定

以索罗（R. M. Solow）为代表的新古典技术创新理论采用新古典生产函数，证明了一个国家的经济增长主要取决于资本和劳动力的增长率，资本与劳动的产出弹性以及技术创新程度。根据国内外的相关研究，高新技术产业作为产业的一种，它的盈利能力和产出水平 Y 也受资本投入 K 和劳动力投入 L 的影响，以函数表达即为 $Y=f(K, L)$。根据 MM 理论，在不考虑税收及交易成本(无摩擦条件下)等因素的情况下，企业无论采用内源融资还是外源融资，都与其价值没有关系，而我国企业无论采用股权融资还是债券融资，都存在一定的成本，这些成本对高新技术产业获取资本支持形成了约束。正是这种约束，导致现金流成为一种稀缺资源，企业的投入在很大程度上受到现金流的影响。企业内源融资受自身留存收益的影响，而企业外源融资在很大程度上受一国金融发展程度的影响，金融发展水平越高，高新技术产业能够获得外源融资的额度和途径也会越多，因此，其盈利能力和产出水平不仅受自身资本和劳动力投入的影响，长期来看，还受一国金融发展程度的影响，由此上述表达式可以扩展为 $Y=f(K, L, F)$。不仅如此，高新技术产业的盈利能力与其产品销售收入密切相关，而产品销售收入的多少和企业竞争力的高低与本企业的技术进步有很大关系，尤其是核心技术的掌握和使用。企业掌握的核心技术主要体现为企业对专利的拥有情况上。考虑到上述因素，在模型选取方面，本书借鉴 Chirstopoulos和 Tsionas（2004）、Shan（2005）以及陆静（2012）的做法，在传统的 Cobb-Douglas 函数的基础上加入金融因素，同时将技术竞争力作为单独变量加入模型，构造扩展的 C-D 生产函数，具体模型如下：

$$Y_{it}=e^{c}K_{it}^{\alpha}L_{it}^{\beta}F_{it}^{\gamma}A_{it}^{\theta} \tag{6-1}$$

对式（6-1）两边取对数，得到下列公式：

$$\ln Y_{it}=c+\alpha\ln K_{it}+\beta\ln L_{it}+\gamma\ln F_{it}+\theta\ln A_{it}+\varepsilon_{it} \tag{6-2}$$

以上两式中，Y 为高新技术企业的产出水平，K 为资本投入，L 为劳动力投入，F 为金融发展程度，A 为技术创新程度，c 为截距项，α、β、γ、θ 分别表示资本投入、劳动力投入、金融发展及技术因素对高新技术产业产出水平的弹性系数，ε_{it}为随机误差项，i 表示省份，t 表示年份。

高新技术产业的产出水平不仅受本期的资本投入、劳动力投入、金融发展程度和技术创新等因素的影响，还受上一期产出水平的影响，因此高新技术产业的产出水平是一个动态的过程。可以对式（6-2）进行修订，建立如下动态面板数据模型：

$$\ln Y_{it}=c+\ln Y_{it-1}+\alpha\ln K_{it}+\beta\ln L_{it}+\gamma\ln F_{it}+\theta\ln A_{it}+\varepsilon_{it} \tag{6-3}$$

6.3.1.2 计量模型的检验方法

常用的面板数据建立的模型有不变系数模型（混合模型）、变截距模型和变系数模型。在分析样本中是否存在显著的个体效应时，还需要对固定效应和随机效应进行进一步检验。在模型的选取方面，方法如下：

H_1：如果式（6-2）的截距项(c)和系数向量(α、β、γ、θ)在不同横截面样本点和时间上都相同，则认为样本数据不受个体影响，也不受不同截面成员的影响，为不变系数模型，无须进一步检验。如果拒绝 H_1，则需检验 H_2。不变系数模型如下：

$$\ln Y_{it}=c+\alpha\ln K_{it}+\beta\ln L_{it}+\gamma\ln F_{it}+\theta\ln A_{it}+\varepsilon_{it} \tag{6-4}$$

$$i=1,\ 2,\ \ldots,\ n;\ t=1,\ 2,\ \ldots,\ T$$

H_2：如果式(6-2)中的系数向量(α、β、γ、θ)在不同横截面样本点和时间上都相同，而截距项(c)不同，则认为该模型受个体影响而无结构变化，为变截距模型；如果拒绝 H_2，则说明样本数据在截面上即存在受个体影响的截距项(c)的变动，也存在系数向量(α、β、γ、θ)因截面成员的差异而变化，则认为该模型为变系数模型或无约束模型。

构建变截距模型，如下所示：

$$\ln Y_{it}=c_i+\alpha\ln K_{it}+\beta\ln L_{it}+\gamma\ln F_{it}+\theta\ln A_{it}+\varepsilon_{it} \tag{6-5}$$

$$i=1,\ 2,\ \cdots,\ n;\ t=1,\ 2,\ \cdots,\ T$$

构建变系数模型，如下所示：

$$\ln Y_{it}=c_i+\alpha_i\ln K_{it}+\beta_i\ln L_{it}+\gamma_i\ln F_{it}+\theta_i\ln A_{it}+\varepsilon_{it} \tag{6-6}$$

$$i=1,\ 2,\ \ldots,\ n;\ t=1,\ 2,\ \ldots,\ T$$

用来确定模型常用的方法是协方差分析检验假设，计量上用 F 检验和

Hausman 检验来确定具体模型。判断模型是否是个体固定效应模型主要通过两个 F 检验或者 LR 检验，F 统计量的检验方法见本书 5.3.1.2 相关内容。统计上也可以通过 LR（Likelihood Ratio）检验来判断模型是否是固定效应模型，LR 的零假设是固定效应模型是冗余的，如果小概率事件发生，则拒接冗余，即摒弃混合效应模型，选择固定效应模型。

6.3.1.3　变量的选取

Griliches（1991）用新产品销售收入来衡量知识生产的大小，而对高新技术产业来说，这也是投入存量知识、产出新知识的过程。这一新知识的产出价值的大小最终要通过市场来衡量，直接表现就是通过市场所获得的新产品销售收入的多少，而新产品销售收入也体现了从创新到产出的整个过程，客观上反映了高新技术产业技术创新的市场价值的大小。朱平芳等（2016）以新产品销售收入作为研发产出的代理变量，衡量我国工业行业间 R&D 的溢出效应。本书采用高新技术产业新产品销售收入来衡量其产出水平的高低，也是式（6-2）和式（6-3）的被解释变量。

高新技术产业是我国研发投入比重很高的部门。美国学者 Richard R. Nelson（1984）也曾经提出，高技术产业是以 R&D 经费大量投入以及技术进步为主要标志的产业。因此，本书选用高新技术产业新产品开发经费支出来衡量其资本的投入。

高新技术产业需要大量高智能的人力资本的投入，而人力资本的投入量主要体现在从业人员的数量上。因此，本书采用高新技术产业从业人员数来衡量其劳动力的投入大小。

反映金融发展水平的指标通常有两类：一类是金融资产占 GDP 的比重；另一类是金融从业人员占比，该指标主要是通过人力资本在金融部门与其他部门之间的配置状况来衡量，它既能反映金融规模，又能衡量金融发展成本，因此，相对于第一类指标，该指标用来衡量我国金融规模更为有效。本书采用金融从业人员占比（金融机构从业人员数/社会从业人员数）来衡量我国金融发展水平。

掌握核心技术是企业提高竞争优势的重要手段。发明专利可以直观反映一个行业的技术创新和竞争力水平，而发明专利的拥有量在一定程度上决定了一个行业或企业的核心竞争力，它的技术成果转化到市场可以获得商业价值。因此，本书采用高新技术产业拥有发明专利数来衡量其技术进步程度。

在这些指标中，形成高新技术产业中企业融资约束的主要有内、外两种。企业内部的资金约束主要体现在其资本投入的大小上；而企业外部的资金约束主要受融资环境的影响和制约，融资环境主要体现在一个地区的金融发展程度上。本书将金融发展程度作为衡量高新技术产业外部融资约束的指标，也是式（6-2）和式（6-3）的解释变量。其他指标也是影响高新技术产业产出水平的关键因素，本书作为控制变量来对待。

6.3.2 样本及数据的来源和处理

6.3.2.1 样本的选取

根据国科发火〔2016〕32号文中规定的国家重点支持的高新技术领域，同时结合高技术产业数据库的分类标准，本书将高新技术产业分为五大类，具体见表6-6，有关数据也是从这些行业中选取的。

表6-6 高新技术产业行业分类

行业大类	行业小类
医药制造业	化学药品制造
	中成药生产
	生物药品制造
航空、航天器及设备制造业	飞机制造
	航天器制造
电子及通信设备制造业	通信设备制造
	广播电视设备制造
	雷达及配套设备制造
	试听设备制造
	电子器件制造
	电子元件制造
	其他电子设备制造
计算机及办公设备制造业	计算机整机制造
	电子计算机外部设备制造
	办公设备制造
医疗仪器设备及仪器仪表制造业	医疗仪器设备及器械制造
	仪器仪表制造

6.3.2.2　数据的选取及处理

由于统计数据不全，本书选取除西藏、青海、新疆三个省份之外的 28 个省份 2004—2014 年按照表 6-6 所分的五大类行业的相关数据。具体来说，除上述 3 个省份的全部数据以外，关于航空、航天器及设备制造业的数据不包括内蒙古、吉林、山西、甘肃、重庆、宁夏、云南、福建、海南和广西 10 个省份的数据；电子及通信设备制造业的数据不包括内蒙古、海南和宁夏 3 个省份的数据；计算机及办公设备制造业的数据不包括内蒙古、山西、陕西、河北、河南、江西、甘肃、贵州、宁夏、海南和广西 11 个省份的数据；医疗仪器设备及仪器仪表制造业不包括海南、贵州、甘肃、内蒙古 4 个省份的数据。各省份各类行业的新产品销售收入、新产品开发经费支出、从业人员数和拥有发明专利数的数据来源于中国高技术产业数据库，金融发展水平数据来源于中国统计年鉴和各省统计公报，所选数据中的缺失数据采用插值法补全。为消除不同量纲和异方差带来的影响，本书通过取对数的方法对各变量进行了相关处理。全国 28 个省（市、区）高新技术产业各变量的描述性统计见表 6-7。

表 6-7　高新技术产业各变量面板数据的描述性统计

指标	$\ln L$	$\ln K$	$\ln Y$	$\ln F$	$\ln A$
Mean	10. 1747	9. 9353	12. 0972	-0. 4805	3. 9416
Median	10. 2119	10. 0423	12. 0766	-0. 5545	4. 0604
Maximum	14. 8685	15. 8775	18. 2457	1. 2822	11. 2391
Minimum	3. 7136	3. 4595	1. 4351	-2. 5517	0. 0000
Std. Dev.	1. 5406	1. 9469	2. 2944	0. 5663	2. 1991
Observations	1232	1232	1232	1232	1232
Crosssections	112	112	112	112	112

6.3.3　实证检验

本书采用 Eviews 8. 0 对各变量数据进行处理，具体处理结果如下。

6.3.3.1　面板数据的单位根检验

面板数据单位根常用的检验方法有 LLC（Levin-Lin-Chu，2002）、IPS（Im-Pesaran-Shin，1997，2002）、ADF-Fisher、PP-Fisher，它们的原假设存在单位根，见表 6-8。经过对变量 $\ln A$、$\ln L$、$\ln K$、$\ln F$ 以及 $\ln Y$ 进行一

阶差分，在1%的水平下拒绝原假设，表明这些序列都是平稳的一阶单整序列。

表6-8　面板数据的单位根检验

变量	LLC	IPS	ADF-Fisher	PP-Fisher	结论
ln*A*	-6.1787 (0.0000)	4.2169 (1.0000)	157.151 (0.9998)	190.142 (0.9512)	I（1）
Δln*A*	-41.1138 (0.0000)	-24.3189 (0.0000)	965.035 (0.0000)	1312.09 (0.0000)	
ln*L*	-9.9673 (0.0000)	-1.5585 (0.0596)	296.202 (0.0009)	406.207 (0.0000)	I（1）
Δln*L*	-31.1811 (0.0000)	-18.9102 (0.0000)	782.157 (0.0000)	993.990 (0.0000)	
ln*K*	-12.3893 (0.0000)	0.4619 (0.6779)	253.890 (0.0830)	376.171 (0.0000)	I（1）
Δln*K*	-42.2631 (0.0000)	-25.7787 (0.0000)	1011.56 (0.0000)	1386.69 (0.0000)	
ln*F*	-3.3752 (0.0004)	1.8201 (0.9656)	231.312 (0.3545)	279.533 (0.0069)	I（1）
Δln*F*	-33.3493 (0.0000)	-18.8129 (0.0000)	787.486 (0.0000)	1078.17 (0.0000)	
ln*Y*	-9.5901 (0.0000)	-0.0158 (0.4937)	246.523 (0.1442)	277.571 (0.0086)	I（1）
Δln*Y*	-38.3172 (0.0000)	-21.2538 (0.0000)	878.458 (0.0000)	1226.91 (0.0000)	

6.3.3.2　面板数据的协整关系检验

本书采用EG（Engle-Granger）两步法推广的面板数据协整检验方法Pedroni协整检验法和Kao协整检验法对序列数据进行协整关系检验，采用的是2004—2014年的数据，T=11年。在这种小样本面板数据检验中，Panel ADF和Group ADF效果较好，见表6-9。无论是Panel ADF-Statistic，还是Group ADF-Statistic，在5%的显著性水平下，均拒绝不存在协整关系的原假设，表明变量之间存在协整关系，同时在5%的显著性水平下，Kao

检验也进一步验证了各变量之间存在协整关系。

表 6-9　面板数据的协整关系检验

检验类型	各指标	*T*-Statistic 数值	*p* 值
Pedroni 检验	Panel v-Statistic	-4.6247	1.0000
	Panel rho-Statistic	8.0651	1.0000
	Panel PP-Statistic	-8.2012	0.0000
	Panel ADF-Statistic	-3.0792	0.0010
	Grouprho-Statistic	12.3454	1.0000
	Group PP-Statistic	-19.8146	0.0000
	Group ADF-Statistic	-1.7829	0.0373
Kao 检验	ADF	-1.8229	0.0342

6.3.3.3　面板回归模型估计

根据式（6-2）设定的模型，本章以高新技术产业为整体，又分部分对医药制造业，航空、航天及设备制造业，电子及通信设备制造业，计算机及办公设备制造业，医疗仪器设备及仪器仪表制造业五大行业进行了 LR 检验，小概率事件均发生，因此拒绝冗余，摒弃混合模型，对上述各变量进一步进行了 Hausman 检验，分别建立了不同类型的模型，具体见表 6-10。

为了消除面板数据的内生性问题，本章采用广义矩估计 GMM，将所有滞后期的变量作为工具变量，根据式（6-3）建立的动态效应模型进行了矩估计（GMM）。先对工具变量使用 J 统计量进行 Sargan 检验，由表 6-11 的 Sargan 的 p 值均大于 0.05 可知，在 5%的显著性水平下，结果不能拒绝原假设（原假设为模型过度约束正确），表明我们选择的工具变量与误差项不相关，工具变量不存在过度识别，模型设定是正确的。为了保证回归结果有效，对式（6-3）进行了自相关检验，由 AR（2）值可以看出，变量不存在二阶自相关，表明本章选取的模型是符合 GMM 估计所要求的不存在二阶自相关的前提条件。

表 6-10　分行业的静态面板数据回归模型估计

变量名称	行业整体	医药制造业	航空、航天器及设备制造业	电子及通信设备制造业	计算机及办公设备制造业	医疗仪器设备及仪器仪表制造业
	固定效应模型	随机效应模型	随机效应模型	随机效应模型	随机效应模型	随机效应模型
c	2.5571*** (0.0000)	0.7813 (0.5103)	1.8798 (0.1261)	2.2861*** (0.0025)	1.7626* (0.0595)	3.3894** (0.0260)
ln*A*	0.0509** (0.0493)	0.0702 (0.2889)	0.0452 (0.4267)	0.0485 (0.3260)	-0.0329 (0.6375)	0.1532*** (0.0021)
ln*L*	0.2675*** (0.0000)	0.2473* (0.0612)	0.3312*** (0.0070)	0.4925*** (0.0000)	0.3356*** (0.0009)	0.1964 (0.2359)
ln*K*	0.6781*** (0.0000)	0.8525*** (0.0000)	0.6480*** (0.0000)	0.5139*** (0.0000)	0.7699*** (0.0000)	0.5749*** (0.0000)
ln*F*	0.2476** (0.0112)	0.0639 (0.6358)	0.5779** (0.0237)	0.3487** (0.0169)	0.2204 (0.3528)	0.0570 (0.7916)
R^2	0.8863	0.7200	0.8313	0.7105	0.5724	0.8879
LR	7.5797 (0.0000)	4.5115 (0.0000)	6.8470 (0.0000)	6.9689 (0.0000)	5.0502 (0.0000)	3.6339 (0.0000)
Hausman	12.8320 (0.0121)	4.0694 (0.3967)	15.0629 (0.0046)	6.5421 (0.1622)	6.2178 (0.1835)	5.1982 (0.2676)

注：小括号内为 *p* 值，***、**、*分别表示在1%、5%、10%的显著性水平下显著。

表 6-11　分行业的动态面板数据回归模型估计

变量名称	行业整体	医药制造业	航空、航天器及设备制造业	电子及通信设备制造业	计算机及办公设备制造业	医疗仪器设备及仪器仪表制造业
ln*Y*（-1）	0.3301*** (0.0000)	0.0417*** (0.0000)	0.0156 (0.9087)	0.1305 (0.1086)	0.1392*** (0.0000)	-0.0745** (0.0169)
ln*A*	0.0087 (0.5648)	-0.1625*** (0.0000)	-0.0341 (0.7471)	-0.0355 (0.7721)	0.1597*** (0.0000)	0.1220** (0.0299)
ln*L*	0.2231*** (0.0002)	0.9194*** (0.0000)	0.6225 (0.3675)	0.4971** (0.0186)	-0.2236*** (0.0003)	0.1341 (0.2284)
ln*K*	0.5275*** (0.0000)	1.1092*** (0.0000)	0.8235*** (0.0020)	0.5795*** (0.0000)	0.5956*** (0.0000)	0.7081*** (0.0000)
ln*F*	-0.1459*** (0.0000)	-0.8208** (0.0266)	-0.6370 (0.3571)	-0.0161 (0.9389)	0.0458 (0.2335)	0.6205** (0.0326)
AR（2）值	0.4682	0.0865	0.9630	*NA*	0.2035	0.7671
Sargan 值	0.4380	0.5537	0.4878	0.6198	0.4458	0.5917

注：小括号内为 *p* 值；***、**、*分别表示在1%、5%、10%的显著性水平下显著；ln*Y*（-1）为高新技术企业产出对数的一阶滞后项；工具变量为解释变量的滞后项；AR（2）值表示差分后的残差不存在二阶自相关检验的 *p* 值；Sargan 值为模型过度识别检验的 *p* 值。

6.3.4　面板回归模型分析及评价

从表6-10整体来看，除了计算机及办公设备制造业，其他模型的拟合优度都在0.7以上，表明我们所构建的模型对原始数据的拟合程度很好。由上述分析可知，本章所构建的回归模型是有效的。

6.3.4.1　从行业整体来看

从高新技术产业整体来看，协整关系的表达式为（小括号内为t值）：

$$\ln Y=2.557+0.678\ln K+0.268\ln L+0.248\ln F+0.051\ln A+\varepsilon_i$$
$$(4.654)(20.111)(4.837)(2.539)\quad(1.968)\qquad(6-7)$$

由式（6-7）可以看出，在5%的显著性水平下，无论是资本投入、劳动力投入，还是技术因素和金融因素，对高新技术产业新产品销售收入的影响都很显著，且均呈正向相关关系，说明这些因素的投入对新产品销售收入具有很强的促进作用。从影响大小来看，资本投入的影响最大，其弹性系数为0.678，这意味着高新技术产业资本投入每增加1个百分点，会带动新产品销售收入增加0.678个百分点，这也从侧面验证了高新技术产业是资本密集型产业，以及资本投入对高新技术产业的重要性；其次是劳动力投入的贡献率，劳动力投入对新产品销售收入的弹性系数为0.268，这意味着高新技术产业从业人员每增加1个百分点，会带动新产品销售收入增加0.268个百分点，也从侧面突显出人力资本投入对高新技术产业的重要程度；我国金融发展程度对高新技术产业产品销售收入的贡献率为0.248，这说明我国金融行业越发达，企业能够获取的信贷资金也会越多，从而在一定程度上支持高新技术产业的发展；高新技术产业拥有的发明专利数对其新产品销售收入的贡献率为0.051，与资本、劳动力和金融发展相比，其影响要小得多，这也说明我国高新技术产业拥有的核心技术价值不是很高，或与市场的对接能力较弱，技术转化为市场效益的效果不是很好。从表6-11的GMM模型估计结果也可以看出，除了技术因素，资本和劳动力投入、金融发展对高新技术产业新产品销售收入的累积效应都很显著，从效应大小来看，资本投入的累积效应最大。

从上述分析也可以看出，我国高新技术产业整体上处于规模报酬递增阶段，各项投入的增加会带来新产品销售收入的显著增加。

6.3.4.2 分行业来看

从静态面板模型各变量的显著性来看，在10%的显著性水平下，资本和劳动力的投入对高新技术产业整体以及不同行业的影响都很显著（医疗仪器设备及仪器仪表制造业中的劳动力投入除外）。这说明这些行业均为资本密集型行业，尤其是医药制造业和计算机及办公设备制造业，资本投入对新产品产出效应的弹性系数分别达到了0.8525和0.7699，航空、航天器及设备制造业中资本投入对产出效应的弹性系数也达到了0.6480。从劳动力对新产品产出效应的弹性来看，电子及通信设备制造业影响最大，航空、航天器及设备制造业和计算机及办公设备制造业影响几乎持平，医疗仪器设备及仪器仪表设备制造业相对较小。从资本投入和劳动力投入本身对新产品销售收入效应的对比来看，电子及通信设备制造业这两者几乎持平，其他行业差距较大，尤其是医药制造业，资本投入的产出弹性与劳动力投入的产出弹性相差0.6052，说明我国医药制造行业资本投入对新产品销售收入的影响要远远高于劳动力投入水平的影响。从动态面板模型的回归结果可以看出，高新技术各行业资本投入对新产品销售收入的积累效应都很显著，不仅影响当期的新产品销售收入，对滞后期的影响也很大，而且影响均为正值，其中医药制造业的累积效应最大，这也突出反映了高新技术企业资本投入产生效应的连续性。而劳动力投入的累积效应在医药制造业，航空、航天器及设备制造业较为突出。

从表6-10的静态面板回归模型分析可知，技术创新程度对新产品销售收入的影响，在1%的显著性水平下，医疗仪器设备及仪器仪表制造业影响显著，而医药制造业，航空、航天器及设备制造业，电子及通信设备制造业和计算机及办公设备制造业影响并不显著。这说明：一方面，我国高技术企业中这些行业对技术的自主研发能力薄弱，缺乏自主知识产权；另一方面，这些企业对国外先进技术的消化、吸收、转化能力不足，部分投入并没有带来相应的产出，没有形成有效的经济效益。而从GMM估计模型中可以看出，计算机及办公设备制造业、医疗仪器设备及仪器仪表制造业和医药制造业的技术创新对新产品销售收入的动态积累效应显著。

由表 6-10 可知，在 5% 的显著性水平下，地区金融发展对航空、航天器及设备制造业和电子及通信设备制造业的新产品销售收入影响比较显著。从表 6-5 可以看出，在我国航空、航天器及设备制造业 R&D 经费中，政府资金占了 40% 以上，政府资金的导向性非常明显，会带动大量的社会资金流入该行业。金融的发展本身具有风险识别的功能，资金会流向一些收益高而风险小的行业，而航空、航天器及设备制造业有政府资金作为保障，风险要小得多，因此出现了区域金融的发展程度对该区域航空、航天器及设备制造业的新产品销售收入影响比较明显的情况，且弹性系数达到了 0. 5779，而对电子及通信设备制造业新产品销售收入的弹性系数仅为 0. 3487。金融发展对计算机及办公设备制造业、医药制造业和医疗仪器设备及仪器仪表制造业的影响不显著，说明金融对这些行业的支持力度不够，社会资金通过市场流向这些行业较少，带来的效益不高。

6. 4　本章小结

本章从高新技术产业整体上以及分行业对资本投入、劳动力投入、技术创新对新产品销售收入的效应进行了实证分析，发现资本投入和劳动力投入是影响高新技术产业新产品销售收入的主要因素。在这两个因素中，关键的是资本投入，而且资本投入带来的经济效益非常显著。因此，如果高新技术产业想从开发阶段和成长阶段顺利过渡到成熟阶段，并产生相应的经济效益，资本的获取途径和获取量非常关键。我国高新技术产业和其他行业相比，政府财政投入的额度较大，但从表 6-5 政府与企业资金比重的变化可以看出，除了航空、航天器及设备制造业，其他企业政府资金的比重都在逐渐降低。如果从政府的功能定位和资金运行效率方面考虑，在高新技术产业的发展中，政府应该提供制度和环境保障，为高新技术产业自主创新提供“场地”，维护企业良好竞争。具体可以从以下几方面着手：一是激发企业创新动力；二是调动社会资源支持企业创新，即可以通过政策引导将社会资源向高新技术产业倾斜；三是政府提供相对公平的竞争环境，形成良好的创新氛围。对政府来说，除了一些重大科技研究，也不适宜直接对企业进行投资。因此，市场化的筹资途径对高新技术产业发展非常关键。金融的发展及其功能的不断完善，为高新技术产业市场化的筹资拓宽了渠道，而对现有金融体系进行改革和创新，则有助于优化高新技术企业的资金结构，支持高新技术产业的发展，提高高新技术产业的产出效率。

第 7 章　新型城镇化发展中金融支持的就业效应
——以创业型企业为例

7.1　新型城镇化与创业关系的理论分析

中国人力资源和社会保障部部长尹蔚民就“十三五”中国劳动力供求状况进行了预测，认为在“十三五”期间，我国城镇每年需安排劳动力的数量约为2500万，而未来几年由于企业劳动力的需求相对减少，在供给不减、需求下降的情况下，我国劳动力的总量压力很大，城镇就业形势严峻。[①] 张车伟、蔡翼飞（2015）对我国劳动力供求情况进行了预测，认为中国新增劳动力的供给并未出现剧烈下降，在未来很长一段时期内，劳动力的供给仍会富余。[②] 根据2016年中国人力资源市场信息监测中心对第三季度全国97个城市公共就业服务机构的市场供求信息进行的统计，吸纳农民工就业人数最多的行业批发和零售业、房地产业、建筑业、住宿和餐饮业的用人需求与2015年同期相比分别下降了9.4%、18.3%、7.7%、12.2%。[③] 中国经济整体下滑，吸纳70%以上劳动力的中小企业不景气，就业形势严峻已经成为不争的事实。

在城镇化发展过程中，也伴随着创业机会的增加和创业率的提升，创业已经成为解决就业、促进区域经济发展的一个重要途径，在吸引农村人口转移、解决转移人口的就业、促进城镇化的进一步发展方面起到了重要作用。可以说，城镇化与创业之间是一种动态的关系，创业活动越活跃，就越会催生大量的创业型企业，进而促进技术的创新和变革，

---

① 劳动力需求下降　人社部发出“十三五”就业预警［EB/OL］. http：//finance. sina. com. cn/roll/2016-08-03/doc-ifxupmws1637373. shtml.

② 张车伟，蔡翼飞．中国人口与劳动问题报告 No. 16——“十二五”回顾与“十三五”展望［M］. 北京：社会科学文献出版社，2015：134-170.

③ 就业促进司．2016年第三季度部分城市公共就业服务机构市场供求状况分析［EB/OL］. http：//www. mohrss. gov. cn/SYrlzyhshbzb/jiuye/gzdt/201610/t20161027_ 258227. html.

同时解决大量的就业问题。因此，以创业带动就业成为符合我国国情的最优策略。

7.1.1 城镇化对创业的影响

7.1.1.1 城市孵化器假说

这一假说是1959年由Hoover和Vernon提出来的。他们认为，中心城区人口密度较大，会使交易成本降低，而企业离市场更近，会更方便地提供产品和服务，由此得出“城市中心地带更有利于创业”的结论。围绕这一假说，学者们从不同角度对不同国家进行了实证分析。大多数学者得出的结论都印证了城市化程度及人口密度对创业有显著的正向相关关系。但也有学者得出不同的结论，如Renski（2007）通过追踪美国1994年和1995年成立的制造业和高端服务业7年的数据，得出城市核心地带和农村的创业率较低的结论。造成这种情况的主要原因在于，这些地区存在较高罚款、规则上的成本以及激烈的竞争。相对来说，城郊、小城镇以及农村中的商圈则会集中许多创业者，且这些地区企业的存活率较高，由此也得出“小城镇更有利于创业”的结论。Oort等（2004）运用空间计量模型对荷兰的情况进行了实证分析，也得出“除城市的核心区域外，城郊和中型城市也有利于创业”的结论。由上述分析可以看出，在中小城镇或城镇化发展的初期，城市孵化器假说是成立的，因为这一阶段城市的规模不大，创业成本较低，因此创业成活率较高；但当城镇化水平较高、规模极度扩大时，会产生交通拥堵、房租上涨等负面效应，这一假说则未必成立。

7.1.1.2 自我雇佣劣势理论

该理论最早是由Light（1979）提出的。他认为，劳动力市场存在一定劣势，这种劣势会使找工作的人在遇到障碍时不得不去寻找除工资外的其他收入来源，从而提高创业率。Andersson和Larsson（2016）发现，位于城镇的创业型企业在空间上的聚集主要是当地社会互动的结果，个人决定创业并成为企业家在很大程度上受创业的邻居们的影响。他们通过对瑞典的创业情况进行研究，获知居住区域上的共享性对创业者创业在统计上有显著的影响，提高了个体离开原有工作岗位进行创业的可能性。Thurik等（2008）利用23个OECD国家1974—2002年的数据，对失业和创业之间的关系进行了实证研究，认为创业和失业率之间是一种动态的关系：一方面，高失业率会导致个体经营者去创业（“难民”效应）；另一方面，较高的创业率也预示着在随后的期间内增加的创业活动在一定程度上会减少失业（“创业”效果）。

7.1.2　创业对城镇化的影响

1920 年，马歇尔研究了创业与城市增长的关系，认为城市化与创业是并行且互相促进的。他认为，在 20 世纪 90 年代，创业是带动美国经济高速增长的重要原因，而且当时积极优化创业环境已经成为美国经济政策的核心要素。美国管理学家 Jeffry A. Timmons（2004）也指出，美国经济强劲的增长和创新活力的关键在于整个社会旺盛的创业精神和新创业企业源源不断的创业活动。OECD 通过对 20 世纪 90 年代新办企业比例与经济增长率之间的关系进行监测，发现两者之间呈正相关关系。Glaeser（2010）认为，当地环境会影响企业家的选择，而创业成功也会影响当地经济。他利用道格拉斯生产函数，从创业者的角度证明了在一定情况下创业的增加必然会导致城镇人口的增加。我国学者张祥俊、高兴民（2016）基于广州等 21 个地市 2001—2013 年的相关数据，运用 PVAR 模型也研究了城镇化与创业之间的关系，得出结论：城镇化对创业影响的持续期较长，初期为正向影响，但随着城镇化水平的提高和规模的扩大，城市变得拥挤，创业成本会增加，从而呈现负向相关关系；在创业初期，创业会使城镇化产生一定的波动，随着创业逐步成熟并趋于稳定，其影响也呈现稳定的正向相关关系；创业对城镇化的总贡献度为 6.15%，最大的直接效应达到 25.5%。

由上述理论分析可以得出，在城镇化发展的过程中，创业也会增加，但城镇化对创业的影响是动态变化的，城镇化发展的不同时期对创业的影响也不相同，而创业也会对城镇化产生长期影响。

7.1.3　我国新型城镇化与创业

我国新型城镇化建设的关键是农民工的市民化，要求不仅从户籍上要改变农民工的市民身份，还要为转移人口真正融入城镇提供保障，使转移人口能够在城镇立足并获得长期发展。要实现这一目标，通常有两种途径：一是就业，二是创业。如果失业情况较为严重，创业活动通常会趋于活跃，这是削减失业高峰的一个有效途径。根据2012年全球创业观察（Global Entrepreneurship Monitor）的报告，机会型创业者每增加1个，在当年就会带动平均2.77人的就业数量，未来5年该值为5.99人。[①] 创业活动每增长1%，将使我国经济增长率提高3%。城镇较大的市场容量和市场机会激发了更多的创业机会，也吸引了大量转移人口。在创业过程中，一部分转移人口会逐渐融入城市，成为真正的市民，这些人口也会带动更多的人进入城镇，形成“一人带动一群就业岗位”的模式，因此创业在一定程度上也会促进城镇化的进程。可以说城镇化激发了更多的人创业，也可以说现有的城镇化过程也是创业人口逐步增加的过程。创业已经成为衡量一个城市经济是否具有活力的重要参考标准。

中共十八届五中全会提出，通过创业实现就业是促进城乡经济协调发展、推动农村走新型城镇化道路的新途径。面对中国经济增速下滑、失业增加的形势，2014年9月，李克强在达沃斯论坛上提出“大众创业、万众创新”的思想，这一思想被写入2015年的政府工作报告。作为我国经济“中高速”增长的“新引擎”，创业创新在扩大就业的同时，也增加了居民收入，促进了我国城镇化的发展，进而带动了中国经济增长。近几年，为了支持创业，我国中央和地方陆续出台了《国务院关于进一步做好新形势下就业创业工作的意见》（国发〔2015〕23号）、《国务院办公厅关于支持农民工等人员返乡创业的意见》（国发办〔2015〕47号）以及《关于结合新型城镇化开展支持农民工等人员返乡创业试点工作的通知》（发改就业〔2015〕2811号）等20多份文件，将“大众创业、万众创新”发展成国家战略，并出台了一系列优惠政策，许多省份还建立了创业孵化区、创业服务中心等。这些政策和措施在促进创业方面起到了积极的作用。根据《全球创业观察中国报告》的统计数据，2011年我国的创业活动指数为24.1%，位于参与全球创业观察项目成员国和地区的第二位。据全国工商总局的统计数据：2014年3月1日到2015年5月底，全国新登记企业数量为485.4万户、个体工商户为1170.2万户、农民专业合作社为35.5万户，每天平均新登记注册的市场主体已经超过3.7万户，我国正在经历改革开

① 高建．创业看数量　更要重质量［N］．光明日报，2012-07-25（15）．

放后新一轮创业创新的浪潮。[1] 而创业型企业对劳动力的吸纳数量也在逐年上升，如图 7-1 所示。2000 年，吸纳的就业人口总量为 7476.5 万人，占整个社会从业人员数量的 10.37%；2014 年，就业人口总量已经达到 24975 万人，占整个社会从业人员数量的 32.33%，年均增长率为 8.46 个百分点。可见，个体和私营企业成为吸纳劳动力的生力军，在新型城镇化的发展中起到了不可忽视的作用。

图 7-1　2000—2014 年我国个体和私营企业吸纳劳动力比率

数据来源：中国统计年鉴，由计算得出。

7.2　新型城镇化与创业的实证分析

7.2.1　模型构建、变量选取及处理

7.2.1.1　模型构建

由上述分析可以看出，新型城镇化与创业之间构成了互相影响的动态关系，为了更好地说明两者之间的关系，我们构建了以下模型。

模型 1：
$$QUR_{it} = c_{it} + \alpha_{it} PR_{it} + \mu_{it} \tag{7-1}$$

该模型用于衡量创业型企业创业对新型城镇化质量的影响。

模型 2：
$$PR_{it} = c_{it} + \alpha_{it} QUR_{it} + \mu_{it} \tag{7-2}$$

该模型主要用于衡量新型城镇化质量对创业型企业创业的影响。

---

① 辜胜阻，李睿．大众创业、万众创新要激发多元主体活力［J］．求是，2016（16）：28-30.

以上两式中，QUR_{it}为第 i 个省份第 t 年的新型城镇化质量，PR_{it}为第 i 个省份第 t 年的创业效应，c 为截距项，α 为弹性系数，μ 为随机扰动项，$i=1, 2, \ldots, 31$，$t=2000, 2001, \ldots, 2014$。

7.2.1.2 变量的选取及处理

根据式（7-1）和式（7-2）所构建的模型，我们选取了两个变量：第一个变量是新型城镇化质量。该变量的选取原因、处理过程及结果在本书 5.2 部分已经进行了说明，本章所用衡量 2000—2014 年各省新型城镇化质量的数据取自表 5-8。第二个变量是关于创业的指标。通常用于衡量创业的指标有两类——自我雇佣率和新生企业比率。和第二类指标相比，第一类指标既能衡量创业企业的状况，又能衡量创业企业吸纳劳动力的能力，因此更为科学一些。本书采用第一类指标来衡量创业型企业的创业效应。创业型企业一般为个体企业或私营企业。本书采用个体企业从业人员数量和私营企业从业人员数量之和与全社会从业人员数的比值来衡量创业型企业的创业效应。

在变量的处理方面，为了消除数据差异性的影响，笔者对创业型企业的创业效应数据进行了无量纲化处理（处理方法参见 5.2.3.1）。由于新型城镇化质量的衡量指标在第 4 章计算时已经进行了标准化处理，本章不再重复处理。

衡量创业企业的相关数据主要来源于中国统计年鉴和各省统计年鉴，缺失数据采用移动平均法补充。

本章采用 Stata13.0 软件对相关数据进行处理，处理结果如下。

7.2.2 面板数据的单位根检验

本章采用 LLC 单位根检验方法，加入个体固定效应和时间趋势，按照 Schwarz 准则选择滞后长度，对这两个变量进行单位根检验，结果见表 7-1。由 T 值和 p 值可以看出，在 1%的显著性水平下，均拒绝存在单位根的原假设，表明这些序列是平稳的。

表 7-1 面板数据的稳定性（单位根）检验

变量	QUR	PR
T 统计量	-8.0195	-3.7376
p 值	0.0000	0.0001

7.2.3 面板回归模型估计及评价

对面板数据进行内生性检验，结果 $F(3, 460) = 1.21$，$\text{Prob} > F = 0.3073$，因此没有拒绝变量没有内生性的零假设，表明我们选取的变量与误差项之间没有关系。由此可知，我们设定的模型（7-1）和模型（7-2）是合理的。对这两个模型进行 Hausman 检验，模型（7-1）和模型（7-2）均适合固定效应模型，结果如式（7-3）和式（7-4）所示，小括号内为 t 值。由 t 值可以看出，两个变量均显著，拟合优度较好，说明本书所构建的模型对原始数据的拟合程度较好。

7.2.3.1 创业对新型城镇化的定量分析及评价

式（7-3）建立了新型城镇化与创业之间关系的定量分析结果，由结果可以看出，我国创业型企业对劳动力吸纳的效应对新型城镇化质量的影响是非常显著的，其弹性系数为 8.2397。这就意味着我国创业型企业吸纳就业人口数量占比每提高 1 个百分点，会带动新型城镇化质量提升 8.2397 个百分点，因此，我国提出的以创业带动就业来促进新型城镇化质量提升是非常科学的。

$$\text{QUR} = -1.7204 + 8.2397\text{PR} \qquad (7-3)$$

$$(-25.89)\ (28.45)$$

$$R^2\text{: within} = 0.6515 \quad F(30, 433) = 21.59 \quad \text{Prob} > F = 0.0000$$

7.2.3.2 新型城镇化对创业的定量分析及评价

式（7-4）对模型（7-2）进行了估计，建立了创业与新型城镇化之间的定量关系，由结果可以看出，我国新型城镇化质量的提升对创业型企业吸纳劳动力的能力影响非常显著，且弹性系数为 0.0791，这就意味着我国新型城镇化质量每提升 1 个百分点，会导致创业型企业吸纳就业人口数量占比提高 0.0791 个百分点。

$$\text{PR} = 0.2082 + 0.0791\text{QUR} \qquad (7-4)$$

$$(74.55)\ (28.45)$$

$$R^2\text{: within} = 0.6515 \quad F(30, 433) = 24.05 \quad \text{Prob} > F = 0.0000$$

由上述结果可以看出，我国新型城镇化与创业型企业的创业效应是非常显著的，且新型城镇化质量的提升与创业型企业吸纳的就业人口数量占比之间存在显著的正相关关系。比较两者的影响力度，创业型企业对新型城镇化的影响更大些。因此，我们应该大力提倡创业型企业的发展，并创造良好的政治、法律及金融环境，为创业型企业的发展创造良好的条件，从而促进新型城镇化的可持续发展。

7.3 金融发展与创业型企业创业效应的实证分析

7.3.1 金融发展与创业的理论分析

关于金融发展与创业的关系，国内外都有相关研究。多数经济学家赞同 Goldsmith McKinnon Shaw 的观点，认为金融发展在一定程度上会促进经济增长，他们将原因归结为金融发展会使资本获得更高的回报率。而 Greenwood 和 Jovanovic（1990）则认为，金融发展与经济增长的相互关系会导致金融发展与收入不平等之间呈现倒“U”形关系，这就意味着金融发展到一定程度会扩大收入分配的差距。De Gregorio（1996）认为，金融可以通过对人力资本投资来扩大收入差距，由于个人的学习能力存在差异，金融发展可使个人平滑消费，学习能力较强的这部分人可以通过对人力资本进行投资成为企业家。Cagetti 和 DeNardi（2006）也同意这一观点，他们构建了一个在借贷约束条件下允许创业进入、退出和投资的选择模型，认为更多的限制性借贷约束会产生更少的财富集中度，降低企业平均规模和总资本，减少企业家数量。Ghatak 和 Jiang（2002）认为，金融发展及金融市场的逐步完善可以降低投资的门槛，从而促使更多的人去创业，成为企业家。Bianchi（2010）建立了职业选择模型，认为创业型人才是异质的，信贷约束是提高人才配置效率的一个障碍，而金融发展水平的提高则可以缓解这种金融约束，从而增加企业家的数量，使企业家被更有效地配置到生产活动和技术创新中。国内学者也进行了相关研究。湛军（2010）对金融危机与创业进行了研究，认为金融危机会给全球创业活动带来负面影响，导致创业机会的减少和创业活动的下降。张龙耀、杨军、张海宁（2013）基于微观视角对金融发展、城乡家庭创业与收入分配进行了分析，认为城乡家庭创业普遍存在金融约束现象，而金融发展的提高会使金融约束对创业活动的抑制效应降低，因此他们认为“金融发展→企业家创业→收入分配”的作用机制在我国是成立的。

由此可见，国内外关于金融发展与创业关系进行的相关研究，都认为金融发展程度越高，借贷约束越少，越会使更多的人选择成为企业家，从而增加社会的创业率。而且多数研究都是以创业为中介来研究金融发展与经济增长和收入分配之间的关系，很少有学者对金融发展对创业型企业的创业效应进行研究。笔者认为，我国在新型城镇化背景下所提出的“大众创业、万众创新”以及“以创业带动就业”的观点所包含的创业的意义不仅能使创业者成为企业家，深层次的意义在于能够以创业来带动整个就业，从而实现转移人口的顺利就业，提升转移人口的消费能力和层次，进而促进新型城镇化的快速、健康及可持续发展。因此，笔者认为，创业型企业的创业效应突出体现在创业型企业能够吸纳的就业人口数量上，并将此作为衡量创业型企业创业效应的标准。

《全球创业观察中国报告》对我国的创业环境进行了评估，认为2002年我国的创业环境评分为2.57分，处于不利于创业活动的环境状态。经过十几年的发展，中国的创业环境评分已经达到了3分左右，正在步入有利于创业活动的状态。我国的创业环境区域性差异明显，呈现出显著的东、中、西部及东北阶梯下降的态势。根据《2015年中国城市创新创业环境评估研究报告》，2014年在全国创业创新排名前10位的城市中，东部占了6个，中部占了2个（武汉和郑州），西部占了2个（成都和西安），东北地区没有；而在前50强的城市中，东部占了30个，中部占了7个，西部占了9个，东北地区占了4个。由此可见，经济越发达的地区，创新创业率越高。创业型企业是创业的主体，良好的创业环境为其提供了外部环境的支持，创业型企业要想创业成功，资金的支持对其自身发展非常关键，但长期以来，我国创业型企业在融资过程中存在一系列问题。首先就是缺乏长期权益性资本。目前，我国金融体系的短期信贷业务已经对中小企业放开，使得创业型企业短期资金融通的难度降低，但中长期信贷和权益性资本对中小企业的供给不足，使得创业型企业严重缺乏长期权益性资本。对大量高科技创业型企业来说，相对于短期贷款，中长期贷款和股权投资更为缺乏。另外，中小企业融资困难。我国中小企业吸纳了社会70%以上的就业人口，但融资困难是其一直面临的难题。我国创业型企业多为中小企业，甚至有些是微型企业，由于信息不对称、可抵押资产较少、财务制度不健全等，创业型企业无法达到银行的贷款要求，而且银行也不敢轻易放款，因此这类中小企业可获得的支持额度较低；而专门为中小企业服务的中小金融机构数量较少、发展滞后、提供的金融产品结构单一，难以满足创业型中小企业的资金需求。如何解决这一问题，成为金融结构改革的难点之一。

7.3.2 金融支持创业型企业创业效应的定量检验

7.3.2.1 模型的构建

创业型企业如果想创业成功，则需要资金、场所、人员、设备等，在这些因素中，资金是最重要的，有了资金，其他所需条件才能得以购买和满足，创业才可能真正实现。对创业者来说，资金的需求是多方位的，也是连续的，而创业者自有资金相对于中后期资金需求量来说量较小，而且创业型企业在发展初期，如果单靠自身资本的积累，发展速度较慢，所需时间较长，因而必须借助外部资本，即社会资本。如果没有社会资本，很多创业者创业都会面临失败。有关调研发现，有近九成的大学生认为资金不足是创业最主要的障碍，而近八成的农民工认为创业最缺少的是资金。因此，在创业者创业的过程中，有效的金融支持是非常重要的因素。金融部门能够对最有可能成功创业的企业进行评估和筛选，并对筛选出的企业给予信贷支持，从而实现其从新产品的开发到产品的市场化。基于此，本书构建了以下计量模型：

$$PR_{it}=\alpha_0+\alpha_1 FS_{it}+\alpha_2 FIR_{it}+\alpha_3 STPG_{it}+\nu_i+\mu_t+\varepsilon_{it} \tag{7-5}$$

上式中，下标 i 表示省份，t 表示年份；α_0 为截距项；PR_{it}表示第 i 个省第 t 年个体和私营企业吸纳的就业人口数量占全国从业人员数的比重（即创业效应），为被解释变量；解释变量 FS、FIR、STPG 定义见 5.3.2.2；ν_i 为个体效应；μ_t 为时间效应；ε_{it}为随机误差项。

个体企业和私营企业吸纳的就业人口数量是一个动态连续的过程，不仅受本期相关因素的影响，还受上期吸纳就业人口数量的影响。对式（7-5）进行修订，建立动态面板模型如下：

$$PR_{it}=\alpha_0+PR_{it-1}+\alpha_1 FS_{it}+\alpha_2 FIR_{it}+\alpha_3 STPG_{it}+\nu_i+\mu_t+\varepsilon_{it} \tag{7-6}$$

7.3.2.2 指标的选取

金融发展可以缓解创业型企业的资金约束，从而促进创业活动。创业型企业的金融支持主要表现在以下三个方面：一是通过金融规模的扩张，增加创业型企业获得资金的机会和可能性。在金融规模指标的选取方面，本章参照第 5 章（5. 3. 2. 1）的选取标准，以金融从业人员占比来衡量我国金融规模，简记为 FS。二是通过金融结构的变化来增加创业型企业获取资金的途径。创业型企业可以通过银行市场获得间接融资，也可以通过股票市场发行股票和债券直接融资，而我国保险市场的发展和完善降低了创业型企业的风险。鉴于此，借鉴 5. 3. 2. 1 的选取标准，本章以金融机构储蓄存款余额、股票市价总值和保险机构保费收入这三部分之和除以 GDP，得出我国金融结构的一种衡量指标，简记为 FIR。三是通过金融效率的提高提升创业型企业获取资金的效率。本章仍借鉴 5. 3. 2. 1 的标准，以金融行业从业人员人均金融业增加值衡量我国金融机构人员的工作效率和金融机构的运营效率，简记为 PFDV。

对于创业企业的创业效应指标，我们采用本书 7. 2. 1. 2 的选取标准，以个体企业从业人员数量和私营企业从业人员数量与全社会从业人员数的比值来衡量，简记为 PR。

7. 3. 2. 3　数据的选取及处理

本章选取我国 31 个省份 2000—2014 年的面板数据，金融数据主要来源于中国金融年鉴、各年统计年鉴和各省统计公报，创业企业相关数据来源见 7. 2. 1. 2。由于金融规模、金融结构和金融效率的相关数据在第 5 章已经做了相关处理，有关这三个变量的数据，本章采用第 5 章处理后的数据。有关创业企业创业效应的数据，本章进行了标准化处理，处理方法见 5. 2. 3. 1。

7. 3. 2. 4　面板数据的检验

如表 7-2 所示，对面板数据进行 LLC 单位根检验后发现，经过一阶差分，在 1%的显著性水平下，均强烈拒绝了面板数据包含单位根的原假设，说明面板指标序列是平稳的。

表 7-2　面板数据的稳定性（单位根）的 LLC 检验

变量	PR	FS	FIR	PFDV
T 统计量	-3. 7376	-7. 7807	-10. 8151	-7. 3025
p 值	0. 0001	0. 0000	0. 0000	0. 0000

注：检验中加入了个体固定效应与线性时间趋势，并将面板数据减去各截面单位的均值，再进行检验。

7.3.3 金融支持创业型企业的分析与评价

本章针对全国和不同地区分别采用静态面板模型（OLS）和动态面板模型（Sys-GMM）两种估计方法进行了分析。表 7-3 中，由 Hausman 检验结果可知，全国和东北地区拒绝了原假设，应该选择固定效应模型，而东、中、西部没有拒绝原假设，应选择随机效应模型。表 7-4 中，由 Sargan 的值可以看出，结果没有拒绝“过度约束是有效的”的原假设，表明我们所选择的工具变量是有效的。由 AR（2）的 p 值可以看出，模型没有拒绝“扰动项无自相关”的原假设，因此符合 GMM 所要求的扰动项不存在自相关的前提。

表 7-3 全国及不同地区静态面板数据回归结果

变量名称	全国	东部地区	中部地区	西部地区	东北地区
	固定效应模型	随机效应模型	随机效应模型	随机效应模型	固定效应模型
c	-0.0163 (0.156)	0.0073 (0.858)	-0.0115 (0.740)	-0.0587** (0.027)	0.1965* (0.092)
FS	31.3020*** (0.000)	28.1692*** (0.000)	19.6856*** (0.000)	37.9446*** (0.000)	6.4347 (0.621)
FIR	-0.0099 (0.136)	-0.0016 (0.891)	-0.0272 (0.169)	-0.0096 (0.202)	-0.0700 (0.191)
PFDV	0.0855*** (0.000)	0.0617*** (0.000)	0.3530*** (0.000)	0.1408*** (0.000)	0.3528*** (0.000)
Sigma_ u	0.0787	0.1096	0.0575	0.0599	0.0496
Sigma_ e	0.0663	0.0878	0.0334	0.0466	0.0492
Hausman	0.0473	0.5120	0.9573	0.6120	0.0076
R^2	0.5795	0.6334	0.8017	0.6147	0.6055
OBS	465	150	90	180	45

注：小括号内为 p 值，***、**、*分别表示在1%、5%、10%的显著性水平下显著，R^2 为 within 值，Hausman 的值为 p 值。

表 7-4　全国及不同地区 Sys-GMM 回归结果

变量名称	全国	东部地区	中部地区	西部地区
PR（-1）	0.8270*** （0.000）	1.1048** （0.023）	0.0254 （0.987）	0.8662*** （0.003）
PR（-2）	0.1432* （0.055）	0.0550 （0.894））	-0.6525 （0.955）	0.1466 （0.751）
FS	7.2714** （0.040）	5.8471 （0.338）	46.3227 （0.962）	11.1770 （0.649）
FIR	-0.0214 （0.304）	-0.0228 （0.667）	-0.0174 （0.914）	-0.0030 （0.919）
PFDV	0.0109 （0.175）	0.0092 （0.294）	0.5525 （0.885）	0.0109 （0.896）
c	0.0000 （0.999）	-0.0455 （0.455）	-0.1235 （0.975）	-0.0366 （0.578）
AR（1）的 *p* 值	0.0350	0.1361	0.9900	0.1831
AR（2）的 *p* 值	0.4954	0.3017	0.9903	0.6153
Sargan 的 *p* 值	0.9778	1.0000	1.0000	1.0000

注：小括号内为 *p* 值；***、**、*分别表示在 1%、5%、10%的显著性水平下显著；工具变量为变量的滞后项；东北地区只有 3 个省份，截面较少，无法做 GMM 分析，因此本表将其忽略。PR（-1）、PR（-2）为个体和私营企业创业效应的一阶和二阶滞后项；工具变量为解释变量的滞后项；AR（1）和 AR（2）的 *p* 值表示差分后的残差不存在一阶和二阶自相关检验的 *p* 值；Sargan 检验的 *p* 值为模型过度识别检验的 *p* 值。

为了解决变量的内生性问题，本章选择变量的滞后项作为工具变量，通过对各变量采用差分 GMM 和系统 GMM 的系数估计值和标准差，发现系统 GMM 的标准误要小一些，因此相对于差分 GMM，系统 GMM 估计更准确些，因此，表 7-4 采用系统 GMM 进行估计。从表 7-4 可以看出，在 5%的显著性水平下，我国金融规模的扩张对个体和私营企业吸纳劳动力数量的累积效应比较显著，达到了 7.2714，而其他各变量的动态累积效应并不显著，因此本章重点分析静态面板数据模型。

从表 7-3 总体来看，在 1%的显著性水平下，无论是全国还是不同地区（除东北地区的金融规模之外），金融规模及金融效率都与创业型企业的创业效应呈正向相关关系，且影响都很显著。这说明我国金融规模的扩张和金融效率的提高在很大程度上会提升创业型企业创业的成功率，且会扩大创业型企业的规模，增强其对社会劳动力的吸纳能力。东北地区金融规模的发展对创业型企业创业效应影响不显著的主要原因在于东北地区作为老工业基地，受国家政策的影响较大，近几年面临转型的压力，企业整体效益不好、信用不高，而且东北地区属于银行主导金融资源的结构，结构单一，机构僵化，且金融规模整体较小，竞争力较弱，银行不良贷款率居高不下，这些因素共同导致我国金融规模和金融结构对东北地区的影响并不显著。

我国金融结构对创业型企业的创业效应影响并不显著。究其原因，主要是由于我国以银行业为主要部门的金融结构，且国有大银行在银行业中处于高度垄断的地位，而创业型企业多为个体和私营企业，财务报表的不完善和抵押资产的缺乏使其很难从银行获得所需的贷款，而且大银行的垄断地位也使其缺乏改善自身金融服务、降低贷款成本的动机，这些导致我国的金融结构对创业企业的创业效应影响不明显，这就意味着我国目前的金融结构并没有有效地促进创业企业的创业。如果想促进创业型企业的发展，必须对目前的金融结构进行变革和调整，降低银行进入门槛，打破大银行的垄断地位，培育多种金融机构主体，促进各类银行间的竞争，同时开发适合中小微企业的金融产品，满足创业型企业创业的资金需求。

分区域来看，我国东部地区和西部地区创业型企业对金融规模的依赖性更强，弹性系数分别达到了 28.1692 和 37.9446，也就是说，这些地区金融规模每扩张 1 个百分点，会带动创业型企业吸纳劳动力增长 28.1692 个和 37.9446 个百分点；而我国中部地区的弹性系数也达到了 19.6856。从表 7-5 可以看出，我国中部地区的金融规模相对较低，东部 10 省年末金融机构各项贷款余额占到了全国的 53.53%，西部 12 省该余额占全国的 20.36%，而中部 6 省该余额占全国的 15.53%，东北 3 省该余额占全国的 7.22%。由此得出：在西部地区，通过增加企业对劳动力的吸纳、扩张金融规模来促进创业型企业的发展是一条非常好的道路。

表 7-5　2014 年末我国各地区金融机构各项存贷款余额及占比

	年末金融机构各项贷款余额（万元）	占全国比重（%）
全国	8167700000	
东部 10 省	4371849342	53.53
中部 6 省	1268616653	15.53
西部 12 省	1663343938	20.36
东北 3 省	590025000	7.22

数据来源：中国统计年鉴，表中数据经计算得出。

高效率的金融部门可以通过降低信息获取和处理成本，提高资本积累率和配置效率，从而降低实体经济获得资金的成本，提升资本使用效率，从长期来说，能够促进经济的增长和企业的发展。从表 7-3 也可以看出，金融效率的提升对所有地区乃至全国创业型企业创业效应的影响都很显著，这也说明可以通过提高金融运行效率提升创业企业的创业效应，增强其对劳动力的吸纳程度。相对于其他地区，中部和东北地区金融效率的提升对创业型企业的影响最大，弹性系数分别达到了 0.3530 和 0.3528，而东部地区的弹性系数仅为 0.0617。因此，要想提高中部和东北地区创业企业对劳动力的吸纳能力，最好的途径是提高金融运行效率。

7.4　创业型企业对目前融资体系改革的要求

金融支持创业的核心是推动储蓄向投资的有效转化，因此必须建立包容性的金融政策，探索储蓄向投资进行转化的有效机制、方式和方法。具体来说，可以从以下领域着手。

7.4.1　创新银行支持方式

银行作为我国金融机构的主要成分，首先要使收益和风险相匹配。长期以来，我国商业银行贷款利率的浮动空间相对较小，而创业型企业相对于其他类型的企业来说风险很大，使得商业银行的浮动利率无法弥补其面对的创业型企业的风险，从而导致我国银行系统在创业型企业商业性贷款方面政策不足，企业所获得的贷款规模相对较低。为了鼓励社会创业，商业银行可以尝试设立专门服务小微企业的机构，在支持创业企业和风险之间找到平衡，既能支持企业创业，也能将风险降到最低。为了提高其对创业型企业的支持，银行必须提高自身金融服务的专业化水平，有针对性地设计出符合全民创业实际的金融产品，为创业者提供金融支持，特别是成长型的小企业，同时应向创业型企业提供如融资、理财、结算和咨询等一站式的金融服务。银行也应加强与其他金融机构的合作，针对创业创新活动提供专门的股权和债券融资支持。

7.4.2 培育并优化资本市场的支持

培育资本市场是壮大创业型企业的最佳途径。通过资本市场和金融创新形成中小企业生态，可降低创业成本，营造宽松的市场环境，构建多方参与的创业发展生态圈，建立产、学、研的有效对接，发挥直接资金的作用，提高直接融资比例，发展并完善多层次资本市场，发挥资本市场服务创业的功能，发展投贷联动和支持产权质押融资，发挥国内孵化器众创的培育作用，实现众筹的融资途径。近年来，我国在中小企业融资方面也进行了积极的探索，特别是 2009 年 10 月创业板市场正式开板以后，一些中小企业陆陆续续上市融资。截至 2016 年 6 月底，在创业板上市的公司数量达到 512 家，总市值达到 51517. 71 亿元，流通市值达到 29937. 2 亿元。[①]这对支持企业的自主创新、科技成果的转化以及产业化，促进我国经济转型和产业结构调整，培育战略性新兴产业发展起到了重要作用。创业企业可以通过创业板市场发行股票，进一步促进资本市场的发展，尤其是创业板市场的发展，鼓励有能力的企业发行企业债券，并积极探索股权质押融资方式，完善制度规则，消除制度障碍，为个体和民营企业的直接融资提供融通渠道。

7.4.3 探索创业融资新模式

除了对目前的融资制度进行改革之外，可以探索发展新的融资模式来支持创业型企业的发展，如可以发展投贷联动、投保联动和投债联动等模式，也可以针对小微企业在审批时间、融资担保、利率以及机制设计等方面进行突破或创新。在新型城镇化推进过程中，农村大量的剩余劳动力进入城镇服务业，而从事城镇服务业的大多是民营企业和个体企业。在这一过程中，也会产生大量的小额信贷需求，而当地的中小金融机构最了解当

① 数据来源：Wind 数据库。

地状况，最适宜为当地中小微企业提供资金，因此，我们也应大力推进如村镇银行、农合机构、典当行、小额贷款公司等小型金融机构的发展，并在加强中小企业信用担保体系的同时，完善信用征集和评估系统，满足小额信贷的需求。

7.4.4　政府应加强引导并做好制度保障

政府应完善创业型企业投融资的政策体系，并对体系的运行情况进行监管和预警，建立创业型企业融资的考核评价体系。在支持互联网金融的同时，政府应规范并积极引导众筹融资平台的发展，完善创业担保贷款的相关政策，积极支持和探索保险基金与创业企业的相互保险等新业务；应加快设立创业投资引导基金以及国家中小企业发展基金，积极引导中小企业创业，并建立市场化的长效运行机制；放宽外资投资准入门槛，鼓励外资开展创业投资业务，鼓励并引导我国创业投资机构对境外高端研发项目的投资。

7.5　本章小结

新型城镇化建设首先要解决的是人口的就业问题，而我国创业型企业多为个体和私营企业，这两类企业已经吸纳了社会 30%以上的就业人口。我国创业型企业吸纳的就业人口每增长 1 个百分点，会带动新型城镇化质量提升 8.2397 个百分点，因此这两类企业已经成为我国新型城镇化建设中的重要力量。目前，这两类企业的创业失败率都很高，主要原因在于资金短缺。我国创业型企业资金需求和供给之间的矛盾非常突出。由本章实证结果可知，我国金融机构规模和效率能显著地提升创业型企业对劳动力的吸纳强度，但金融结构的不合理却对创业型企业的发展影响不显著，究其原因，主要在于我国以银行为主导的金融结构，创业型企业获得外部资金的主要途径是银行贷款，但风险很高，又缺乏担保资产。我国银行贷款利率的浮动范围受到管制，使得银行向这些企业贷款的利率水平不能很好地抵偿其风险，从而导致创业型企业很难获得银行贷款。由于创业者与投资者的信息不对称现象较为严重，外部投资者在只能获得极为有限的信息的情况下，很难判断创业者项目的优劣并获得股权融资。同时，我国创业者本身也存在创业能力不足、经验缺乏等问题。我国是世界上创业较为活跃的国家之一，创业政策环境和融资环境正在逐步改善，如我国政府将创业创新作为国策开始推行、政府支持创业的相关文件出台、创业板市场的建立等，这些政策和措施对我国创业型企业的创业起到了一定的促进作用，但目前仍存在企业融资难、法律和信用环境不健全等问题。因此，我们下一步除了要加大金融向创业型企业投资的规模，提升金融效率，对金融结构进行调整，以适应创业型企业的融资需求，还应加强创业的法律制度环境和相关配套机构的建设和完善。

第 8 章　新型城镇化发展中财政金融的支持效应及责任分担模式

8.1　财政与金融支持城镇化效应的实证检验

新型城镇化将是未来我国最大的增长引擎和发展红利，在经济结构转型时期，发展城镇化是我国扩大内需的关键，也是我国保持经济持久平稳发展的动力。我国城镇化呈逐年上升趋势，从 1978 年的 17.92%上升到 2015 年的 56.1%，年均增长率达到 3.13 个百分点。根据美国城市地理学家诺瑟姆有关城市化进程的“S”曲线理论，当城市化率达到 30%～70%时，为加速城市化时期。按此理论，我国目前已经进入城镇化发展的黄金时期。在推动以人为核心的新型城镇化的进程中，转移人口的需求成为目前要解决的关键问题，影响他们顺利转移的关键因素有两个，一是政策，二是资本，而政策的落实最终也必须要有足够的资本作为保障。因此，在新型城镇化的建设中，金融问题成为制约其发展的核心和关键。

目前，为我国新型城镇化提供资金支持的主要是政府的财政资金和市场化的金融两种力量。由于 2014 年 10 月国发〔2014〕43 号文的颁布，地方政府债务将实行严格的规模控制，因此未来市场将是资金的主要渠道。而政府在新型城镇化发展中将如何定位、怎样引入市场力量的前提是必须明确目前政府的财政资金和市场金融在新型城镇化发展中力量的大小。对城镇化中财政与金融的作用，国内学者进行了较为深入的研究。中国金融 40 人论坛课题组（2013）认为，推进新型城镇化应重点处理好政府与市场的边界，可以通过改革财税制度来建立合理的地方政府事、财权体系，同时应对政府适度举债建立有效的监督和约束机制，以充分发挥市场的作用。[①] 刘航、孙早（2014）引用 2001—2012 年中国省级面板数据，对城镇化

---

① 中国金融 40 人论坛课题组．加快推进新型城镇化：对若干重大体制改革问题的认识与政策建议［J］．中国社会科学，2013（7）：59-73.

动因扭曲与制造业产能过剩进行分析，得出结论：新型城镇化应适当弱化地方政府在城镇化中的强势主导地位。[①] 孙德超、周冰玉（2014）认为，城镇化建设中公共服务面临着财政投入的资金途径不合理、财政支出结构不合理、财政资金使用效率低等问题，因此需要健全财政资金筹措机制，调整财政支出结构，提高使用效率。[②] 综观国内研究文献，学术界已经充分认识到政府财政和市场的金融支持对城镇化发展的重要性，但现有的研究文献大多基于某一方面，很少有同时从政府和市场的视角对其作用进行实证研究的。我国新型城镇化发展已经进入关键时期，如何顺利跨越“中等收入陷阱”，作为主要推动力量——政府和市场的作用显得至关重要。本章将通过实证来分析我国城镇化进程中政府财政与市场金融支持的效应。

8.1.1 模型的选取

城镇化发展有自身的依赖性，本期的城镇化水平是在前期的基础上发展的，因此与前期质量水平息息相关。财政和金融支持的力度对城镇化发展影响很大，而且这种支持具有一定的依赖性。通常政府支持城镇化建设有一定的连贯性，除政策支持之外，资金的支持也对城镇化影响非常大，而且本期的资金支持会在今后一定时期内影响城镇化水平，且比较显著。市场支持亦是如此。因此，在模型选取上，本书采用克里斯托弗·西姆斯（Christopher Sims，1980）的向量自回归模型，简称 VAR 模型。本书引入该模型，从定量角度分析我国城镇化建设中政府支持与市场行为之间的互动关系。根据 SC 和 AIC 最小化原则，本书建立了一个滞后阶数为 2 的 VAR 模型，同时为了消除异方差的影响，对各变量取自然对数，表达式如下：

$$\ln UR_i = A_{i-1}\ln UR_{i-1} + A_{i-2}\ln UR_{i-2} + B_{i-1}\ln GP_{i-1} + B_{i-2}\ln GP_{i-2} + C_{i-1}\ln MP_{i-1} + C_{i-2}\ln MP_{i-2} + \mu_i \tag{8-1}$$

上式中，lnUR、lnGP、lnMP 分别表示城镇化水平、政府财政支持和市场金融支持的自然对数，A_{i-1}、A_{i-2}、B_{i-1}、B_{i-2}、C_{i-1}、C_{i-2}是各变量的待

---

① 刘航，孙早．城镇化动因扭曲与制造业产能——基于 2001—2012 年中国省级面板数据的经验分析［J］．中国工业经济，2014（11）：5-17.

② 孙德超，周冰玉．促进城镇化发展的城市财政支出改革研究［J］．城市发展研究，2014（2）：5-7.

估系数矩阵，μ_i 为误差修正项，变量下标 1、2 表示模型的滞后阶数。

8.1.2　变量的选取及处理

8.1.2.1　反映城镇化水平的指标

本章把城镇化水平作为被解释变量。通常把城镇化率作为反映城镇化水平高低的主要指标。[①] 目前城镇化率的计算方法有两种：一种是常住人口的城镇化率，即城镇常住人口占全部常住人口的比重。常住人口是指在城镇居住 6 个月以上的这部分人群，包括一次性居住 6 个月，以及一年之内居住超过 6 个月的。这种计算方法是国际上通用的。另一种是户籍人口的城镇化率，即城镇户籍人口占全部人口的比重。为了和国际接轨，也为了获取数据的便利，本章用第一种计算方法来衡量城镇化水平，记为 UR，即 UR=城镇人口/常住总人口。

8.1.2.2　反映财政支持行为的指标

城镇化的发展需要政府的支持和引导，财政是城镇化建设的物质基础。[②] 政府对城镇化的支持主要是通过财政支出来实现的，通常来说，政府财政支出越高，说明政府投资程度越深，一定程度上越能促进城镇化的发展。本章用地方财政一般预算支出占 GDP 的比重来衡量政府财政支出的强度，表明在地区生产总值中有多大比例是通过政府财政支出来拉动的，记为 FI。

8.1.2.3　反映金融支持行为的指标

市场对城镇化金融支持的关键在于金融市场运行效率的高低。如果金融市场运行效率过低，则会导致整个经济运行效率偏低，抑制欠发达地区劳动力的解放和转移，从而影响城镇化的进程。因此，本书选取金融效率来衡量市场支持力度。考虑到我国金融市场是以银行业为主导的市场，与银行相比，其他类型的金融市场无论是在规模上还是在制度上都不完善，在选取指标时，本书选用金融机构各项贷款与存款比来衡量金融效率，记为 FE。

---

① 简新华，黄锟．中国城镇化水平和速度的实证分析与前景预测［J］．经济研究，2010（3）：28-39.

② 夏祥谦．各省区市金融发展水平的比较研究［J］．金融理论与实践，2014（1）：63-68.

8.1.2.4 数据来源及处理

本章选取1978—2015年的年度数据。数据来源于中华人民共和国统计局、《新中国六十年统计资料汇编》、中华人民共和国财政部、中国人口统计年鉴。为了消除异方差的干扰，本章对各变量进行取对数处理，故使用了城镇化率的自然对数lnUR作为被解释变量，政府财政支出强度的自然对数lnFI、金融效率的自然对数lnFE作为解释变量进行实证分析。本章采用Eviews8.0对数据进行处理。

8.1.3 实证检验

8.1.3.1 ADF单位根检验

为避免时间序列出现“伪回归”现象，本书对其平稳性进行单位根检验，结果见表8-1：将ADF值与临界值比较，可以看出，在5%的显著性水平下，lnUR、lnFI和lnFE均为不平稳序列，经过一阶差分之后，lnUR和lnFE在5%的显著性水平下，lnFI在10%的显著性水平下，ADF值均小于对应的临界值，且p值很小，因此这三个序列为$I(1)$序列。这说明我国城镇化率、政府财政支出强度、金融效率之间可能存在协整关系。

表8-1 变量检验结果

变量	ADF值	p值	结论
lnUR	-0.4254	0.8941	不平稳
ΔlnUR	-4.4646	0.0011	平稳
lnFI	-1.9613	0.3019	不平稳
ΔlnFI	-2.9335	0.0514	平稳
lnFE	-1.8126	0.3688	不平稳
ΔlnFE	-4.3673	0.0014	平稳

注：Δ代表一阶差分，在5%的显著性水平下的临界值为-3.544282。

8.1.3.2 Johansen协整关系检验

为了验证三个序列之间的长期均衡关系，本书选择带截距项和趋势项，用Johansen协整检验方法来检验上述三个变量之间的协整关系。从表8-2可以看出，在5%的显著性水平下，在“一个没有”的原假设下，迹统计量的值大于其所对应的临界值，而且p值很小，因此拒绝原假设，表明三个变量至少存在一个协整关系。在“最多一个”和“最多两个”的原假设条件下，迹统计量的值均小于临界值，因此不能拒绝原假设。结果表明：在 5%的显著性水平下，我国城镇化率、政府财政支出强度和金融效率之间存在协整关系。

表 8-2　Johansen 协整检验结果

原假设	特征值	迹统计量	5%的临界值	p 值
一个没有	0. 4974	43. 7391	42. 9153	0. 0412
最多一个	0. 3265	18. 9738	25. 8721	0. 2823
最多两个	0. 1235	4. 7452	12. 5180	0. 6333

协整方程为：$\ln UR = 0.016 + 0.061\ln FI - 0.457\ln FE + \mu_i$　　（8-2）

$$(5.674)\ (2.381)\ (4.525)$$

此方程为长期均衡方程，小括号内为 t 值，由此可以看出：我国政府财政支出在一定程度上提高了城镇化水平。其中：政府财政支出每提高 1 个百分点，城镇化率将提高 0. 061 个百分点；金融效率与城镇化出现反向变动，这是因为 1978 年以来，我国银行将大量存款转换为贷款的比重在逐年下降（如图 8-1 所示），使得经过一阶差分处理的金融效率的变动率为负，而且我国金融结构失衡，资金支持实体经济的力度不够，因此，如果使两者变动方向一致，就必须使金融效率与目前的变动方向相反，提高储蓄转化率，也就是提高金融运行效率，且金融运行效率每变动 1 个百分点，城镇化率会变动 0. 457 个百分点。由此可知：我国城镇化与政府财政支出强度和金融效率之间存在着长效机制，但相对于政府财政支出，金融效率的变动对城镇化的影响更大。

8. 1. 3. 3　格兰杰因果检验

为了验证我国城镇化率、政府财政支出强度和金融效率之间是否存在时间上的先后关系，本书采用格兰杰因果检验，滞后两期进行检验。由表 8-3 可知：在 5%的显著性水平下，政府财政支出强度和城镇化存在单向因果关系，城镇化率的提高导致了财政支出扩张，但财政支出强度的增加不是提高城镇化率的主要原因。这是由于，城镇化的发展需要大量资金投入，城镇化发展越快，需要投入的资金也越多，进而带动财政支出规模的扩张。但政府财政支出投入的领域很多，由财政支出带动经济增长从而引起人口从农村流入城镇的作用并不十分明显。金融效率与城镇化率和财政支出强度也存在单向因果关系，金融效率的提高一定程度上加快了城镇化的发展和财政支出规模的扩张，但城镇化的发展和财政支出规模的扩张不一定是由金融效率提高引起的。这是因为：在金融运行效率中，贷款/存款比率越高，表明资金使用效率越高，更多的资金会投入社会，带动城镇化的快速发展。由于城镇化的建设周期长，资金回收慢，甚至很多都是非营利性的，吸引商业性金融机构资金投入的难度较大，而且长期以来，商业银行“惜贷”行为严重（见图 8-1），大量存款转换成贷款的比例虽然部分年份有所提高，但总趋势一直在降低，而且政府财政规模的扩张对商业银行和民间资本也产生了一定的挤出效应，因此我国城镇化质量的提高和政府财政支出的扩张不是金融效率提高的格兰杰原因。

表 8-3　格兰杰检验结果

零假设	F 检验值	*p* 值	结论
lnFI 不是 lnUR 的格兰杰原因	1.1612	0.3264	接受
lnUR 不是 lnFI 的格兰杰原因	4.2170	0.0240	拒绝
lnFE 不是 lnUR 的格兰杰原因	12.001	0.0001	拒绝
lnUR 不是 lnFE 的格兰杰原因	1.1096	0.3424	接受
lnFE 不是 lnFI 的格兰杰原因	4.5779	0.0181	拒绝
lnFI 不是 lnFE 的格兰杰原因	1.0342	0.3675	接受

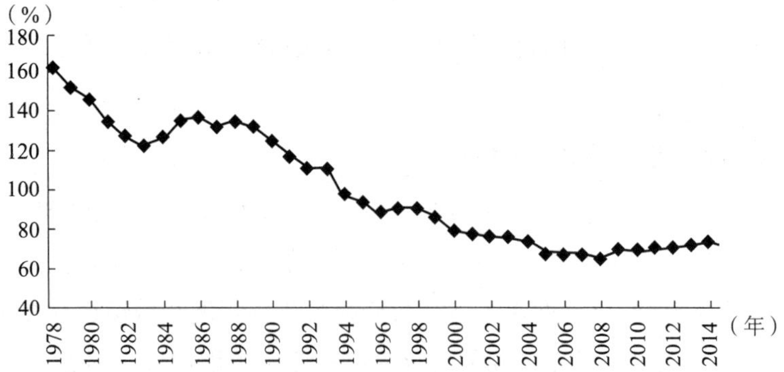

图 8-1　1978—2014 年我国银行存贷比

8.1.3.4　VAR 模型估计及稳定性检验

根据式（8-1）构建的模型，采用 VAR 模型进行估计，得出下面的矩阵，其中：lnUR 的 R^2 为 0.9994，Adj. R^2 为 0.9993，lnFI 的 R^2 为 0.9595，Adj. R^2 为 0.9511，lnFE 的 R^2 为 0.9833，Adj. R^2 为 0.9798，表明估计方程很好地拟合了原始变量。由结果可知，城镇化率、政府财政支出强度和金融运行效率指标均受自身滞后一阶影响较大。城镇化滞后一期对本期的影响系数是 0.781，政府财政支出滞后一期对本期的影响系数是 1.173，金融效率滞后一期对本期的影响系数是 1.158。由此可见，我国财政支出和金融效率对自身的依赖性很强。相对来说，滞后的政府财政支出和金融效率对城镇化的影响较小；滞后一期和二期的城镇化对政府财政支出和金融效率的影响都很大，而相对于政府财政支出，对金融效率的影响更大些。在进行脉冲响应函数之前，需检验模型的稳定性。如图 8-2 所示，单位特征根的倒数都位于单位圆内，表明我们所构建的模型是稳定的，能够进行脉冲响应函数分析。

$$
\begin{bmatrix} \ln UR_t \\ \ln FI_t \\ \ln FE_t \end{bmatrix} = \begin{bmatrix} 0.886 \\ 1.186 \\ 0.258 \end{bmatrix} + \begin{bmatrix} 0.781 & 0.027 & -0.006 \\ 0.440 & 1.173 & 0.050 \\ 0.709 & -0.018 & 1.158 \end{bmatrix} \begin{bmatrix} \ln UR_{t-1} \\ \ln FI_{t-1} \\ \ln FE_{t-1} \end{bmatrix} +
$$

$$
\begin{bmatrix} 0.115 & -0.022 & -0.104 \\ -0.492 & -0.243 & -0.229 \\ -0.734 & 0.054 & -0.227 \end{bmatrix} \begin{bmatrix} \ln UR_{t-2} \\ \ln FI_{t-2} \\ \ln FE_{t-2} \end{bmatrix} + \begin{bmatrix} \mu_{1t} \\ \mu_{2t} \\ \mu_{3t} \end{bmatrix}
$$

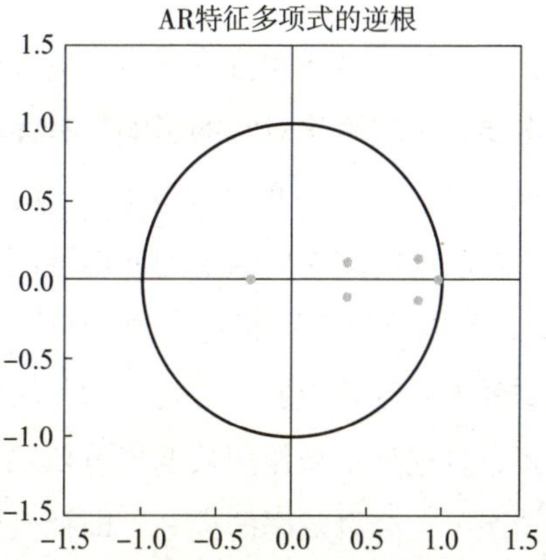

图 8-2　模型稳定性检验

8.1.3.5 脉冲响应函数分析

利用脉冲响应函数，本书进一步分析了各内生变量的变化带来的扰动项传播到各变量的途径。从图 8-3 可以看出，给城镇化率 1 单位标准差正向冲击之后，对自身初期影响较大，之后影响在逐渐下降；财政支出强度对城镇化的冲击效果在第二期后才逐渐显现，到第四期达到最大化后，效果逐渐减弱；金融效率对城镇化的冲击在第二期后逐渐显现，且随着时间的推移，冲击越来越大。这说明提高政府财政支出短期内会促进城镇化的发展，但长期效果不明显，相对来说，虽然金融效率对城镇化的影响有一定的滞后性，但随着时间的推移，影响力会越来越大且持久性很强。

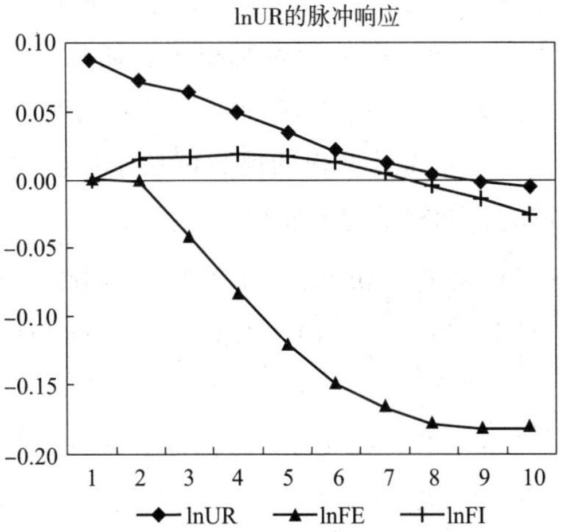

图 8-3 各变量对城镇化的影响

从图 8-4 可以看出：政府财政支出强度对自身的冲击以及金融效率对政府财政支出强度的冲击要大于城镇化对它的影响。具体来说：本期给政府财政支出强度 1 单位正向冲击，对自身的扰动缓慢上升，在第二期达到 6.3%后逐渐减弱；金融效率对政府财政支出强度的冲击逐渐增强，到第七期后基本保持在 4.4%的水平，且影响持久；相对来说，城镇化对政府财政支出强度的冲击在第二期达到最大后逐渐减弱。这是因为：城镇化的发展带动了政府财政支出规模的扩张，且这种带动作用长期来看依赖性比较强，而在社会资本需求总量一定的情况下，金融效率的提高，即社会资本的参与对政府财政支出可以产生替代效应，在一定程度上减少财政支出规模。由此也可以看出，提高金融机构运行效率是减轻政府债务负担的最佳选择。

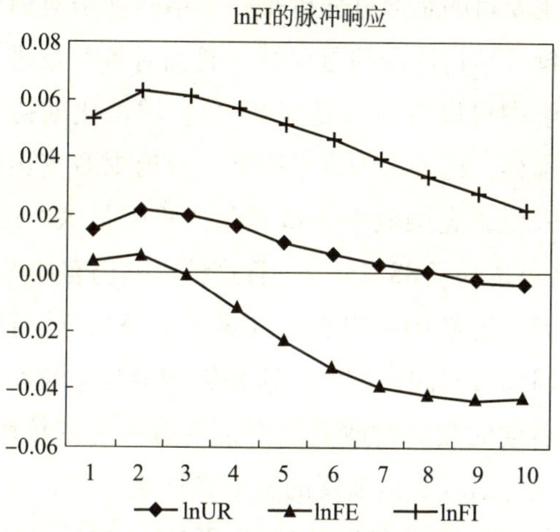

图 8-4　各变量对政府财政支出强度的影响

从图 8-5 可以看出：金融效率对自身的扰动非常明显，当期初给其 1 单位正向冲击后，到第二期会迅速达到最大，之后直线下降；政府财政支出对金融效率的冲击滞后一期后才显现并逐渐增大；城镇化对金融效率的冲击在第二期达到最大后影响逐渐减弱。这说明政府财政支出的增加，在促进城镇化发展的同时，带动了社会资本的参与力度，提高了资金的使用效率，且这种带动作用持久性强。

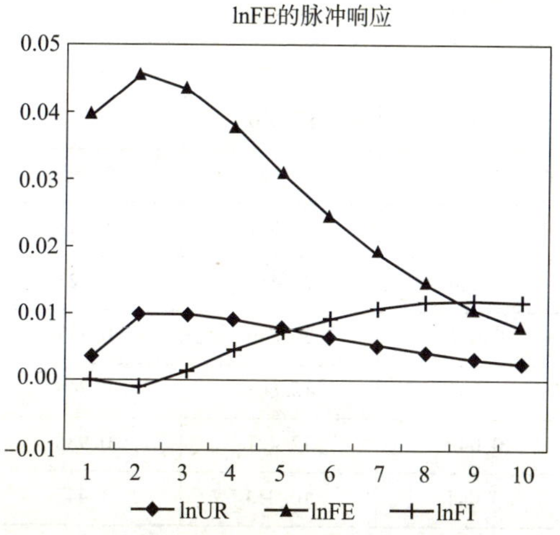

图 8-5　各变量对金融效率的影响

8.1.3.6 方差分解

方差分解的主要目的是通过分析每一个结构冲击对内生变量变化的贡献率，进一步评价各结构冲击的重要性。我们对各变量进行分解后，从城镇化率的方差分解中可以看出（见表 8-4）：城镇化期初受自身的影响较大，随着时间的推移，这种影响逐渐降低；政府财政支出强度对城镇化的贡献较小；相对来说，金融效率对城镇化的贡献最大，影响在逐年上升，第 10 期贡献率已经达到了 88.239%，且这种影响仍有加强的趋势。从政府财政支出强度的方差分解中可以看出（见表 8-5）：政府财政支出对自身初始影响较大，但随着时间的推移，这种影响会越来越小，但仍居主导地位，这也反映出后期的政府财政支出对前期有一定的依赖性；相对来说，金融运行效率对政府财政支出强度的影响在逐渐加强，而且对政府财政支出强度变动的贡献率到第 10 期时达到 30.751%，之后仍有上升的趋势；城镇化对政府财政支出强度的影响在第 3 期达到最大后逐渐减弱，但影响较为平稳。从金融运行效率的方差分解中可以看出（见表 8-6）：金融效率对自身的影响很大，保持在 87%以上的贡献率水平；城镇化和政府财政支出强度对金融效率的影响在逐年增加；相对来说，政府财政支出强度的贡献要大于城镇化对金融效率的影响。

表 8-4 各变量冲击对城镇化的贡献度 单位：%

时期	S. E.	lnUR	lnFI	lnFE
1	0.009	100.000	0.000	0.000
2	0.011	98.291	1.666	0.043
3	0.014	87.050	2.201	10.750
4	0.017	64.658	2.093	33.249
5	0.021	43.537	1.531	54.932
6	0.026	29.411	1.023	69.566
7	0.031	20.849	0.753	78.398
8	0.036	15.663	0.748	83.589
9	0.040	12.421	0.988	86.591
10	0.044	10.314	1.447	88.239

表 8-5　各变量冲击对政府财政支出强度的贡献度　　单位：%

时期	S. E.	lnUR	lnFI	lnFE
1	0. 055	6. 728	93. 271	0. 000
2	0. 087	8. 561	91. 388	0. 051
3	0. 108	8. 799	90. 994	0. 206
4	0. 123	8. 261	89. 948	1. 791
5	0. 136	7. 364	87. 222	5. 414
6	0. 148	6. 433	83. 008	10. 559
7	0. 158	5. 640	78. 085	16. 275
8	0. 167	5. 039	73. 175	21. 786
9	0. 175	4. 615	68. 721	26. 664
10	0. 182	4. 332	64. 917	30. 751

表 8-6　各变量冲击对金融效率的贡献度　　单位：%

时期	S. E.	lnUR	lnFI	lnFE
1	0. 039	0. 760	0. 336	98. 904
2	0. 061	2. 903	0. 215	96. 882
3	0. 075	3. 530	0. 448	96. 022
4	0. 085	3. 934	0. 983	95. 084
5	0. 091	4. 166	1. 850	93. 985
6	0. 095	4. 301	2. 987	92. 712
7	0. 097	4. 367	4. 302	91. 331
8	0. 099	4. 385	5. 691	89. 924
9	0. 100	4. 371	7. 060	88. 569
10	0. 101	4. 338	8. 341	87. 321

8. 2　政府主导下的我国城镇化融资模式的弊端

8. 2. 1　城镇化政府融资行为的理论分析

“政府”一词在希腊文中是“掌舵”的意思，现代政府成立以后，先后经历了“守夜人”“看不见的手”“市场失灵弥补者”“市场的伙伴”的转变。目前，不同经济学派已达成共识，在理论上都认为政府行为具有公共性，必须以公共利益为唯一的价值评判标准。如美国行政学家赫林提出，联邦政府必须成为公共利益政策的执行者和总社会福利的促进者，公共利益是指导管理者执行法律的标准。公共性是政府的第一属性，虽然不同时代对政府公共性的要求不同，但提供公共物品是所有政府公共性中共同的内容。我国城镇化建设过程中，需要大量的基础设施和公共服务来满足城镇新增人口的需求，同时也要提高城镇原有人口的福利水平。基础设施和公共服务作为城镇化的融资对象，部分具有公共物品的特性，而且建设周期长，投资额度大，回报率相对较低，如果单靠市场融资，则会出现投资缺位或不足的问题，造成供应短缺，从而影响社会整体福利水平的提高。政府作为公共利益政策的执行者和社会总福利的促进者，考虑到公共利益的需求，应该对涉及民生的重要领域进行投资，以弥补市场的缺陷。

政府作为运行公共权力的主体机构，并非纯粹只代表公共利益。西方公共选择理论将市场划分为一般商品市场和政治市场，“政治产品”（公益）作为政治市场上的微观元素，其提供者为政府，需求者为广大选民或纳税人。因此，政府与企业等微观主体一样，也追求自身效用的最大化（权力、金钱、名誉等），“经济人”假设同样适用于政府部门。公共选择理论的杰出人物 James Buchanan 认为，政府在代表公共利益的同时，也追求自身的特殊利益，而“自利性”是政府无法回避的。政府出于对自身利益的追求，提供的公共政策往往也会偏离社会的真实需求，造成公共政策的低效、失效甚至负效，使社会公共利益受损。马克思也曾经说过，“人们为之奋斗的一切，都与他们的利益有关”。政府对自身利益的追求也是合理的，合理的利益驱动是政府进行公共管理的动力，没有利益支撑的纯粹公利行为是很难持久的。如果这些利益不超过一般利益集团利益的需求水平，且通过公开方式在制度范围内可以实现，就是在合理范围内的自利；如果过度膨胀，则会扭曲政府行为，损害公共利益。

8.2.2 我国政府主导城镇化融资带来的弊端

随着市场经济体制的不断完善，中央和地方政府利益的逐步分化，受“自利性”的驱动，在城镇化建设中，政府利用公共权力寻租行为严重，且为了自身政绩的需要，经常搞“面子工程”、摊大饼、搞扩张。突出表现在粗放型的土地征收和利用、环境污染、城市的盲目扩张、过度投资导致的产能过剩严重、城乡收入差距拉大等。因此，以政府为主导的模式给城镇化带来了巨大的效益，但也造成了大量的资源浪费和“城市病”。

城镇化与地方政府的融资关系是双向的：一方面，城镇化建设需要地方政府注入资金，提供必要的物质条件，地方政府的融资能力、成本及风险调控能力等会给城镇化带来直接影响；另一方面，地方政府的融资模式也受到城镇化进程的影响。政府提供公共物品，通常更注重社会福利的最大化和均等化，往往质量和效率较低。在政府主导下的城镇化建设中，我国在 1994 年实行分税制后，土地出让金收入的 30%归中央、70%归地方。地方政府享有较大的土地收益的支配权，因此受“自利性”的驱动，政府从农民手里征收大量土地，将少量的征地补偿返还给农民，成为要素市场上土地的供给者，再将土地出让给企业，获得土地出让金收入，形成了地方政府的土地财政，同时企业以土地为抵押，获得信贷供给。2010 年，土地出让金已占到地方政府主要财政收入的 70%。在这种模式下，政府主导了生产要素市场的流动，在依靠出让大量土地获得财政收入的同时，形成了传统城镇化的盲目“造城运动”。随着金融市场的快速发展，地方政府融资模式逐渐走向市场化，外部融资渠道中除了依靠银行贷款，债券市场也得到发展，我国融资平台开始出现，城投债在一定时期为城镇化提供了一定的资金支持，信托市场成为地方政府的另一个融资渠道，信政合作成为政府融资渠道的一种辅助方式。总的来说，我国融资方式相对单一，各融资通道受限，且产生了较高的债务风险。在政府主导下的城镇化建设中，价格机制和市场竞争机制不能有效地发挥作用，使得资源配置功能被弱化，企业运行成本过高，基础设施和公共服务滞后，影响了我国城镇化的进程。

我国的城镇化无论是在计划经济时期还是在改革开放以后，都是政府主导下的城镇化，因而容易出现政府不计成本地去推进的倾向，极易造成城市的泡沫化，资源过度集中于大城市，而中小城市却增长乏力。如 2000—2010 年，我国城级以上城市辖区内建成区面积增长了 95. 8%，但县级以上城镇的建成区面积仅增长了 50. 9%。政府在重视城市规模扩张的同时盲目建设、减少耕地、破坏资源，而且盲目建城、建房催生了大量的

“鬼城”。地方政府的大力支持甚至直接投资扭曲了企业的竞争行为，这种“扶大限小”的政策模式造成我国钢铁、冶金、水泥、电解铝等基础性制造业的重复投资，潜在的、阶段性的产能过剩已经转为长期性过剩，局部过剩已经转变为高端的、全局性的过剩。根据产业研究院《2016—2020年中国钢铁行业发展前景与投资战略规划分析报告》，2015年，我国钢铁产能近12亿吨，而国内市场钢铁需求量仅为7亿吨，产能利用率不足67%，闲置产能超过33%，产能严重过剩。这种政府主导模式造成了政府财政紧张，也导致了资源的错配和浪费。

《国家新型城镇化规划（2014—2020）》中明确指出，要“正确处理政府和市场的关系，更加尊重市场规律……逐步建立多元化、可持续的城镇化资金保障机制”。政府融资关注公平和普惠化，市场融资更关注效率，我国新型城镇化突出的是市场化的融资，但由于市场“追求投资回报率”的局限性，过度的市场化会导致城镇化融资的短期化和功利化。因此，政府与市场的合作共赢是保持新型城镇化可持续发展的最优途径。

8.3 政府与市场在新型城镇化发展中的责任分担模式

8.3.1 世界主要国家城镇化融资主体分析

19世纪，英国成为第一个城市化国家之后，全球掀起了城市化浪潮，美、德、日、韩等主要资本主义国家先后完成了城市化进程，以英、美、日为代表的国家城市化是政府和市场相互作用的结果。

8.3.1.1 英、美市场主导城镇化的融资模式

英国是西欧国家城市化的典型代表，实现城市化用了近100年的时间，成为世界上实现城市化的第一个国家，城市化发展速度快、城市化率高。英国的工业革命使得机器工业取代了手工业：首先，“圈地运动”导致大量农地被占，使得大批农民失业；其次，工业生产规模的扩大对劳动力产生了巨大的需求；最后，工业革命使得农业机器设备出现，促进了农业生产率的提高，而且“圈地运动”改变了农业生产方式，大农场的建立和农业规模化的经营进一步使农业生产率得到提高，从而释放了农村大量剩余劳动力。这些因素导致工厂向城市集中，大量农业人口向城市转移，城市数量增加、规模扩张，出现城市化与工业化、农村现代化、人口流动同步

进行的现象。英国也是世界上第一个出现“城市病”的国家。随着城市人口的急速膨胀，住房短缺、公共卫生设施匮乏、环境污染、犯罪率居高不下等问题相继出现。19 世纪 30 年代，英国政府开始设置专门的机构来解决这些问题，到 20 世纪初，基本解决了“城市病”。英国的城市化是市场主导型的，政府是问题对应型的，而非目标引导型的。

美国的城市化充分运用了市场机制，引导人口由农村向城市转移。美国城市化及政府融资有两个特征：一是城市化与工业化和农业现代化同步；二是市政债与城市化建设同步。美国工业化的起始阶段也是城市化的起步阶段，到 20 世纪 20 年代，工业化基本完成时，城市化也初步实现。美国的城市化也是以农业现代化和农业生产率提高为前提的。美国制定了完善的农业政策体系，对农业实行保护政策，实施“工业反哺农业”的措施，在不牺牲农民利益的前提下完成了城市化发展。在城市化的早期，奉行自由经济政策，对资本市场不加调节限制，采用工业与城市自行推进模式，政府在其中居于被动地位；在中后期，资本的趋利性导致美国城市化出现诸多问题，当城市化发展面临问题时，政府加强了干预力度，通过积极加强与企业合作来提升城市基础设施和公共服务的数量和质量。美国多元复合型金融服务体系由三部分组成：一是美国政府发行市政债券。美国顺利完成了城市化的发展，地方政府起着重要作用。地方政府对基础设施的融资主要来源于市政债的发行。美国政府对市政债有成熟的发行、交易、监管和风险控制制度，将地方政府债务放在政府和社会共同的监督之下，有效防范了债务风险。美国的市政债券具有免税性，且有政府信誉的担保，极大地吸引了社会资金，推动了城市化进程。二是美国农村多层次的金融体系。该体系由美国政策性农村金融体系、农村合作金融体系、商业性金融机构组成。政策性金融机构主要利用政府财政资金、政府借款及贷款周转金为农户提供发展资金。这些机构受商业银行贷款资金的限制，但与农村生产活动极大相关，政府对其进行放贷，能够促进其发展并有利于城市化。政府通过控制信贷资金的放款方向与规模，对商业性金融机构的信贷资金进行引导。农村合作金融体系由联邦土地银行、土地银行合作社组成。联邦政府为农村信用合作金融体系提供政策便利与政策倾斜，如通过无须缴纳税金、信用合作社无须留存准备金、对其信用贷款利率不加限制、建立合作信用存款保险等措施对农村城市化所需的各项资金提供保障。美国联邦储备银行对向农业生产部门放款力度大的商业银行采取减免税收或提供一定利率补贴的优惠措施，促进了商业银行资金投向农村产业化建设，加快了农村的现代化进程。三是资本市场建立财政投融资平台。财政投融资平台为美国联邦政府监管自由资本市场提供了有效工具，政府对企业经营不直接干预，而是通过财政投融资平台调节资金流向，如由公共资本出资建立的股份制公司，其资金投向城市公共基础设施建设，为农村城镇化提供强大的金融支持。美国利用完善的自由资本市场为城市化建设引入强大资金，对于市场难以满足的某些公共基础设施领域，由政府筹措资金帮助其发展，通过建立多元复合型金融服务体系，使美国城市化发展一直保持在世界前列。

总结这两个国家的经验：通常是市场主导为主，政府只在特定时间段、特定领域通过法定规划发挥主导作用，注重调动企业和非政府组织的积极性，呈现政府有限主导的特征。

8.3.1.2 日、韩政府主导城镇化的融资模式

日本的城市化在亚洲国家处于领先地位，是政府行政权力推动的结果。日本的城市化始于明治维新时期，与美国的城市化发展模式相似。日本城市化也是与工业化和农业现代化同步发展起来的，而且发展速度更快。日本城市化发展中，政府起到了至关重要的作用。首先，在城市发展规划的制定和实施方面，日本政府非常重视，而且会根据不同时期和地区出现的问题，有针对性地制定规划目标；其次，日本政府非常重视农村教育的发展，通过农村教育的发展促进农村剩余劳动力向城市转移；最后，日本通过国家贴息、向农户提供长期低息贷款等方式，促进农业现代化发展，以引导农村人口的转移。日本的城市化金融支持体系主要是政府扶持下的合作金融体系——以政府强大的财政资金大规模投放于城市基础设施建设，且投资增速快，加快了日本城市化发展的步伐。日本的地方政府债务增速与城市化增速基本吻合，地方公债带有浓重的行政色彩，市场化程度很低。日本政府扶持下的合作金融体系主要依靠政府的财政投融资制度，使政府和特殊法人团体、公共金融机构一起投资于城市基础设施建设，其资金来源于国家、地方财政拨款、发行大规模债券、邮政储蓄存款、国民年金、生命保险等多层次的资金供给，为市政建设、道路水利工程建设、机场建设提供了充足的资金。就农业现代化过程来说，政府建立

了农林渔业协同组合系统，包括面向农户、满足农户贷款信用需求的农业协同组、满足农业协同组资金调配的信用农业协同组合联合会、全国农业资金支持的农林业中央金库，还建立了与其配套的农林渔业保险系统，由农协（农业协同组合）、信农联（信用农业协同组合联合会）、政策保险机构组成，为农业改良提供保证。政府管理的农林渔业建设体系层级分明、运作高效，解决了大部分农业现代化过程中遇到的资金不足、资金周转困难的问题，促进了农林环境改善、土地改良、农业设施现代化、渔港建设，保证了农村森林覆盖率，打下了城市化建设的基础。在道路、大型水利工程建设方面，因为投资见效慢、私人大额贷款难，政府成立了北海道东北开发金库，有针对性地为水利建设进行贷款出资、债务担保。在交通、能源建设方面，组建开发银行服务基础设施建设。日本政府还建立了制度金融、信用金融以及信用补偿系统，作为农户、企业的债务担保方，政府用强大的信誉及其背后的财政来源强制税收提供贷款担保，是基础设施建设中不可或缺的保障。日本政府扶持下的合作金融体系还包括允许私人资本进入，主要有两种方式：一是先由小量的政府投资进入某些带有市场营利性的项目领域，吸引私人企业进入，然后依靠市场经营使基础建设投资增速日益加快，创造持续效益。二是由中央政府、地方性公共机构、民间企业共同组建“联合投资体”，这样既发挥了政府强大资金支持的作用，为企业发放低息或无息贷款，减轻了企业的税收负担，又引入了私人融资进行市场化运营，使得城镇化建设高效化、市场化，而且民间企业具有技术上的优势和先进的管理，降低了现代化建设成本，规避了建设损失。政府主导的投资主体多元化，由政府提供长期低息贷款，以少聚多，并且提供企业利息补贴、损失补偿，通过需求为导向的招标，允许私人资本经营管理，但在一定时间后需向政府完好无债务地归还经营权，期间所赚取的利润完全归招标企业所有，这样就激发了企业的创新动力，使其能够更好地为城市基础设施建设服务。

韩国的城市化是在政府和市场的共同作用下，以政府为主导飞速发展起来的，目前已经进入高度城市化时代。韩国政府实施的外向型经济发展战略，使工业和人口向沿海港口城市集中，出现了以“汉城”为中心的首都圈。进入 20 世纪 70 年代，韩国政府制定了“建设卫星城市、积极分散人口”的方针，通过改变周边城市的基础设施，积极引导人口向周边分散，推动了周边城市的快速发展。韩国城镇化建设依靠政策性多层次金融服务体系，由四个方面组成：一是政策性金融机构；二是政府投资基金；三是政策性信用担保体系；四是直接投融资服务体系。这四个方面都受到了政府的直接或间接管制，并由政府严格监督，多方面汇集资金，确保资金真正高效地用到城市化建设中。韩国政策性金融服务体系多层次、多方面地支持城镇化建设，不仅建立了政府主导的政策性银行，还建立了以市场投融资为主的创业板、新三板市场，以解决企业间接融资不足的问题。在政策性银行方面，各银行分工明确，并依据国家产业结构调整政策，有重点地支持重点产业的发展。对农业现代化，专门设立农业合作机构，以更大程度地满足农业专业化资金需求；还提供农业生产指导，以加快传统农业向现代化农业的转型。对城市基础建设，设立专门机构评估，进行专业化项目分析。对中小企业发展，不仅提供资金支持，还为其收购兼并、进行战略性重组提供专业意见。韩国对整个金融支持体系建立严格的监管体系，制定专业化法律，并出台相关制度和设立专门部门对城市建设的资金来源与用途进行有力监管。

总结日本、韩国这两个国家的经验：城市化发展主要是通过政府主导的，政府对新型城镇化的干预主要是通过城市发展规划、国土资源规划和基础设施投资与管理来进行的。

总结上述国家城镇化的发展模式，可以得出三个结论：一是这些国家的城镇化发展都是与工业化和农业现代化同步进行的，只有三者协调发展的城镇化，才是真正的城镇化；二是政府在城镇化发展中的作用不可忽视，政府的有效引导起到了关键作用；三是政府的作用有一定的范围，政府与市场有效配合才能实现资源配置的最优化，促进城镇化的健康发展。

8.3.2 我国新型城镇化融资主体分析

与韩国的城市化类似，我国的城镇化发展也呈现出政府全面主导的特征。长期以来，我国政府制定并实施的公共政策、户籍和人口迁移制度、土地制度、市镇建制制度等在一定程度上推动了人口城镇化的进程，使得我国城镇化发展经历了一个低起点、高速度的发展过程。但随着城镇化进程的不断加深，体制性壁垒已经成为制约其发展的瓶颈。例如：二元户籍制度限制了人口的流动，使我国80%以上的地级以上城市不同程度地存在半城镇化的现象，而且由西到东逐渐加重；[①] 土地制度造成了土地过度开发，利用率低；市镇建制制度造成资源过度集中于大城市，中小城市发展动力不足；公共服务政策对农民工存在盲点和漏洞；城市基础设施过度依赖政府财政投入，造成巨额政府债务；现有的投融资机制对中小企业和民营企业进入造成壁垒。这种以政府为主导的城镇化出现了很多负面问题，如盲目的“造城运动”和粗放的城镇化进程造成了环境的破坏、部分地区资源的枯竭、经济运行效率低下、政府职能异化、行政成本上升等，使得社会资源出现严重的错配和浪费。

在城镇化的融资方面，在计划经济时期，我国基础设施投资基本上是以政府为投资主体的，资金来源于财政拨款。改革开放之后，我国城镇化进程加快，各地发展建设较快，所需资金额度较大，政府财政资金开始紧张，这一时期的融资模式主要为政府债务性融资，即以政策性融资方式为主，辅以其他手段融资，融资平台公司成为政府投融资的主要载体。在以这种方式融资的进程中，出现了政府角色错位、政企不分的情况，政府不尊重市场规律，过度干预经济，甚至有时越过平台公司直接介入经济活动，而资金的借、用、管、还主体相分离，政府与融资平台公司出现严重的权责不对称现象。2004 年，国务院下发了国发〔2004〕20 号文，提出合理界定政府投资职能、发展多种融资方式的目标。2010 年，国务院开始整顿投融资平台公司，之后开始探索以市场为主导的新型城镇化融资模式。

8.4　对政府与市场在新型城镇化建设中的责任分担的建议

在我国“以人为本”的新型城镇化建设中，农民工市民化是关键，这就要满足这一过程中产生的各种需求，如对基础设施（如道路、水、电、基础网络等）的需求和对公共服务（如教育、医疗、社会保障等）的需求，这些需求的满足需要大量的资金支持。在推进城镇化建设的过程中，我国政府发挥了重要作用，但由于政府的“自利性”特征，过度依靠政府融资也会带来一系列问题，而且会加重地方政府的债务危机，且目前中央对地方政府债务进行了控制，靠地方政府财政单方面的投入已经不能满足新型城镇化快速发展的需要。因此，应借鉴城镇化发展较好国家的经验，

① 李爱民．中国半城镇化研究［J］．人口研究，2013（4）：80-91.

积极探索“政府+市场”的融资机制。

8.4.1 政府与市场界限的合理划分

城镇化的本质是各类要素在空间上的配置和聚集，而从经济学原理上看，城镇化资源配置效率的提高，关键是要消除各类阻碍要素流动的障碍，形成市场化的定价机制和竞争机制，促使资源向效率高的地区流动，提高资源配置效率。现代经济学的研究也表明：在一国经济发展中，政府和市场发挥有效作用的前提是机制必须是完善的，即政府和市场机制都必须是完善的，既要发挥市场在资源配置中的基础性作用，也不能忽视政府的力量，否则就会导致效率低下。因此，对市场和政府配置资源的范围进行合理界定，选择最优的资源配置方式，才能提高经济效率。我国应借鉴国外的成功经验，发挥市场的主导作用。如图 8-6 所示：我们应以市场为主导，通过价格机制和竞争机制来引导以劳动力、土地和资本为代表的要素资源的自由、合理流动，提升社会资源的配置效率，使产业结构得到合理升级。政府应起到引导市场的作用，通过制度设计为市场健康发展提供制度动力，并通过制定实施公共政策来弥补市场机制失灵的地方，从而促进人口的有序流动、农民工与市民权利的均等化，尤其是在公共服务领域（如教育、就业、医疗、社会保障等），做到同权、同酬，使新型城镇化能真正实现以人为本。

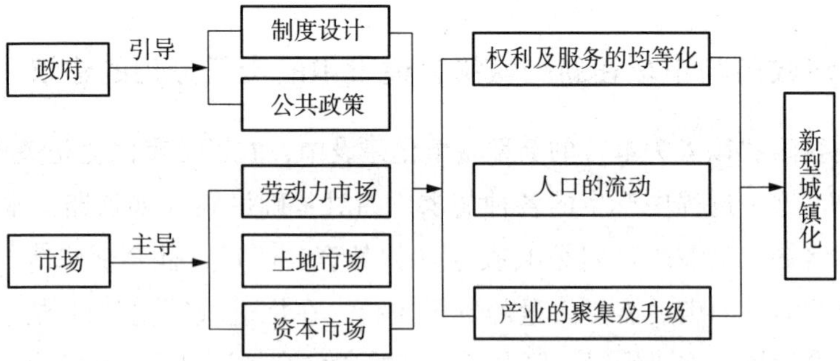

图 8-6 新型城镇化建设中政府与市场的作用

8.4.2 制定合理的利益分配机制，引导社会资本参与

从上述分析中可知，我国金融效率（市场资本的引入和利用）的提高可以减轻政府财政负担。国务院《关于深入推进新型城镇化建设的若干意

见》（国发〔2016〕8 号）明确指出："深化政府和社会资本合作。进一步放宽准入条件，健全价格调整机制和政府补贴、监管机制，广泛吸引社会资本参与城市基础设施和市政公用设施建设和运营。根据经营性、准经营性和非经营性项目不同特点，采取更具针对性的政府和社会资本合作模式，加快城市基础设施和公共服务设施建设。"目前，新型城镇化的投融资主体主要有市场化的融资主体和政府融资平台。而市场化的融资主体由于受到诸多制度的限制，目前除了个别大城市是靠市场进行融资，绝大部分中小城市和小城镇仍需要政府财政投入。我们可以借鉴日本、韩国城镇化建设的成功经验，通过政府的机制设计来调节利益分配，从而引导社会资本参与。具体来说：①进行金融融资机制的创新。如通过财税制度改革，由目前的"城投债"转向"市政债"；对基础设施产生的巨额资金需求，可进行资产证券化，支持国企、民企和外资等市场主体以 BOT、PPT、BT 等多种方式参与城镇化建设，政府可通过购买社会服务的方式参与。在这一过程中，要坚持政府的引导，按照市场规律运作，充分发挥市场的资源配置功能，形成良性的"融资—收益—投入—再融资—再收益—再投入"的新型城镇化融资体系。②加快土地流转，做到资金与土地的"双平衡"。③合理引导信托资金投向社会。④构建中央政府和地方政府，政府、企业、个人三方共同参与的市民化成本分担机制，按照"谁投资、谁经营、谁受益、谁承担风险"的原则，选择筹建、使用、偿还的市场主体，多渠道分担市民化的改革成本。

8.4.3　政府合理引导资金流向

城镇化发展的根本动力在于经济的可持续发展，从而产生更多的就业机会，带动农村人口向城镇的转移。从上述分析可以看出，市场化的资本利用不足是制约我国城镇化发展的一个瓶颈。长期以来，我国银行"惜贷"严重，储蓄转化为投资的比例较低，而且由于区域间经济发展的不平衡，货币的边际利润率不同，金融资源不断从西部流向东部或其他省份，从农村或小城镇流向大城市，导致金融资源过度集中，影响了我国城镇化整体水平的提高。因此，政府应做好"顶层设计"，通过相关政策，合理引导资金流向相关产业和地区。具体来说，我们应从以政府为主导的机制转变为以市场为主导、政府为引导的投融资机制，更多地引入市场力量来增加对资金的投入。政府在这一领域可以通过信用诱导和杠杆作用，引导商业银行资金流入不同的领域。同时，财政也可以通过贴息、担保等方式直接作用于企业，提高企业吸引外部资本的能力。

8.4.4 大力推进信用制度建设

政府信用是地方政府投融资的基础，以政府财政资金和各种国有资产和资源为支撑。目前，我国政府信用整体使用水平较低，而且由于各地区经济发展不平衡，部门利益存在差异，对政府信用支撑体系的资源进行整合难度较大。[①] 因此，我们在对政府职能范围进行界定的同时，还应提高政府信用水平，从而间接提高政府的融资和担保能力。

我国城镇化建设主要的瓶颈在于资金缺口大，导致这一状况的首要原因是社会资本参与不足。撬动社会资本参与新型城镇化建设的关键之一是要有完善的信用制度，这是引入民间资本的前提，也是化解政府和企业债务风险的关键。我们可以借鉴阿里巴巴、腾讯、京东等所建立的“芝麻信用”“腾讯征信”“小白信用”的经验，利用大数据特性和互联网的优势，建立信用评价数据库，并部分地对外开放，这样既可以降低银行征信的成本，也可以解决传统金融行业对个人和小微企业贷款存在的信息不对称和流程复杂的难题，同时可将其作为银行向商户投放信贷的一个重要依据。

---

① 赣州发展投资控股集团. 新城镇化背景下地方政府投融资体系创新［EB/OL］.http：//www. gzfztz. com/article/show. asp？A_ ID=1569，2013/7/6 9：19：51.

第9章　主要结论与政策建议

国务院《关于深入推进新型城镇化建设的若干意见》（国发〔2016〕8号）明确指出："新型城镇化是现代化的必由之路，是最大的内需所在，是经济发展的重要动力，也是一项重要的民生工程。"这几句话强调了新型城镇化发展的必然性，及其对我国经济和社会发展的重要性。我国政府在相关文件中也多次提出，新型城镇化是以"人"为本的城镇化，这就意味着新型城镇化不仅要实现经济城镇化和人口城镇化，还要实现基础设施、公共服务的均等化和生活质量的城镇化。本书按照此诠释对我国各省的新型城镇化质量进行了评估。新型城镇化的本质是通过合理的制度设计来促进产业和人口的聚集（形成城镇），产业和人口的聚集达到规模效应后，就会在一定程度上降低社会运行成本，从而实现资源的优化配置（新型）。产业发展和聚集的关键在于高新技术产业的发展及其技术溢出效应，而人口聚集的关键在于"就业"。金融支持新型城镇化效应是指通过合理的金融制度设计和金融资源配置，来促进产业和人口的聚集，以实现规模效应，并促进各要素的优化配置，尤其是资金的优化配置，从而提高资源利用效率。按照此逻辑，本书在新型城镇化质量评估的基础上，从金融规模、金融结构、金融效率三个维度，选取指标涉及银行、资本市场和民间三个领域，分别对新型城镇化建设中金融支持的总体效应、金融支持产业的产出效应、金融支持的就业效应进行了分析。第7章又从支持主体（政府与市场）的角度分析了财政及金融支持的效应。

9.1　主要结论

第一，通过对城镇化质量的分析，提出一个国家城镇化水平直接反映了该国的经济发展和现代化水平。从城镇化的发展历程可以看出，新型城镇化更加注重产业与城市的融合发展，以及城镇对人口的吸纳和承载能力。目前，我国城镇化已经进入快速增长阶段，达到了世界平均水平，但仍存在城镇化滞后于工业化和经济发展水平、人口城镇化滞后于土地城镇化的问题。就区域来说，城镇化质量总体上呈阶梯分布，东部地区城镇化质量最高，西部地区最低，东、中部地区的经济城镇化和人口城镇化水平较高，西部地区人口城镇化和生活质量城镇化要高于经济城镇化、基础设施均等化和公共服务均等化水平。就省份来说，北京、上海和广东的城镇化质量一直处于我国的高位，相对来说，云南、西藏和贵州的城镇化质量最低，而且贵州长期以来低于我国的平均水平。

第二，新型城镇化的落脚点在于产业和就业。从西方国家城镇化发展的历程来看，一般遵循着产业的发展能促进人口的集中这样一个自然演化的路径。工业化是城镇化发展的动力；产业化是城镇化发展的核心载体，也是解决人口就业的关键。上述路径突出体现在以下几方面：产业的规模化要有能力提供足够的就业岗位，带动城镇就业规模的扩张，吸纳并实现转移人口的顺利就业；通过实现产业结构的升级来提供更高报酬和高技能的岗位，提高城镇居民的就业质量；通过新产业的发展培育新的增长点，使得不同所有制企业共同发展，创造更多的创业机会。总体来说，我国产业结构处于波动性下降的状态，正在逐渐趋于合理，尤其是2003年以后，变动趋势特别明显，这在很大程度上得益于我国市场化进程的推进，使得市场配置资源的作用逐步显现，人力资本和物质资源的流动加快，流动障碍逐渐消除，资源配置效率得到很大程度的提高，劳动力投入与产出配置逐渐合理，产业结构趋于合理化。但我国产业结构偏离度比较明显：第一产业劳动力数量最多，但产值很低，劳动生产效率很低；第二产业劳动生产效率最高，结构相对合理；第三产业的产值比重和就业人员比重在我国三大产业中较高，但与发达国家相比，仍存在很大差距。这也说明，我国产业结构和就业结构严重失衡，产业结构虽然在不断优化升级，但调整仍不到位，第三产业发展仍然欠缺，对劳动力的吸纳能力有待进一步提高。

第三，我国新型城镇化中的“新型”更加强调城镇化建设中多种要素的优化配置和协调发展。这些要素不仅指人力要素，还包括自然资源和金融资源等。金融作为经济运行的核心和资源配置的枢纽，必须适应产业、人口和就业结构调整与变迁的需要。金融支持新型城镇化的传导机制主要有两种：一种是供给导向型的。主要体现在金融资源的配置和金融制度安排能够通过金融渠道传导到实体经济，进而影响新型城镇化的进程。由市场主导新型城镇化的关键是通过市场途径实现各种要素的优化配置和自由流动，金融规模的适度扩张可以作用于城镇产业，扩大城镇产业的就业容量，并创造就业机会；通过金融结构的适度高端化来优化城镇产业结构，提高城镇就业质量；通过金融适度创新来促进新产业的发展，提供创业机会，促进城乡居民创业。具体来说，通过银行和民间金融机构控制信贷资金这种间接融资方式来影响金融资源的分配，通过国家政策性银行发挥资金导向作用，通过资本市场控制企业的直接融资途径，这些金融要素的配置通过资金形成机制、资金导向机制、信用催化和风险管理机制对实体经济进行了支持，形成了实体经济中各种金融资源的供给。通过金融政策、财政政策和产业政策等制度安排来影响企业，降低机会成本，提高企业运营效率。另一种是需求导向型的。主要体现在新型城镇化的发展要求以人为核心，即以产业为依托，以实现人的各种需求为最终目的，尤其是转移人口对基础设施和公共服务的规模化需求，要求大量资金投入，这就要求金融规模要适度扩张，满足其需求；城镇化发展模式的转变要求产业不断调整和升级，导致新产业的出现和不适应发展方向的旧产业的逐步淘汰，相应地，对企业投资领域及居民消费结构也会产生很大的影响，这些需要金融结构进行相应调整；城镇化的快速发展、居民消费结构的升级和互联网技术的不断发展也会对金融创新产生需求，这就要求金融机构及市场不断对其制度和产品进行改革和创新。

第四，通过金融支持我国新型城镇化质量总体效应的分析可知，我国金融规模、金融结构和金融效率与新型城镇化质量存在长期均衡关系。从全国范围来看，我国金融规模的扩张对新型城镇化质量的提升影响很显著，而且呈正向相关关系，且对新型城镇化质量的动态累积效应也很显著；金融结构对新型城镇化质量的提升影响较为显著，但其动态累积效应不显著，这也反映出我国金融结构的失衡——金融资源过度集中在一些大型金融机构和中心城市，从而导致中小金融机构发展不均衡，资金多流向大型企业，吸纳就业人口较多的中小微企业获取资金非常困难，而民间金融机构发展相对落后，民间资金在供需的对接上较为困难，金融工具的开发和应用也落后于实体经济的需求，使得金融服务与城镇经济结构不匹配。在金融结构中，保险市场结构对新型城镇化质量的影响很显著；我国金融机构运行效率、保险市场运行效率对新型城镇化质量的影响都很显著，但股票市场效率对其影响不显著，这也说明我国股票市场服务实体经济的能力不够。分地区来看，我国金融规模、金融结构、金融效率对东、中、西部和东北地区新型城镇化质量的影响也存在差异。金融规模对这四个地区影响都很显著，相对来说，中、西部地区金融规模的扩张对该地区新型城镇化质量的提升效应要大于东部和东北地区，尤其是西部；在10%的显著性水平下，金融结构对中、西部和东北地区的影响显著，且均呈负向相关关系，这也从侧面反映了我国中、西部和东北地区金融结构不合理现象严重，过度依赖银行等金融机构的间接融资，直接融资市场不发达，融资比例过低；我国金融机构效率的提升对东、中、西部和东北地区新型城镇化质量的影响都很显著，且均呈正向相关关系，从影响大小来看，对中部地区和东北地区的影响要大于对东部和西部地区的影响。我国保险市场效率对东、西部和东北地区新型城镇化质量的影响都很显著，对东、西部地区的影响呈正向相关关系，对东北地区的影响呈负向相关关系。股票市场效率的提升对中、西部和东北地区新型城镇化质量的影响都很显著，且均呈正向相关关系，从影响大小来看，对东北地区和西部地区的影响要大于中部地区，这也说明中、西部和东北地区开始逐渐重视股票市场融资这种直接融资方式，且这种融资方式在促进该地区新型城镇化质量提升中的作用越来越大，但东部地区通过股票市场筹资支持实体经济、促进新型城镇化质量提升的效应并不显著，这也反映出我国东部地区资本市场资金“脱实就虚”严重，支持实体经济力度不够。

第五，城镇化要求实体经济发展体现集聚和规模效应。高新技术产业是我国重点支持的产业，其技术创新产生的技术溢出效应会促进产业的集聚，进一步促进产业结构升级，而产业结构的升级会带来就业结构的变化和就业质量的提高，同时高新技术产业内多为高附加值的企业，其技术创新和应用在一定程度上也会提升社会整体创新能力，从而促进资源的有效配置，促使城镇向集约和高效转变，从而提升城镇化质量。我国高新技术产业阶梯分布明显，主要集中在东部地区，相应地，其产值结构也呈阶梯分布格局。高新技术产业是严重依赖外部融资的产业，通过对金融支持高新技术产业产出效应的分析可知，从行业整体来看，我国高新技术产业处于规模报酬递增阶段，资本投入、劳动力投入、技术因素和金融因素对新产品销售收入具有很强的促进作用。其中，资本投入的影响最大，其次是劳动力投入的贡献率，金融发展程度对产品销售收入的贡献率也达到了 0.248。这也说明我国金融行业越发达，企业获得的信贷资金越多，越能在一定程度上支持高新技术产业的发展，而且资本投入、劳动力投入和金融发展对新产品销售收入的动态累积效应都很显著。分行业来看，资本投入对高新技术产业各行业的影响都很显著，且动态累积效应也很显著，从影响大小来看，对医药制造业和计算机及办公设备制造业的影响要大于其他行业；人力资本投入对各行业的影响也很显著，其中对电子及通信设备制造业的影响要大于其他行业；技术创新对医疗仪器设备及仪器仪表制造业的影响显著，对其他行业影响不显著。这也说明：一方面，我国高新技术产业中这些行业对技术的自主研发能力薄弱，缺乏自主知识产权。另一方面，这些行业对国外先进技术的消化、吸收、转化能力不足，部分投入并没有带来相应的产出，没有形成有效的经济效益；地区金融发展对航空、航天器及设备制造业和电子及通信设备制造业的新产品销售收入影响比较显著，对其他行业并不显著。这是因为，我国航空、航天及设备制造业政府资金的导向性非常明显，由于政府资金的保障，投资风险减小，资金流入较多，地区金融发展促进了新产品销售收入的增加，而金融对除上述两个行业之外的其他行业的支持力度不够，社会资金通过市场流向这些行业较少，带来的效益不高。

第六，“人”的城镇化的关键在于就业。就业是市民化的前提和基础，也是人口居住在城镇并形成消费需求的基础。未来中国城镇化发展，就业模式将发生根本变化——逐渐由流动式就业模式转变为定居式模式。这就意味着未来新型城镇化必须为这些迁移人口提供足够的就业机会，使他们有获得定居所必需的收入来源。在中国经济增速整体下滑的背景下，创业已经成为促进区域经济发展、解决就业的一个重要途径。在城镇化的发展过程中，也伴随着创业机会的增加和创业率的提高，活跃的创业活动会催生大量创业型企业，促进技术的创新和变革，并解决大量就业问题。目前，我国正在经历改革开放后新一轮创业创新的浪潮，创业型企业对劳动力的吸纳数量也在逐年上升，对新型城镇化质量的影响是非常显著的，其弹性系数为 8.2397；反之，我国新型城镇化质量的提升对创业型企业吸纳劳动力的能力的影响也非常显著，且弹性系数为 0.0791。创业型企业要想创业成功，需要充足的资金、场所、人员、设备等，在所有因素中，资金是最重要的。本书从金融规模、金融结构和金融效率三个维度选取相关指标，对金融支持新型城镇化创业型企业的效应（即个体和私营企业吸纳劳动力的数量与全社会从业人员数的比值）进行实证分析，发现无论是全国范围还是不同地区，金融规模及金融效率都与创业型企业的创业效应呈正向相关关系，且影响都很显著。这说明，我国金融规模的扩张和金融效率的提高在很大程度上会扩大创业型企业的规模，增强其对社会劳动力的吸纳能力。我国金融结构对创业型企业的创业效应影响都不显著，究其原因，主要是由于我国金融结构以银行业为主，且国有大银行在银行业中处于高度垄断地位，而创业型企业多为个体和私营企业，财务报表的不完善和抵押资产的缺乏使其很难从银行获得所需的贷款，而且大银行的垄断地位也使其缺乏改善自身金融服务、降低贷款成本的动机。因此，要提高创业型企业吸纳劳动力的能力，必须建立具有包容性的金融政策，探索储蓄向投资进行转化的有效机制、方式和方法。

第七，新型城镇化的融资方式主要有两种：一种是政府性质的财政融资；一种是市场行为的金融支持。公共财政对我国新型城镇化的发展起到了重要的支撑作用，在一定时期内促进了我国城镇化质量的提升。政府财政支出强度每提高 1 个百分点，会带动城镇化率提高 0.061 个百分点。但随着城镇化的深入，政府财政融资导致了城市的泡沫化，造成政府财政紧张和资源的错配与浪费。中共十八届三中全会提出了“让市场在资源配置中起决定性作用”的思想，积极探索市场金融的支持方式成为当前金融改革的方向。我们用金融运行效率来衡量市场金融的支持力度，通过实证发现，金融运行效率每提高 1 个百分点，城镇化率变动 0.457 个百分点，因此我国城镇化与政府财政支出强度和金融效率之间存在着长效机制，但相对于政府财政支出，金融效率的变动对城镇化的影响更大。我国金融效率的提高是城镇化发展和政府财政支出强度变动的主要因素，而且从长期来看，金融运行效率对政府财政支出的影响要大于政府财政支出对金融运行效率的影响，同时金融运行效率对城镇化的贡献率要远远大于政府财政支出强度对城镇化的贡献，因此可通过提高金融运行效率来降低政府财政支出的规模，在促进城镇化质量提升的同时减轻政府财政压力。

上述在理论分析和实证研究的基础上得出的结论为探索新型城镇化发展中金融支持的途径及提升金融支持效率提供了有力的支撑，为新型城镇化健康和可持续发展提供了理论依据和实证支持。基于上述结论，笔者提出以下政策建议。

9.2　政策建议

9.2.1　多元化资本市场结构支持新型城镇化融资

除东部地区以外，我国其他地区金融结构严重失衡，一定程度上抑制了该地区新型城镇化质量的提高。从第四、五、六章的分析中可知，我国新型城镇化质量的提高、高新技术产业新产品销售收入的增加以及创业企业对劳动力吸纳能力的提高主要仍是依靠银行等金融机构规模和效率的提高，保险市场的作用也在逐年提高，但相对来说，2000 年以来，我国证券市场泡沫化严重，资金空转，服务实体经济的力度较弱，而且债券市场发展缓慢导致我国企业直接融资比例过低，抑制了金融功能的发挥。如 2015 年我国社会融资规模中，非金融机构股票和企业债券这两种直接融资总额只占到整个社会融资总额的 24%，人民币贷款比重却占到 73%；而在以银行主导金融资源的国家如德国、日本，直接融资比例在 60%左右。中共十八届三中全会明确指出“要建立多层次资本市场体系，推进股票发行注册制改革，多渠道推动股权融资，发展并规范债券市场”，这在一定程度上反映出我国金融改革的重点已经从金融总量的扩张转变为结构的优化。中央城镇化工作会议也要求“建立多元可持续的资金保障机制”。鉴于上述分析，我们应对现有金融结构进行改革，具体来说，可以从以下几个方面入手。

9.2.1.1　构建多层次金融组织体系

我国新型城镇化质量区域差异较大的原因之一在于金融资源的分布不均，大城市金融资源占用较多，中小城市金融资源匮乏，而且金融机构的商业性也决定了其“逐利”的本性，大企业和优质客户成为各大商业银行竞争的对象，中小企业资金供给严重不足，使得金融不能与城镇化形成良好的互动效应。因此，我们应加大金融结构改革力度，调整金融机构的区域分布格局，通过政策支持和财政补贴等手段，鼓励并增加乡镇及县域等基层地区金融机构数量，使一些欠发达地区可以通过金融资源集聚其他要素资源，形成规模优势，带动城镇化的发展。除了大型银行，还应支持中小型金融机构的发展，构建功能健全、竞争有序、效益良好、安全稳健的现代银行服务体系，并推进政策性银行、大型商业银行、股份制银行、地方中小银行、非银行类金融机构等各类金融机构的分层配置、科学合理布局。同时，各类金融机构应加强服务实体经济的理念，尤其是商业银行，应解决其不合理收费和附加贷款条件等问题，通过设置期限合理的中长期贷款、短期贷款及小额信贷和其他全方位的金融服务，来解决城镇化发展中的资金需求问题，充分发挥其服务实体经济的主力军作用。民营银行和民营金融机构应建立并完善专业的队伍和激励考核机制，身植基层，为小微企业和创业企业提供服务。各银行和非银行金融机构要创新服务方式，通过为企业提供有价值的服务，满足实体经济和市场主体对金融服务多样化的需求，同时应加大机构整合力度，降低运营成本，从而实现银企共赢。

9.2.1.2　创新直接融资工具

金融工具是金融行业与城镇化直接互动的主要载体。我国城镇化建设资金过度依赖银行信贷，使得间接融资占据主导地位，直接融资比重过低，渠道狭窄，无法满足新型城镇化建设多元化的资金需求。因此，我国应在逐步规范并完善股票和债券市场以及保险市场的同时，减少对银行资本的依赖，构建多层次的资本市场，提高企业的直接融资比例，促进金融结构的合理化发展。在此基础上，对金融工具进行改革和创新。具体来说，可以从以下几个方面着手。

9.2.1.2.1　加快推进地方政府债务融资制度改革

美国城镇化率在 20 世纪 60 年代就已经达到了 70%，2015 年达到 81.6%，市政债对推进美国的城镇化起了重要作用。日本的地方债券非常发达，目前已经成为全球第二大市政债发行国，政府债券在日本的城镇化建设中也发挥了重要作用。借鉴发达国家经验，我国应加快推进地方政府债务融资制度改革。一方面，通过地方政府公开、自主发行债券，逐步实现从“城投债”到“市政债”的转变，促进地方政府债务显性化，降低地方政府融资平台的负债率，加快“行政化”企业债向“市场化”公司债的转型，同时扩大市政债券的发行规模和范围，从而改善融资结构，如对一些具有稳定性经营收入的公益性项目，可以允许相关经营机构发行市政收益债券融资，用发债项目的未来收益偿还债务，对那些主要依靠财政性资金补偿来还债的公益性项目，可以允许地方政府发行一般责任债券进行融资，以地方政府财政收入作为偿债资金来源，通过这些途径为新型城镇化基础设施建设提供中长期的金融支持。另一方面，也可以对地方融资平台进行股份制改革。例如：对一些由地方政府投融资平台公司经营的收益稳定、资产良好的资产，可以通过首次公开募股、定向增发等形式到资本市场上市融资；对一些具有长期回报的经营性资产项目，鼓励私募股权基金以联营、参股、特许经营等方式参与，为地方城镇化建设提供金融服务。

9.2.1.2.2　探索发行企业债券

2015 年，我国债券市场发行规模达到了 22.3 万亿元，占全年 GDP 的 32.95%。其中，银行间债券市场的发行量已经达到 21.0 万亿元，占整个债券市场总量的 95.04%；交易所发行的中小企业私募债、公司债、可转债、分离式可转债共有 1144 只，总发行量为 10981.72 亿元，占到整个债券市场的 4.96%。在债券的品种中，占比最大的是同业存单，占到 27%，其次是地方政府债，占到 19%，政策性银行债占 13%，公司债和企业债券仅占 6%和 2%，中期票据和短期融资券占 6%和 5%。[①] 由此可见，我国企业债券的发行量仍然很低，应在积极促进资信等级高、发展前景良好的企业在主板、创业板等市场上市融资的同时，鼓励符合条件的企业发行企业债券，支持符合城镇化建设的项目发行债券融资，并充分发挥银行间债券市场在城镇化建设中的作用，增加中期票据、短期融资券、中小企业集合票据等债务融资工具，盘活存量资产。

9.2.1.2.3　积极推进资产证券化

资产证券化融资不仅能够拓展融资渠道，弥补新增贷款不足，而且融资成本低，且多数采用表外融资方式，不受银监会总量规模的限制，增强了资产的流动性，其严格的信息披露机制，使得地方债务风险置于社会监督之下。设计不同期限、不同风险等级的产品，还可放大撬动社会资本的杠杆效应，满足投资者对不同风险偏好的需求，间接盘活银行的信贷资产，也顺利引入民间资本。目前，国外比较成熟的产品有资产担保证券

① 数据来源：2015 年度中国债券市场统计分析报告。

（ABS）和资产抵押证券（MBS）。我国资产证券化时间虽短，但2005年开始已经陆续发行资产证券化类产品，技术条件已经趋于成熟，而且我国居民的高储蓄率为资产证券化提供了充足的资金支持，机构投资者也为基础设施收费资产证券化提供了强大的资金支持。我们可以借鉴国外经验，对一些未来能够产生稳定现金流的资产，通过资产风险和收益的分离组合，转换成可出售和流通的证券，投入城市建设的薄弱环节，在解决现金流短缺的同时盘活存量资产，引入更多的社会资本参与城镇化建设并保障其可持续发展，同时缓解政府财政压力。

9.2.1.2.4　探索城市信托和融资租赁新模式

信托作为银行贷款、常规债券等融资方式的一种有效的补充方式，通过发行资金信托募集社会上的闲散资金，并以股权、债券或物权等单一或者组合方式，选择符合国家产业政策并能够带来稳定现金流且风险可控的项目进行投资，参与到城市基础设施建设中，实现融资、投资、运营、监管等市场化运作方式，提高社会资本配置的效率，在新型城镇化建设中发挥重要作用。信托可以采用信托贷款这种常用模式，也可以采用买入返售、银、信、政合作模式。融资租赁是集融资与融物于一体的新型金融工具，对资产可以实现专业化的管理，消除信息不对称现象，降低风险，其期限较长，租金支付方式灵活，成为城市基础设施建设的新兴行业，可以用于高速公路建设、城市轨道交通、大型医疗卫生设备购置、城市燃气、污水等领域，可以采用直租、售后回租、杠杆融资租赁等模式或者几种模式的组合，将存量资产变现，进而将取得的资金再投入新项目。

9.2.2　提升金融支持的效率

金融本身就是一种稀缺的特殊资源，其特殊之处在于它既是资源配置的对象，又是配置其他资源的手段。可持续金融发展理论认为，提高金融资源的配置效率是金融发展过程中关键环节的核心内容。我国东、中、西部和东北地区的金融发展差异较大。相对来说，东部地区的金融发展程度较高，资金使用效率也高；西部和东北地区金融发展滞后，结构单一，市场化程度较低。近年来，西部新型城镇化的发展主要是依靠政府的推动，而一味地靠政府推动，会导致资源错配现象严重，资金运行效率降低。由本书的实证分析可知，我国金融机构运行效率、保险市场运行效率对新型城镇化质量的影响都很显著，而股票市场效率对新型城镇化质量的影响并不显著，这也从侧面反映出我国股票市场的运行效率较低，股市收益率远远高过实体经济投资的收益率，导致金融体系出现金融抑制现象，股市泡沫化严重，资金在金融体系内空转，服务实体经济的能力不够。在这种情况下，必须进行金融改革，股市去泡沫化，改革的方向是价格市场化，即充分利用股市的价格发现功能，按照市场化方式进行资源的配置，提高金融体系尤其是股市的资源配置功能。另外，根据地区差异，我们应以市场为主导，以政府资金为引导，实行差别化的金融监管制度，在注重东、中、西部和东北地区协调发展的基础上，提高各投资主体和经营主体的积极性，以有效方式为新型城镇化提供资金支持，以促进新型城镇化质量的提高。

9.2.3　发挥政策性金融的引导作用

充分发挥政策性银行的先导作用，为城镇化建设中具有显著的社会正外部效应但商业性金融又不愿过早介入的一些项目提供早期融资，以此带动商业性资本的流入。借鉴发达国家的经验，可以从以下几个方面着手。

9.2.3.1　扩大政策性金融供给

政策性金融通常用于满足市场失灵领域的资金需求，对城镇化建设来说，主要用于满足城镇一些非付费设施以及公共服务领域的资金需求，以弥补开发性金融和商业性金融空白领域的资金缺失。从第 8 章一些国家城镇化发展中的金融支持程度来看，政策性金融发挥了重要作用。总结这些国家，尤其是韩国的经验：一方面在于这些国家政策性金融机构分工明确。另一方面是这些银行开设了各类综合性业务，满足了城镇化发展的各种需求。例如：在基础设施方面，有专门从事项目分析、评估和融资的相关业务；在中小企业信贷方面，既有直接投资方式，也有专门投资基金；在企业收购兼并方面，除了发行和收购企业债券，还帮助企业进行战略性重组，同时提供咨询等服务。另外，这些国家通过立法对政策性金融的法律地位以及多方位的严密监管进行了明确规定，在一定程度上保障了城镇化能够得到充足且安全的资金支持。我国新型城镇化建设中，应提高政策性金融的供给，尤其是一些薄弱领域的政策性供给，如对一些开发价值大、风险大、期限长的项目，政策性金融应加大投资，先期介入。

9.2.3.2 深化政策性金融机构改革

我国现有的政策性金融机构有中国农业发展银行、中国进出口银行和国家开发银行。一方面，这些政策性银行带有“银行”的特性，即资金来源和使用是有偿的；另一方面，要体现“政策性”功能，也就是其投资必须符合国家的产业政策，也就是要扶持那些商业资本不愿进入、经济效益差而社会效益好、贷款回收期限长的项目。这两者的矛盾导致政策性金融机构忽视了营利性，信贷资产质量较低，而且资金来源单一、业务一直以信贷投放为主，服务水平不高。我们应该改革政策性金融机构，明确其定位、发展以及监管等问题，同时在新型城镇化发展中明确其职责。首先，要明确政策性银行的政策性目标和商业性金融业务的边界，既能满足对城镇化建设中一些薄弱领域的政策性供给，也要建立科学的绩效评价体系，加强对所投资领域的风险分析和监管，客观评价政策性金融机构目标的实现程度、经营管理水平和专业人员的资金运用能力，避免成为“无偿拨付”。建立政策性金融机构、财政和企业风险共担机制和对政策性业务风险的利益补偿机制，对一些公共项目，政府可积极争取政策性金融机构的支持，同时配以财政补贴、税收优惠等多方式的补偿机制，保障该项目的收益和还款的来源。同时，政策性银行也可以在资本市场上发行有助于支持固定收益的创新金融工具，弥补长期融资市场的供给短缺，并为地方政府债券提供担保。

9.2.4 大力构建普惠金融，实现与金融需求的有效对接

2015 年 12 月，《国务院关于印发推进普惠金融发展规划（2016—2020 年）的通知》（国发〔2015〕74 号）中明确界定，普惠金融为“立足机会平等要求和商业可持续原则，以可负担的成本为有金融服务需求的社会各阶层和群体提供适当、有效的金融服务”。该发展规划的基本原则之一就是应建立有利于普惠金融发展的体制机制，对薄弱环节要加大金融服务的相关政策支持，提高支持的精准性与有效性，并调节市场失灵状况，使普惠金融业务得到持续发展，并使金融服务得到持续改善，从而使社会效益与经济效益得到有机统一。Remenyi 和 Quinones 对亚太一些国家和地区进行了研究，发现当特定人群获得微型金融信贷服务后，其收入水平可以显

著提高。Sarma 也认为普惠性金融体系有助于减少具有剥削性的非正规信贷资源的增长。普惠金融既是对传统金融机构产品和服务的一种创新，也是对传统金融机构和组织的一种创新，它通过借助“互联网+”，通过产品和服务的全面化和多样性，能够为每个有能力、有需求的人提供创业发展所需的资金和服务，推动了小微企业的成长和城镇居民生活质量的提高，其便捷的金融服务，涵盖多个涉及民生的领域，为市民提供了“7×24”、人性化的金融服务，提升了居民的生活品质。由此可见，普惠性的金融体系能够使各参与主体容易获取并有效利用正规金融部门的产品和服务，引导非正规金融机构的发展，为中低收入和小微型企业提供便捷的金融服务，提高资本供给效率，是消除城乡二元金融结构、推进新型城镇化的重要力量。

在构建普惠金融体系的过程中，关键是要加强对中小金融机构的引导。新型城镇化创业的主体主要是个体和私营企业等一些中小微企业，这些企业普遍存在着经营状况不稳定、资产抵押品不足、信用等级低等问题，而且其融资需求也具有分散、批次多数额小、期限短等特点，这些因素导致这类企业很难从正规金融机构获得贷款，资金短缺是制约其发展的关键。从本书的实证结果也可以看出，我国金融结构对创业型企业的创业效应影响不显著，究其原因主要是由于我国金融结构失衡，大型金融机构控制了大部分的金融资源，导致创业型企业很难获得资金支持。相对于大型金融机构，地方中小金融机构更加熟悉本地企业的发展，能够为当地的中小企业融资提供更便利的条件。普惠金融正是在“机会平等”的基础上，向正规金额供给的弱势领域延伸，如小额贷款、微型金融和其他一些新型的主要以弱势经济领域为服务对象的机构，在促进公平和效率的同时，对传统金融起到了很好的补充，也弥补了一些弱势地区、弱势产业、弱势企业和弱势群体对资金的需求。

9.2.5　理清政府职能，对财税体制进行改革

首先，积极推进政府由全能型向有限型转变，由经济建设型向公共服务型转变。这就要求界定政府与市场的合理分工。政府应在一些非生产性、社会性的基础设施领域发挥更大的作用，而对一些经营性和准经营性的项目，则应坚持“市场主导、政府引导”的原则，更多地引入商业资本和民间资本。

其次，我国分税制改革导致了地方财、事权不对等是引发城镇化建设财力不足的直接原因，也使得地方政府预算内不得不依赖城市规模的扩张带动工商业的发展来获取财政税收的最大化，预算外依赖“土地财政”的强势拉动，这种形势造成了城镇化粗放式发展的模式，也造成了地方财政和土地资源的紧张。而在发达国家，对各级政府事权和财权的划分一般都有明确的法律法规。借鉴发达国家的经验，我们应完善相关法律法规，以立法形式明确界定中央与地方的事权和财权，实现两者的匹配，如在医疗、教育、社保等公共服务领域，应合理确定地方政府的事权，根据事权大小确定中央和地方的财权。针对目前的情况，在政府间的财权配置上，省级财政应有一定的调控能力，在地方税制上，应提高市县政府对共享税的分配比例，使财权适度向地方政府倾斜，减轻其财政负担。

再次，地方财政收入不能满足财政支出的需要是导致地方政府举债的重要原因，为了增加地方政府的财政收入，必须完善目前的税收体系。可以通过加快税种改革，完善地方税收体系，合理配置地方税种。

另外，地方政府作为市场融资主体，应和企业一样自主做出融资决策、承担偿债风险、自觉履行信息披露义务，成为合格的市场主体。应加快改革财税体制和投融资机制，创新金融服务，并逐步放开市场准入，构建多元化且可持续的资金保障机制，并完善财政转移支付的相关制度。建立与事权相匹配的地方财税体系以及“扁平化”的财税征收管理体系。

9.2.6 健全中小微企业征信系统

信息不对称导致了中小微企业信用缺失，从而产生了所谓的“麦克米伦缺口”（Macmillan Gap）①，使中小微企业融资困难。从表面上看，中小微企业缺的是钱，实质上它们缺的是信息、是信用。我国也在逐步完善中小企业的征信系统。2010 年，中国人民银行发布了《中小企业信用体系试验区建设指导意见》，该指导意见通过建设中小企业信用体系试验区，有针对性地为其建立了信用档案，并搭建了信用信息的共享平台，开展针对中小企业的信息评价等，通过这些方式推进中小企业信用体系的建设。我

① 该概念最早是由麦克米伦于 1931 年提出来的，他当年给英国政府提交了一份《麦克米伦报告》，该报告阐述了在中小企业的发展过程中存在资金缺口，这个缺口就称为“麦克米伦缺口”，具体是指“资金的供给方不愿意以中小企业所要求的条件提供资金”。

国征信系统经过 20 多年的发展，已经形成了以人民银行征信中心为主导、以民营征信机构为补充的格局。截至 2014 年底，企业信用信息数据库已经覆盖了 1969 万家机构，企业信用信息基础数据库开通查询用户达到 14.8 万户，累积查询 5.23 亿次；个人信用信息数据库已经覆盖了 8.6 亿自然人，查询用户 13.3 万人，全年查询次数为 20.83 亿次。[①] 但人民银行征信系统目前数据类型单一，服务范围相对较小，没有提供主动的信息调查功能，且存在管理不到位、征信体系不健全等问题。针对这些问题，民营机构参与进来，向客户提供独立的征信报告，目前几家发展比较快的中外征信公司已经占据全国企业调查市场份额的 60%~70%。[②] 但我国尚未建立针对小微企业的信用支持体系，如针对小微企业的征信体系、信用评估体系、失信惩罚机制等，使得小微企业普遍存在严重的信用问题。在这种情况下，我们可以从以下几个方面入手进行改革：一是发挥政府的作用，改善信用环境。政府应完善相关法律法规，出台并细化征信法规，并加强执法力度，对于违反相关法律法规的，做到有法必依、执法必严。同时，政府应做好各部门的协调工作，保证各地区征信系统与全国的征信系统实现有效的对接，并使征信涉及的相关部门（如工商、税务、财政、质检、司法）积极参与并紧密配合，联合建立相应的征信数据库，将所有中小微企业纳入信用档案，并加强对失信企业的协同监管。二是应建立市场化的独立的第三方征信机构，引导市场对征信产品的需求，引导商业银行在贷款审批、信贷额度核定等风险管理过程中积极主动地引入第三方信用评级机构。三是要培养小微企业自身的信用意识，并加强企业内部管理。

① 智研咨询公司．2016—2022 年中国征信行业商业模式分析与投资前景研究报告［R］．智研咨询集团，2016 年 4 月．

② 智研咨询公司．2015—2020 年中国征信服务市场深度调查与投资前景调研报告［R］．智研咨询集团，2015 年 2 月．

参考文献

[1] Haughton G, Hunter C. Sustainable Cities [J]. Economic Geography, 1994, 41 (2): 167-180.

[2] Onishi T. A Capacity Approach for Sustainable Urban Development: An Empirical Study [J]. Regional Studies, 1994, 28 (1): 39-51.

[3] Nijkan P, Vleugel J. In Search of Sustainable Transport Systems [M]. Serie Research Memoranda, 1995: 1-17.

[4] Camagni R. Sustainable Urban Development: Definition and Reasons for a Research Programme [J]. International Journal of Environment and Pollution, 1998, 10 (1): 6-22.

[5] Josza A, Brown D. Neighborhood Sustainability Indicators Report on a Best Practice Workshop [N]. McGill University and the Urban Ecology Center, 2005, june 10-11: 1-24.

[6] Munier N. Methodology to Select a Set of Urban Sustainability Indicators to Measure the State of the City, and Performance Assessment [J]. Ecological Indicators, 2011, 11 (5): 1020-1026.

[7] Schumpeter J A. Theory of Economic Development [M]. Cambridge, Harvard University Press, 1911.

[8] Bernanke B, Gertler M, Gilchrist S. The Financial Accelerator and the Flight to Quality [J]. Review of Economics and Statistics, 1996, 78 (1): 1-15.

[9] Daron Acemoglu, Fabrizio Zilibotti. Was Prometheus Unbound by Chance? [J]. Journal of Political Economics, 1997, 105 (4): 709 -751.

[10] Barberis N, Shleifer A, Vishny R. A Model of Investor Sentiment [J]. Journal of Financial Economics, 1997, 49 (3): 307-343.

[11] Rajan R, Zingales L. Financial Dependance and Growth [J]. American Economic Review, 1998, 88 (3): 559-586.

[12] Allen F, Gale D. Bubbles, Crises, and Policy [J]. Oxford Review of Economic Policy, 1999, 15 (3): 9-18.

[13] Caballero R J, Krishnamurthy A. International and Domestic Collateral Constraints in a Model of Emerging Market Crises [J]. Journal of Monetary Economics, 2000, 48 (3): 513-548.

[14] Tadesse S. Financial Architecture and Economic Performance: International Evidence [J]. Journal of Financial Intermediation, 2002, 11 (4): 429-454.

[15] Takuma Kunieda, Akihisa Shibata. Endogenous Growth and Fluctuations in an Overlapping Generations Economy with Credit Market Imperfections [J]. Mpra Paper, 2011, 18 (3): 333-357.

[16] Button, K J. Urban Economics: Theory and Policy [M]. Publication of Macmillan Press Limited, 1976.

[17] Goldstein G S, Gronberg T J. Economies of Scope and Economies of Agglomeration [J]. Journal of Urban Economics, 1984, 16 (1): 91-104.

[18] Fei J C H, Ranis G. Development of the Labor Surplus Economy: Theory and Policy [J]. Economic Journal, 1964, 77 (306): 324.

[19] Masakichi I, Goldsmith R W. Financial Structure and Development [J]. Economic Review, 1970, 39 (5): 193-194.

[20] King, Robert G, Ross Levine. Finance, Enterpreneurship and Growth: Theory and Evidence [J]. Journal of Monetary Economics, 1993, 32 (3): 513-542.

[21] Levine R. Bank-based or Market-based Financial System: Which is Better? [J]. Social Science Eletronic Publishing, 2000, 11 (4): 398-428.

[22] Erik Berglof, Patrick Bolton. The Great Divide and Beyond: Financial Architecture in Transition [J]. Journal of Economic Perspective, 2002, 16 (1): 77-100.

[23] Boot A, Thakor A. Financial System Architecture [J]. Review of Financial Studies, 1997, 10 (3): 693-733.

[24] Laporta R, Desilanes F L, Shleifer A, Vishny R. Law and Finance [J]. Harvard Institute of Economic Research Working Papers, 1996, 106

(6): 26-68.

[25] Asli Demirguc Kunt, Ross Levine. Bank Based and Market Based Financial Systems: Cross Country Comparisons [J]. World Bank Policy Research Working Paper, 1999, 2143 (1): 1-41.

[26] Andrews R B. Mechanics of the Urban Economic Base: Causes and Effects of Change in the Base Ratios and the Base Ratio Elements (III) [J]. Land Economics, 1955, 31 (2): 361-371.

[27] Lucas R. On the Mechanisms of Economic Development [J]. Journal of Monetary Economics, 1988, 22 (1): 3-42.

[28] Kim Kyung Hwan. Housing Finance and Urban Infrastructure Finance [J]. Urban Studies, 1997, 34 (10): 1597-1620.

[29] Teranishi J. Interdepartmental Transfer of Resources, Conflicts and Macro Stability in Economic Development and Roles of Government in the East Asian Region [M]. Tokyo: Nihon Keizai Shimbun, Inc, 1997.

[30] Grimsey D, Lewis M K. Evaluating the Risks of Public Private Partnerships for Infrastructure Projects [J]. International Journal of Project Management, 2002, 20 (2): 107-118.

[31] Cho S H, Wu J J, Boggess W G. Neasuring Interactions among Urbanization, Land Use Regulation, and Public Finance [J]. American Journal of Agriculture Economics, 2003, 85 (4): 988-999.

[32] Macomber, John D. Building Sustainable Cities [J]. Harvard Business Review, 2013, 91 (7): 40-50.

[33] Teranishi J. Interdepartmental Transfer of Resources, Conflicts and Macro Stability in Economic Development [C]. In Economic Development and Roles of Government in the East Asian Region, Aoki, Kim and Okuno - Fujiwara, eds. Nihon Keizai Shimbun, Inc. 1997.

[34] Northam R M. Urban Geography [M]. New York: John Wiley and Sons Inc, 1979, 510-512.

[35] Mc Donald R I, Green P, Balk D, et al. Urban Growth, Climate Change, and Freshwater Availability [J]. PNAS, 2011, 108 (15): 6312-6317.

[36] Degue S, Zmirou - Navier D. Social Inequalities Resulting from

Health Risks Related to Ambient Air Quality-a European Review [J]. The European Journal of Public Health, 2010, 20 (1): 27-35.

[37] Zhou De, Xu Jianchun, Wang Li, et al. Assessing Urbanization Quality Using Structure and Function Analyses: A Case Study of the Urban Agglomeration around Hangzhou Bay (UAHB), China [J]. Habitat International, 2015, 49 (10): 165-176.

[38] Chen M, Huang Y, Tang Z, et al. The Provincial Pattern of the Relationship between Urbanization and Economic Development in China [J]. Journal of Geographical Sciences, 2014, 24 (1): 33-45.

[39] Chen F, Zhang H, Wu Q, et al. A Study on Coordinate Development between Population Urbanization and Land Urbanization in China [J]. Human Geography, 2010, 115 (5): 53-58.

[40] James C, Davis, J Vernon Henderson. Evidence on the Political Economy of the Urbanization Process [J]. Journal of Urban Economice, 2003, 53 (1): 98-125.

[41] Spence M, Annez P C, Buckley R M. Urbanization and Growth [M]. Washington: World Bank Publications, 2009, 1-46.

[42] Dyson. The Role of the Demographic Transition in the Process of Urbanization [J]. Population and Development Review, 2011, 37 (S1), 34-54.

[43] Cho S H, Poudyal N, Lambert D M. Estimating Spatially Varying Effects of Urban Growth Boundaries on Land Development and Land Value [J]. Land Use Policy, 2008, 25 (3): 320-329.

[44] Didit Okta Pribadi, Stephan Pauleit. The Dynamics of Peri-urban Agriculture During Rapid Urbanization of Jabodetabek Metropolitan Area [J]. Land Use Policy, 2015, 48 (11): 13-24.

[45] Fu B, Zhuang X, Jiang G, et al. Environmental Problems and Challenges in China [J]. Environmental Science and Technology, 2007, 41 (22): 7597-7602.

[46] Alemulali U, Fereidouni H G, Lee J Y M, et al. Exploring the Relationship between Urbanization, Energy consumption, and CO_2 Emission in MENA Countries [J]. Renewable & Sustainable Energy Reviews, 2013, 23

(7): 107-112.

[47] United Nations Human Habitat. The State of the World's Cities Report 2001 [M]. New York: United Nations Publica-tions, 2002: 116-118.

[48] United Nations Human Habitat. Urban Indicators Guideliners, United Nations Human Settlement Programme [M]. New York: United Nations Publications, 2004: 8-9.

[49] Bernanke B, Gertler M, Gilchrist S. The Financial Accelerator and the Flight to Quality [J]. Review of Economics and Statistics, 1996, 78 (1): 1-15.

[50] Daron Acemoglu, Fabrizio Zilibotti. Was Prometheus Unbound by Chance? [J]. Journal of Political Economics, 1997, 105 (4): 709-751.

[51] Caballero R J, Krishnamurthy A. International and Domestic Collateral Constraints in a Model of Emerging Market Crises [J]. Journal of Monetary Economics, 2000, 48 (3): 513-548.

[52] Takuma Kunieda, Akihisa Shibata. Endogenous Growth and Fluctuations in an Overlapping Generations Economy with Credit Market Imperfections [J]. Mpra Paper, 2011, 18 (3): 333-357.

[53] Asli Demirguc Kunt, Ross Levine. Bank Based and Market Based Financial Systems: Cross Country Comparisons [J]. World Bank Policy Research Working Paper, 1999, 2143 (1): 1-41.

[54] Jerry A Hausman, William E Taylor. Panel Data and Unobservable Individual Effects [J]. Econometrics, 1981, 16 (1): 1377-1398.

[55] Joseph A Schumpeter. The Theory of Economic Development: An Inquiry into Profits, Capital, Credit, Interest, and the Business Cycle [J]. Social Science Electronic Publishing, 1934, 25 (1): 90-91.

[56] Hicks J. A Theory of Economic History [M]. Oxford: Clarendon Press, 1969.

[57] Hellmann T, Puri M. Venture Capital and the Professionalization of Start-up Firms: Empirical Evidence [J]. Journal of Finance, 2002, 57 (1): 169-197.

[58] Rajan R G, Zingales L. Financial Dependence and Growth [J]. So-

cial Science Electronic Publishing, 1996, 88 (3): 559-586.

[59] Faymand Fisman, Inessa Love. Financial Development and Growth in the Short and Long Run [C]. National Bureau of Economic Research, NBER Working Paper 2004, No. 10236: 1-28.

[60] Christopoulos D K, Tsionas E G. Financial Development and Economic Growth: Evidence from Panel Unit Root and Cointegration Tests [J]. Journal of Development Economics, 2004, 73 (1): 55-74.

[61] Jordan Shan. Does Financial Development "Lead" Economic Growth? A Vector Auto - regression Appraisal [J]. Applied Economics, 2005, 37 (12): 1353-1367.

[62] Griliches Z. Patent Statistics as Economic Indicators: A Survey [J]. Journal of Economic Literature, 1991, 28 (4): 1661-1707.

[63] Edgar M Hoover, Raymond Vernon. Anatomy of a Metropolis: The Changing Distribution of People and Jobs within the New York Metropolitan Region [J]. American Sociological Eviews, 1959, 27 (6): 231-247.

[64] Bosma N, Stel A, Suddle K. The Geography of New Firm Formation: Evidence from Independent Start-ups and New Subsidiaries in the Netherlands [J]. International Entrepreneurship and Management Journal, 2008, 4 (2): 129-146.

[65] Audretsch D B, Fritsch M. The Geography of Firm Briths in Germany [J]. Regional Studies, 1994, 28 (4): 359-366.

[66] Reynolds P D, Miller B, Maki W R. Explaining Regional Variation in Business Births and Deaths: U. S. 1976 ~ 1988 [J]. Small Business Economics, 1995, 7 (5): 389-407.

[67] Storey D J. The Birth Rate of New Firms: Does Unemployment Matter? [J]. Small Business Economics, 1991, 3 (3): 167-178.

[68] Renski H. New Firm Entry, Survival, and Growth in the United States [J]. Journal of the American Planning Association, 2009, 75 (1): 60-77.

[69] Oort F G V, Atzema O A L C. On the Conceptualization of Agglomeration Economies: The Case of New Firm Formation in the Dutch ICT Sector [J].

The Annals of Regional Science, 2004, 38 (2): 263-290.

[70] Light I. Disadvantaged Monorities in Self-employment [J]. International Journal of Comparative Sociology, 1979, 20 (1): 31-45.

[71] Andersson M, Larsson J P. Local Entrepreneurship Clusters in Cities [J]. Journal of Economic Geography, 2014, 16 (1): 39-66.

[72] Thurik A R, Carree M A, Stel A V, et al. Does Self-employment Reduce Unemployment? [J]. Journal of Business Venturing, 2008, 23 (6): 673-686.

[73] Marshall A. The Principles of Economics [J]. Political Science Quarterly, 1920, 77 (2): 519-524.

[74] Glaeser E L, Rosenthal S S, Strange W C. Urban Economics and Entrepreneurship [J]. Journal of Urban Economics, 2010, 67 (1): 52-66.

[75] Jeremy Greenwood, Boyan Jovanovic. Financial Development, Growth, and the Distribution of Income [J]. Journal of Political Economy, 1990, 98 (5): 1076-1107.

[76] Jos De Gregorio. Borrowing Constraints, Human Capital Accumulation, and Growth [J]. Journal of Monetary Economics, 1996, 37 (1): 49-71.

[77] Marco Cagetti, Mariacristina De Nardi. Entrepreneurship, Frictions, and Wealth [J]. Journal of Political Economy, 2006, 114 (5): 835-870.

[78] Milo Bianchi. Credit Constraints, Entrepreneurial Talent, and Economic Development [J]. Small Business Economics, 2010, 34 (1): 93-104.

[79] Mandira Sarma and Jesim Pais. Financial Inclusion and Development [J]. Journal of International Development, 2010, 23 (5): 613-628.

[80] Lucas R. On the Mechanisms of Economic Development [J]. Journal of Monetary Economics, 1988, 22 (1): 3-42.

[81] 刘国新．中国特色城镇化制度变迁与制度创新研究 [M]. 北京：中国社会科学出版社，2015.

[82] 国务院发展研究中心农村经济研究部．从城乡二元到城乡一体：我国城乡二元体制的突出矛盾与未来走向 [M]. 北京：中国发展出版社，2014.

[83] 王振山．金融效率论——金融资源优化配置的理论与实践［M］．北京：经济管理出版社，2000.

[84] 中国金融四十人论坛课题组．城镇化转型融资创新与改革［M］．北京：中信出版集团，2015.

[85] 向春玲，等．中国特色城市化重大理论与实现问题研究［M］．北京：中共中央党校出版社，2015.

[86] 高铁梅．计量经济分析方法与建模——Eviews 应用及实例（第二版）［M］．北京：清华大学出版社，2014.

[87] 冯奎．中国城市化转型研究［M］．北京：中国发展出版社，2013.

[88] 吴殿廷，杨春志，钱宏胜．中国新型城镇化战略及其推进策略［M］．南京：东南大学出版社，2014.

[89] 鹏元资信评估有限公司．我国城镇化过程中地方政府融资研究［M］．北京：中国经济出版社，2014.

[90] 李海峰．城镇化金融——金融格局与发展形态的新视角［M］．北京：中国金融出版社，2015.

[91] 巴曙松，等．中国普惠金融发展新路径［M］．北京：社会科学文献出版社，2016.

[92] 巴曙松，杨现领．新型城镇化融资与金融改革［M］．北京：中国工人出版社，2016.

[93] 胡国晖，王嫤．金融排斥与普惠金融体系构建：理论与中国实践［M］．北京：中国金融出版社，2015.

[94] 李晓梅．中国城镇化模式研究综述［J］．西北人口，2012（2）：45-48.

[95] 简新华，黄锟．中国城镇化水平和速度的实证分析与前景预测［J］．经济研究，2010（3）：28-39.

[96] 林金忠．城市聚集经济理论研究及其进展［J］．中国经济问题，2005（6）：48-54.

[97] 杨充霖．资源空间配置与中国新型城镇化的基础理论构架［J］．经济学动态，2014（9）：98-105.

[98] 王勋，方晋，赵珍．中国金融规模、金融结构与经济增长——

基于省区面板数据的实证研究［J］. 技术经济与管理研究，2011（9）：59-64.

［99］陈乐一，李良，杨云．金融结构变动对经济波动的影响研究——基于中国省际面板数据的实证分析［J］. 经济经纬，2016（1）：126-131.

［100］邵传林，王莹莹．金融市场化对地区经济波动的非线性平抑效应研究——来自省级层面的经验证据［J］. 经济科学，2013（5）：32-46.

［101］陈雨露．中国新型城镇化建设中的金融支持［J］. 经济研究，2013（2）：10-12.

［102］孙红玲．推进新型城镇化需按常住人口分配地方财力［J］. 财政研究，2013（3）：56-58.

［103］孙健夫．推进新型城镇化发展的财政意义与财政对策［J］. 财政研究，2013（4）：61-64.

［104］张景华．新型城镇化进程中的税收政策研究［J］. 经济学家，2013（10）：55-61.

［105］蓝庆新，陈超凡．新型城镇化推动产业结构升级了吗？——基于中国省级面板数据的空间计量研究［J］. 财经研究，2013（12）：57-71.

［106］胡海峰，陈世金．创新融资模式　化解新型城镇化融资困境［J］. 经济学动态，2014（7）：57-69.

［107］倪鹏飞，董杨．市场决定模式的新型城镇化：一个分析框架［J］. 改革，2014（6）：82-93.

［108］杨慧，倪鹏飞，金融支持新型城镇化研究——基于协调发展的视角［J］. 山西财经大学学报，2015（1）：1-12.

［109］牛润盛．新型城镇化资金供需分析［J］. 金融论坛，2015（3）：71-80.

［110］方先明．新型城镇化：发展现状、推进成本与融资策略——基于皖北 A 建制镇的调查研究［J］. 中国行政管理，2015（10）：113-118.

［111］张明珠．新型城镇化下基本公共服务均等化探讨［J］. 宏观经济管理，2016（2）：64-69.

［112］辜胜阻，曹誉波，李洪斌．激发民间资本在新型城镇化中的投

资活力［J］. 经济纵横，2014（9）：1-10.

［113］吕可，赵杨. 新型城镇化进程中的商业银行集团金融产品创新研究［J］. 中南财经政法大学学报，2013（6）：69-73.

［114］邱俊杰，邱兆祥. 新型城镇化建设中的金融困境及其突破［J］. 理论探索，2013（4）：82-86.

［115］方显仓. 新型城镇化发展中的金融支持机制建设研究［J］. 经济纵横，2013（12）：16-20.

［116］干春晖，郑若谷，余典范. 中国产业结构变迁对经济增长和波动的影响［J］. 经济研究，2011（5）：4-16.

［117］王莹. 我国城镇化进程中的金融创新［J］. 上海金融，2013（12）：139-140.

［118］张璐琴. 推进公共服务均等化　全面提升城镇化质量［J］. 宏观经济管理，2014（6）：19-26.

［119］李刚，陆贝贝. 中国城镇化质量测度与提升路径［J］. 财贸研究，2015（4）：29-37.

［120］续亚萍，俞会新. 基于主成分分析的我国新型城镇化质量评价［J］. 工业技术经济，2015（7）：153-160.

［121］王立新. 经济增长、产业结构与城镇化——基于省级面板数据的实证研究［J］. 财经论丛，2014，（4）：3-8.

［122］郭施宏，高明，孟庆香，等. 空气质量与城镇化质量协调关系研究——基于全国 73 个主要城市的数据［J］. 生态经济，2015（3）：25-30.

［123］吕丹，叶萌，杨琼. 新型城镇化质量评价指标体系综述与重构［J］. 财经问题研究，2014（9）：72-78.

［124］杨璐璐. 中部六省城镇化质量空间格局演变及驱动因素——基于地级及以上城市的分析［J］. 经济地理，2015（1）：68-75.

［125］路子雁，郑君焱，孙泰森. 基于主成分与聚类分析的城镇化水平区域差异研究——以山西省 11 个地级市为例［J］. 山西师范大学学报（自然科学版），2015（1）：113-118.

［126］卢扬帆，郑方辉. 区域一体化视域下城市综合基础设施发展水平评价——基于珠三角 9 市的实证分析［J］. 城市问题，2014（10）：

2-9.

[127] 王博宇，谢奉军，黄新建．新型城镇化评价指标体系构建——以江西为例 [J]. 江西社会科学，2013（8）：72-76.

[128] 何平，倪苹．中国城镇化质量研究 [J]. 统计研究，2013（6）：11-18.

[129] 曹飞．新型城镇化质量测度、仿真与提升 [J]. 财经科学，2014（12）：69-78.

[130] 熊湘辉，徐璋勇．中国新型城镇化进程中的金融支持影响研究 [J]. 数量经济技术经济研究，2015（6）：73-89.

[131] 袁丹，雷宏振．高技术产业聚集与省域城镇化——基于空间面板模型的实证分析 [J]. 科技进步与决策，2015（6）：45-49.

[132] 余时飞．异质性劳动力、匹配效应与产业集聚 [J]. 经济管理研究，2014（4）：44-51.

[133] 陆静．金融发展与经济增长关系的理论与实证研究——基于中国省际面板数据的协整分析 [J]. 中国管理科学，2012（1）：177-184.

[134] 沈军，白钦先．中国金融体系效率与金融规模 [J]. 数量经济技术经济研究，2013（8）：35-50.

[135] 张祥俊，高兴民．城镇化与创业：理论与实证 [J]. 经济体制改革，2016（2）：12-17.

[136] 湛军．金融危机背景下我国创业与科技创新发展对策建议——基于最新全球创业现状分析的结论 [J]. 科技进步与对策，2010（1）：27-31.

[137] 张龙耀，杨军，张海宁．金融发展、家庭创业与城乡居民收入——基于微观视角的经验分析 [J]. 中国农村经济，2013（7）：47-57.

[138] 陈刚．金融如何促进创业：规模扩张还是主体多样 [J]. 金融经济学研究，2015（9）：29-42.

[139] 夏祥谦．各省区市金融发展水平的比较研究 [J]. 金融理论与实践，2014（1）：63-68.

[140] 王振，曾辉．影子银行对货币政策影响的理论与实证分析 [J]. 国际金融研究，2014（12）：58-67.

[141] 吴宇，李巧莎．日本、印度金融支持农村基础设施建设的经验

及启示［J］. 日本问题研究，2009（1）：23-26.

［142］李爱民．中国半城镇化研究［J］. 人口研究，2013（4）：80-91.

［143］曹凤岐．新型城镇化与金融创新［J］. 金融论坛，2013（7）：3-18.

［144］马文霄．我国小微企业征信体系建设实践与改进建议［J］. 征信，2015（1）：43-48.

［145］王澎波，于涛，王旺平．金融发展、金融结构与经济增长——基于省级面板数据的分析［J］. 经济问题探索，2017（1）：120-127.

［146］谢金楼．金融发展对城镇化建设的影响机理与实证研究［J］. 经济问题，2017（3）：45-49.

［147］朱平芳，项歌德，王永水．中国工业行业间 R&D 溢出效应研究［J］. 经济研究，2016（12）：44-55.

［148］魏燕．新疆产业结构升级的金融支持研究［D］. 石河子大学，2013（11）：23-25.

［149］王恺．中国新型城镇化的金融支持体系研究［D］. 西北大学，2014（6）：20-24.

［150］吕丹，叶萌，杨琼．新型城镇化质量评价指标体系综述与重构［J］. 财经问题研究，2014（9）：72-78.

［151］戚晓旭，杨雅维，杨智尤．新型城镇化评价指标体系研究［J］. 宏观经济管理，2014（2）：51-54.

［152］李清政，刘绪祚．金融支持与我国新型城镇化互动发展的理论与实证研究［J］. 宏观经济研究，2015（4）：142-152.

［153］王振坡，游斌，王丽艳．论新型城镇化进程中的金融支持与创新［J］. 中央财经大学学报，2014（12）：46-53.

重要术语索引